造園史論集

白幡洋三郎・尼崎博正 共編

養賢堂

執筆者一覧 （掲載順）

牛川善幸　　京都橘大学教授
尼崎博正　　京都造形芸術大学教授
飛田範夫　　長岡造形大学教授
岡崎文彬　　元 京都大学名誉教授
白幡洋三郎　国際日本文化研究センター教授
田中正大　　元 東京農業大学教授
中村　一　　京都造形芸術大学客員教授・京都大学名誉教授

（2006年9月現在）

まえがき

　1994年のはじめ中村一京大名誉教授から私の米寿を祝って，造園史関係の論文集を出版してはとの話があり，私は喜んで申し出を受けることにした．その時私が書いてみようと思ったのは，ハプスブルクの造園文化史である．

　ブルボン王朝に比べると，ハプスブルク家を対象とした私の造園研究は浅い．近年ブームと言ってもよいほど，ハプスブルクについての情報が多くなってきているとはいえ，造園・造景に言及したものは，ほとんど見いだせないのである．

　長期間，私はオーストリア・ドイツに限らず，ハプスブルク家に関わりの深い国々を訪問し調査も行ったが，成果が不十分なことは誰よりも私自身がよく承知している．

　異国の庭園文化を研究するにあたっては，幾つかのハードルを越えなければならない．例えば疑問が起きたとき，その都度現地を訪れるのが現実には困難なこと，必要な文献が手元はもとより我が国の図書館にわずかしかないことが，特に高いハードルである．

　及ばずながら挑戦しようと決意して間もなく，5か月もの入院生活を余儀無くされ，執筆は不可能かと諦めの心境だったが，退院後ふたたび執筆してみたい気持ちになった．ただ，健康上の磋趺，紙幅のほか，終章で披露するように，シェーンブルン宮苑が典型的フランス式庭園との定説に疑念が生じてきている最近の私である．そのため，ハプスブルクゆかりの造園の跡をくまなく詮索することは断念し，的を同家のシンボルとも言うべきシェーンブルン宮苑に絞ることにした．

　年間800万人が訪れるシェーンブルンである．宮殿・宮苑関係の図書・論文の類だけでも数え切れないほどの多数にのぼる．そのうち，私がこれまで主な拠り所として来たのは，アマルテア社が1922年に刊行したクローンフェルト著の『シェーンブルンの林苑と庭園』である．ところが，その書は，ヴォー・ル・ヴィコントについてのコルディの著述や，ムスカウの園池に焦点をあてたヘルマン・フォン・ピュックラー侯爵の著書『造園指針』のような決定版ではない．

　おのずから，シェーンブルン宮苑について詳述するには，往年のモノグラフィーのほか第二次世界大戦後に上梓された宮苑関係の著書・論文にも目を通さなければならない．現時点では，それも私にとって不可能にちかい．したがって原稿を書き終えた時点でホッとする満足感の味わえない私ながら，今回の論文が既刊の我が国の造園史書よりも一歩踏み込んだシェーンブルン宮苑の紹介になったことは間違いないと自負している．

　平面図・版画等の転載については，オーストリア政府観光局の指示にしたがい，シェーンブルンのオフィスを通じて出版社の許可をとりつけた．両事務所ならびに出版社に謝意を表する．また，1934年から1993年まで，10回にわたり私が撮影した掲載写真には年次

［2］

を付記していない．第二次世界大戦中の惨事を目にしていない私にとって，60年の経過を感じさせないほどシェーンブルン宮苑の心象風景は不変だからである．

　あとまわしになったが，本書のために執筆された諸氏の論文は，いずれも高邁な理念に基づいた粒ぞろいの傑作である．中村一氏をはじめ，多忙中素晴らしい論文をお寄せ下さった皆様に厚くお礼申し上げたい．

1994年佳日
京都下鴨にて筆者しるす

［注記］

　この「まえがき」と題された文章は故・岡崎文彬氏が残されたものである．本書編集の企画が生まれた端緒が書かれており，手を加えずにこのまま読者に提示するのがよいと考えた．その後ようやくこのような形で出版できるようになった経緯については，巻末の「編集後記」に一端を記した．

2006年9月，編者

目　次

古代の園池と流れ（牛川喜幸）………… 1
はじめに ……………………………………… 1
7世紀以前（草創期）……………………… 1
7世紀の園池と流れ（展開期）…………… 4
    1. 小墾田宮推定地 ………………………… 4
    2. 島庄遺跡 ………………………………… 6
    3. 石神遺跡 ………………………………… 7
    4. 坂田寺跡，雷丘東方遺跡，平田キタガワ遺跡 …… 9
    5. 飛鳥京跡苑池遺構 ……………………… 10
    6. 小　結 …………………………………… 10
8世紀の園池と流れ（成立期）…………… 12
    1. 平城宮東院 ……………………………… 12
    2. 平城宮―西池宮― ……………………… 14
    3. 平城京左京一条三坊十五・十六坪 …… 16
    4. 平城京左京三条二坊六坪 ……………… 18
    5. 平城京左京三条一坊十四坪 …………… 19
    6. 小　結 …………………………………… 19
8世紀以降の流れ …………………………… 20
    1. 神泉苑 …………………………………… 20
    2. 大覚寺 …………………………………… 20
    3. 南都一乗院 ……………………………… 23
    4. 平安京左京四条三坊九町遺跡 ………… 25
    5. 鳥羽離宮跡 ……………………………… 27
    6. 毛越寺 …………………………………… 28
    7. 栢杜遺跡 ………………………………… 31
    8. 永福寺跡 ………………………………… 32
    9. 御所之内遺跡（伝堀越御所跡）……… 32
    10. 一乗谷朝倉氏遺跡（池・遣水併用型）… 33
    11. 伊江殿内庭園（巣雲園）（カスケード型）… 35
    12. 小　結 ………………………………… 35
結　語 ………………………………………… 38

庭石にみる江戸時代初期の素材と表現
（尼崎博正）………………………………… 41
序　庭石の不易と流行 …………………… 41
桂離宮庭園の庭石に時代性を読む ……… 46
    1. 不均質な石と鎌形石 …………………… 46
    2. 有馬層群の岩石 ………………………… 47
    3. 京都の古庭園における石質構成の時系列 … 48
    4. 花崗岩の飛石 …………………………… 49
    5. 根府川石 ………………………………… 51
    6. 華やかな色彩の結晶片岩 ……………… 52
    7. 真紅の赤白硅石 ………………………… 52
    8. 自由な感性表現の時代 ………………… 53
養源院の庭石が語る表現手法の展開 …… 54
    1. 石質構成の時代的特色 ………………… 55
    2. 石灰岩と脈石英による水の表現 ……… 57
    3. 石英脈による水落ちのサイン ………… 58
    4. 白と赤との対比 ………………………… 58
    5. 矢跡のある花崗岩 ……………………… 59
    6. 露地からの発想 ………………………… 59
終りに―時代を創る感性 ………………… 60

江戸幕府の庭園担当者（飛田範夫）…… 61
はじめに ……………………………………… 61
江戸幕府の庭園担当職種 ………………… 62
    1. 幕府の庭園の担当者 …………………… 62
    2. 作庭とかかわる役職 …………………… 63
    3. まとめ …………………………………… 67
「庭作り」について ………………………… 69
    1. 『武鑑』の記載 ………………………… 69
    2. 庭作り役の時代的変動 ………………… 70

目次

　　3. 庭作り役の人びと……………… 72
　　4. まとめ…………………………… 80
　幕府直属の庭園の管理体制……………… 80
　　1. 西の丸・三の丸の庭園管理…… 81
　　2. 吹上花畑の管理………………… 81
　　3. 城内全体の庭園管理…………… 83
　　4. 浜御殿の庭園管理……………… 84
　　5. まとめ…………………………… 85
　おわりに………………………………… 85

シェーンブルン宮苑 (岡崎文彬)……… 88
　ハプスブルク家の造景遺産…………… 88
　シェーンブルンの沿革………………… 91
　宮殿と宮苑の計画となりたち………… 94
　宮殿の概要……………………………… 96
　宮苑の軌跡と現状………………………104
　造園史上におけるシェーンブルン宮苑の
　位置づけ…………………………………117

物見遊山から公園へ (白幡洋三郎)……122
　屋外の楽しみ……………………………122
　日本における「公園」の誕生…………125
　公園造成体験の場としての居留地……127
　横浜公園の造成にみられる東西の技術接触
　……………………………………………129
　土着の公園・外来の公園………………132

東京緑地計画——成案の成立と実現—— ……136
　　(田中正大)
　はじめに…………………………………136

　東京緑地計画の成立……………………137
　　1. 景園地の計画……………………137
　　2. 行楽道路の計画…………………140
　　3. 大公園の計画……………………143
　　4. 小公園の計画……………………148
　　5. 成案は1人当たり1坪の計画……149
　　6. 環状緑地帯の計画………………151
　東京緑地計画の実現……………………158
　　1. 第一次大緑地計画(防空大緑地)…159
　　2. 第二次緑地計画…………………161
　　3. 東京緑地計画協議会の組織がえ…163
　　4. 東京緑地計画の見直し…………164
　　5. 第三次緑地計画…………………166
　あとがき…………………………………167

文化遺産としての名勝 (中村 一)………170
　はじめに…………………………………170
　『古都京都の文化財』の世界文化遺産登録
　……………………………………………170
　名勝の「美しさ」とは何か—その特色……171
　「芸術美」としての名勝の特色………172
　「自然美」としての名勝の特色………174
　京都の文化遺産の特色…………………175
　世界遺産としての文化遺産……………176
　ヨーロッパにおける名勝庭園…………177
　おわりに…………………………………179
　－編集後記－……………………………180

古代の園池と流れ

牛川喜幸

はじめに

　現在までに古代，中世，近世それぞれ60件，あわせて200件近い庭園遺構の発掘調査成果が報告されている．それらの大半は開発事業に伴う事前調査であり，また部分的であり，さらに庭の衣裳とでもいうべき植栽情報を欠いている．しかし，これらの遺構は出土遺物で実年代を確定することができ，後世の手が加っていない庭園の実態を示している．庭園は一種の芸術作品であるから，部分的な資料による検討には自ら限界がある．小論はそうした制約下にあることを承知しながら，古代の庭における園池と流れに注目し，その形態の変化から伝統的な日本の庭の成立過程を概観し，また流れについては少数例ではあるが近世までの遺構を含め予測的に，流杯溝型，遣水型，池・遣水併用型，カスケード型に類別できることを提示するものである．

7世紀以前（草創期）

　庭のはじまりを示す遺構はきわめて少ない．近年発掘された城之越遺跡がその一つに当たると思われる．
　県営ほ場整備事業の事前調査として1991年，三重県埋蔵文化財センターによって発見された遺跡である．調査の結果，古墳時代前期の溝，古墳時代前期～後期の竪穴住居，掘立柱建物，奈良時代の竪穴住居などが検出された[注1]．
　溝は三本の流れが合流して幅6～10m，深さ1～1.3m，南東から北西方向にほぼ直線状に流れる．その流れは南北方向にほぼ10m間隔に並ぶ三ヶ所の湧泉から発し，まず2本の流れが合流し，その下流でさらに1本が合流し一つの流れとなっている（図1，2）．
　最初の湧泉は3×2mほどの凹地で，それを塞きとめるように下流側に石が置かれ，それを溢流して底幅約2.5mの流れとなる．2番目の湧泉は全面玉石で被われ下流側に堰状の高まりがある．その下流は両岸とも張石された底幅約1.5mの流れとなる．3番目でも2番目同様玉石で覆われるが，下流側に三面を板で囲んだ堰を作る．その下流に張石はない．
　第一と第二の流れの合流点には三角形の突出部が設けられ，高さ50cmほどの柱状の自然石が三角形の頂点部に集中して立てられている．この突出部は張石された岸に二次的に付置されたものと考えられる．突出部の張石は張るというより小口積みに近い．この突出部

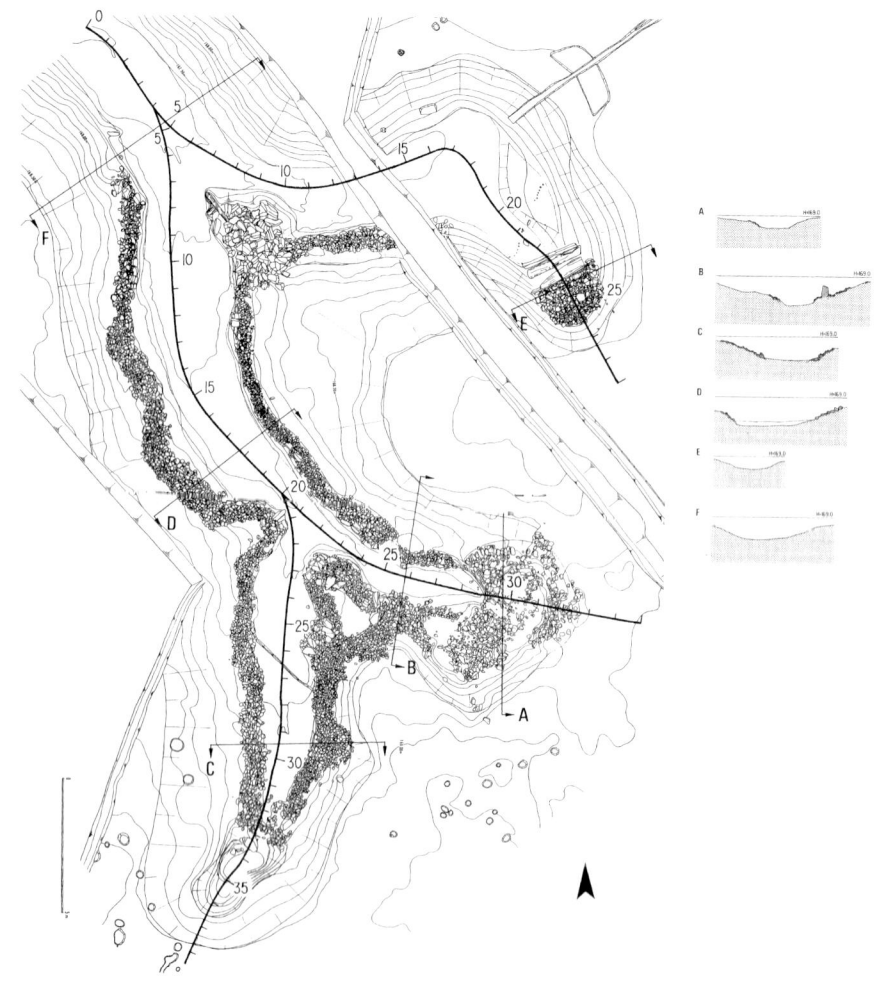

図1 城之越遺跡 溝遺構図

に対峙して対岸に別の突出部が設けられ大型の石が据えられている．合流点からの流れは底幅3.5mと広くなり，そこへさらに第三の流れが合流する．その合流点でも張石護岸に二次的に，2本の胴木の上に大型の石を階段状に据えた突出部が作られる．第二の合流点より下流には張石はなく底幅4mの直線状の流れとなっている．

遺構の存続期間は4世紀半ばまで遡り，4世紀末には大部分が埋まったと考えられた．

城之越遺跡の張石護岸の勾配は20〜25度，張石のない部分は15度〜20度，縦断勾配は最下流2.2%，上流部3.4〜4.3%と急であるが，本来は湧泉からの自然の流れであり，草創期の流れの形態といえよう．

7世紀以前（草創期）

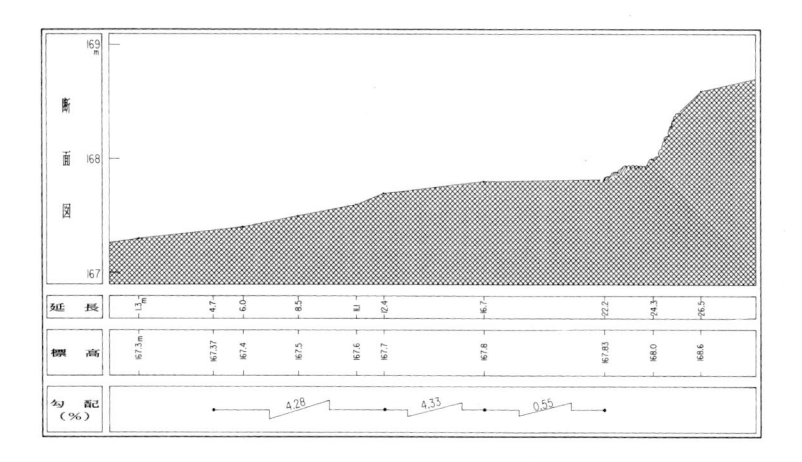

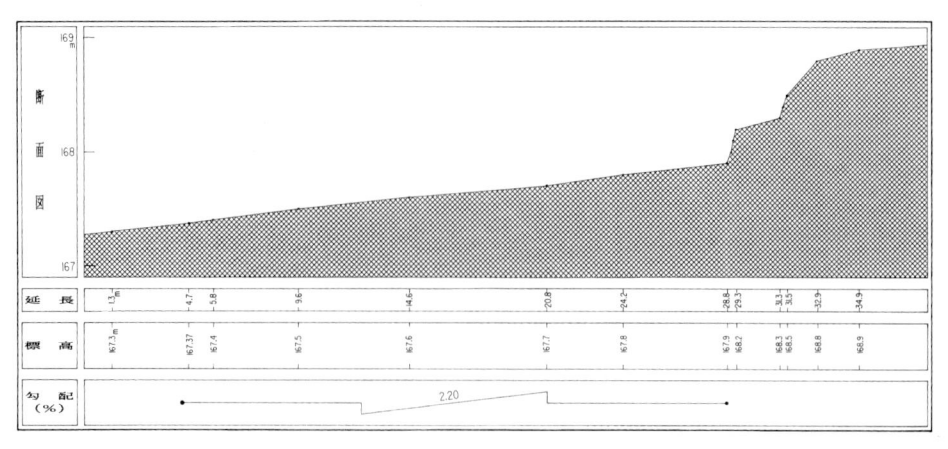

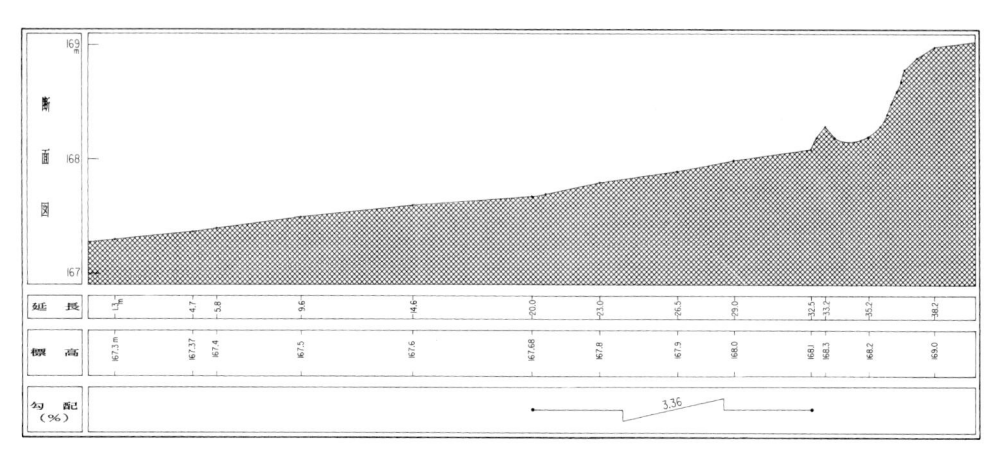

図2　城之越遺跡　溝縦断面図

城之越遺跡では，はじめに豊富に湧出する泉があり，自然の流れが形成されていた．その湧泉と流れを玉石で整え，さらに突出部を作り，石を組み，立てた．湧泉を玉石で整えるやり方は，のち，『作庭記』にいう「作泉」のはじまりである．岸の張石は古墳の葺石ときわめて類似する．自然の流路にそった張石のため仕上面はおだやかな曲面をなし，部分的には緩やかにうねらせる造形がなされている．その技術は，のちの奈良時代に古墳の葺石を再利用して磯をしつらえた技術として伝わってゆく．

突出部の立石は，あるいは神の依代であったかも知れない．白川静著『字訓』によれば，庭の初文は廷．廷の金文の字形は，土主をおいた儀礼の場を示し，そこを囲い，土主に酒をふり注いで灌凶の儀礼をすることを示す形である．廷は儀礼を行うにあたって神を迎える所をいう，とある．

庭が祭祀儀礼を行うところから，のち，「斉庭」あるいは「沙庭」と言った．『日本書紀』神代には，天照大神が天忍穂耳尊を芦原中国に天降りさすとき，「高天原にきこしめす斉庭の穂を以て亦吾が児に御せまつるべし」とある．

城之越遺跡に見られる水の扱い，石の扱いは，のちの庭のそれにきわめて似通うものであり，この遺構は草創期の日本の庭の姿を示すものといえよう．

7世紀の園池と流れ（展開期）

1．小墾田宮推定地

記録に見える作庭のはじめは推古天皇20年（612）である[注2]．この時の皇居は小墾田宮である．『日本書紀』によると，推古天皇は豊浦宮に即位したのち，推古11年（603）小墾田宮に遷り，同36年（628）3月に崩ずる迄の25年間，ここに皇居を営んだ．

その小墾田宮の推定地，奈良県明日香村豊浦の地の発掘調査が1970年，奈良国立文化財研究所によって行われた[注3]．その場所は豊浦の西北方，古宮土壇と呼ばれてきた所を中心としてである．この附近は，約300m四方の範囲が周囲より一段高い水田となっており，古代の宮殿が占地するのにふさわしい地形を示している．

調査の結果，発見された遺構は大きく6世紀以前，7世紀，8世紀以後の三期に分かれるが，最も顕著な遺構は7世紀の造営になるものである．古宮土壇は平安時代末期以後に作られたことが判明したが，古宮土壇のすぐ南側で7世紀前半に建てられた桁行6間，梁行3間の東西棟掘立柱建物が確認された．その南方に石敷広場が広がっている．石敷広場のなか，建物から南へおよそ20mの所に南北2.4m，東西2.8mの不整円形で深さ0.5mほどに復原される小さな玉石組の園池が検出された．園池は浅い摺鉢状をした掘形の内側に花崗岩，安山岩の玉石を積み上げている．南壁と東壁の石積みは残っているが，北と西の石積みは破

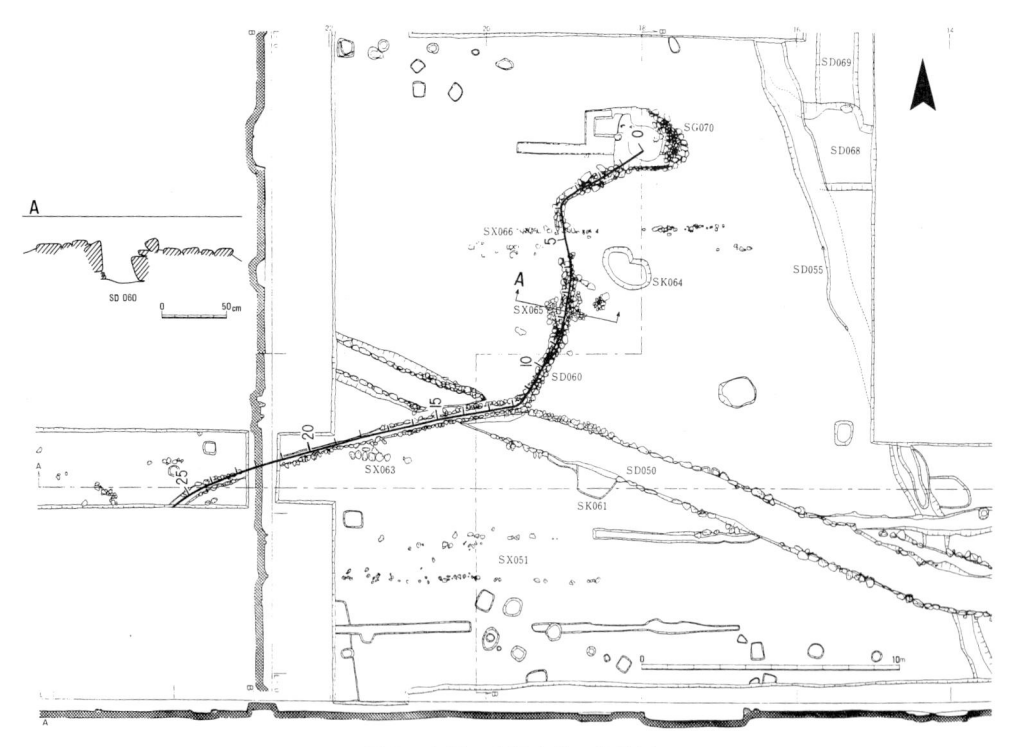

図3 小墾田宮推定地 遺構図

壊されていた．南壁は垂直に近く積み，東壁は勾配緩く張りつけている．南壁は池の西南隅にとりつく玉石溝と一連の仕事で，溝南岸の側石がそのまま延長されて池の壁となっている．底に石敷はなかったようである．

　池の西南隅から幅25 cm，深さ20 cm，側壁と底に石を並べた玉石組小溝が緩やかなS字カーブを描いて南西へ約10 m続き，そこで東南から西北方向に流れる幅1.5 mの玉石組大溝に流れ込む．この間の水勾配は図3，4に示したように2.4％でまず降り，次いで2.5％で昇る凹形を示す．玉石組大溝はのち廃され，玉石組小溝はさらに15 mほど延長され発掘区域外にのびる．延長部は底石がなく，0.3％ほどの緩い勾配で流れる．7世紀初頭から中頃にかけて造営された遺構である．

　遺構のありようは『日本書紀』の記載とは結び付け難い[注4]．石敷の広庭にあって，恐らくは懸樋によって給水されたきわめて人工的な小園池と流れである．石組溝は幅員が一定で景石を伴わない．その形態は伝来のものという感じが強い．

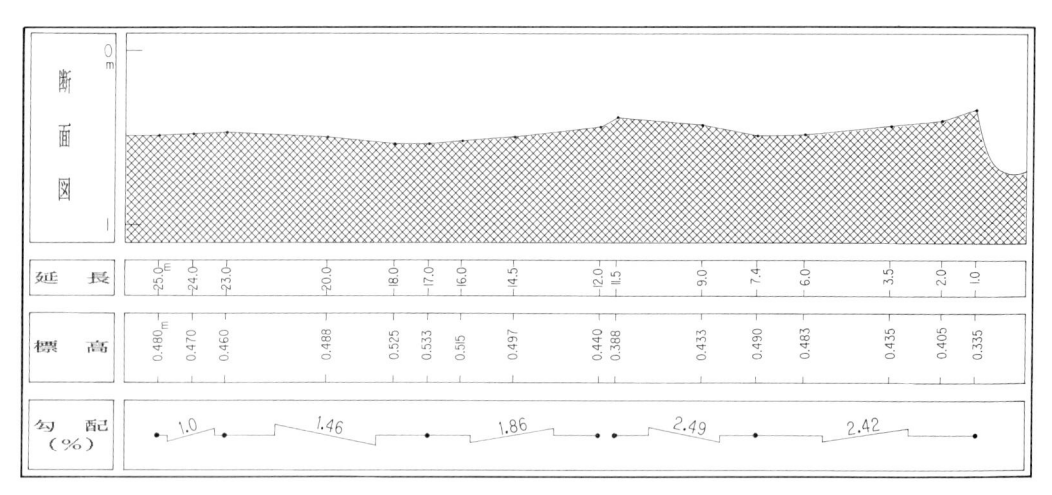

図4 小墾田宮推定地 溝縦断面図

2. 島庄遺跡

奈良県明日香村島庄で，農免道路建設，国営公園設置に伴う事前発掘調査が1971，1972年，奈良県立橿原考古学研究所によって行われ，石舞台古墳の南方から西方に曲折する石組暗渠，掘立柱建物，方形池（以後方池と書く）が発見された[注5]．方池は一辺が42m余の隅丸方形で，護岸は最高2.5mに及ぶ垂直の石積みで，その外側に幅10m，石張りの堤がつく．池底は全面人頭大の敷石で固められ，敷石面は東西が高く，中央南北方向に低くなり最低部の北面中央部に排水用の木樋が護岸の下に設けられている．出土遺物から池の存続期間は7世紀前半から9～10世紀頃．石積みの豪快さ，全体の規模から見て，蘇我馬子の嶋宅の池，あるいは天武天皇前後の嶋宮との関連を考えないではいられないと報告されている[注6]．

1987年，この方池のすぐ北東で流れ遺構が発見された（図5）．幅3～5m，深さ1.2m，自然の川を模した流れで，北岸には石を積み，南岸には石積みがない．流れの上流部は水勾配がきつく，底には不規則に石を敷設するが，下流部は緩やかになり滞水域もみられる．石組暗渠との接点は未調査であるが，現地形に3mほどの比高差があり，あるいは滝石組が想定される．遺構は7世紀中頃に造成され，7世紀末には埋められた．

図5 島庄遺跡 流れ遺構（西より）

この遺構は城之越遺跡の流れの系統に属

し，のちの遣水へと連なる流れと考えられる．

3．石神遺跡

　石神遺跡は飛鳥寺城の西北隅に接した小字石神に所在する．1902年，この地から須弥山石，石人像と称する石造物が出土した遺跡として著名である．

　1981年から奈良国立文化財研究所により計画的な発掘調査が続けられており，1992年時点で遺跡の規模は南北160m，東西140mに及び，さらに北および西に拡がること，遺構は斉明朝，天武朝，藤原宮期，奈良時代の4期に分けられることが判明してきた[注7]．

　図6に示したごとく斉明朝においては，南を限る大垣の北方が，南北に長い廊状建物で東西に二分される．東区画の南部には石敷を中心とした空間が広がり，その北寄りに井戸と建物群がある．井戸から石組溝が北へ延びるほか数条の屈曲する石組溝が縦横に走る(図7)．井戸の北には四面廂建物と方池を長大な四棟の建物で囲む外周東西25m，南北50mの施設がある．その配置は他に類を見ない特異な形態である．方池は1辺6mの正方形で深さ80cm(図8)．護岸は河原石を2，3段垂直に積み，四隅には立石を据えている．裏込めは粘土と砂質土を互層に積み，池底は粘土を敷いた上に小石を敷き固めた堅固な作りである．取水，排水の施設はない．池内には長期の滞水を示す堆積層が無いことから日常的に管理が行き届いていたのであろう．

　西区画は南部一帯に石敷を伴う建物群が，北部には四面廂建物があって南北100m，東西40m以上で飛鳥川東岸近くまで広がる．西区画には，斉明6年(660)に作られた漏刻台と考え

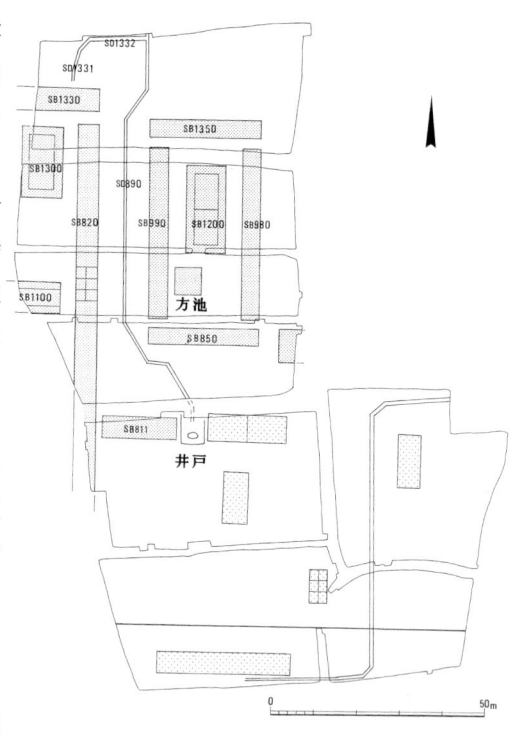

図6　石神遺跡　遺構配置図

図7　石神遺跡　石組溝

figure 8 石神遺跡　方池

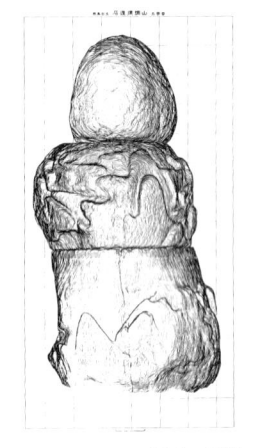

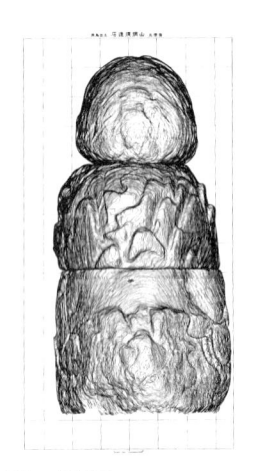

図9　須弥山石　立面図

られる水落遺跡から発する2本の木樋暗渠が通じている．

斉明朝の石組溝は地山の砂礫層を幅2m，深さ1mほどに掘り込み，両壁に30〜70cm大の自然石を横長に3〜5段積み上げ，底幅80cmほどの立派な溝である．常時流れる用水路として作られたものであり，須弥山石，石人像を取りまく水路でもある．

須弥山石は，表面に波紋と山岳の形を刻んだ3個の石を積み上げたものである（図9）．中段と下段は寸法が合わず，文様も連続せず，その間に1石以上があったと考えられている．この石造物については今泉隆雄氏が推定復原した通りであろう[注8]．須弥山石の山の形や波文は正倉院に伝わった山水鏡の山形や大海の様子に近い．

石人像は高さ1.7m，幅70cm，帽子を被り，上衣とズボンをはいた老翁が岩に腰を掛け，スカートをはき筒袖の上衣を着た老女が背後から抱きつくような形の彫刻である（図10）．彫刻は入念に行われており，着物の襞，細部の表情をこまやかに表現している．この像の中央内部には直径3cmの孔が上下に貫通している．孔の上端は，老翁が口元に捧げ持つ角杯に達し，下端は足下に至る．この孔は途中で分岐して老女の口に繋がっている．やはり噴水施設であろう．両石造物はともに花崗岩であり，硬い石材に細い孔や，像の内部で連結する2本の孔を穿つという高度な技術は，『日本書紀』推古20年是歳条にも見えるように，朝鮮からの渡来人によるものと考えられる．

推古20年の須弥山形構築の後，『日本書紀』には三度須弥山のことが記されている．
斉明3年（657）7月辛丑条
作_須弥山像於飛鳥寺西_，且設_盂蘭盆会_，暮饗_都貸邏人_，
とあり，同じく斉明5年（659）3月甲子条の

甘梼丘東之川上，造▭須弥山▭，而饗▭陸奥与越蝦夷▭，
の記載と場所，施設とも一致する．いま一度，同斉明6年（660）五月条に見える．
又於▭石上池辺▭，作▭須弥山▭，高如▭廟塔▭，以饗▭粛慎卌七人▭，

　一方，石人像は，尉媼を形取った神仙像と考える．玉虫厨子の須弥座背面図には須弥山をめぐる空間に天馬や飛行仙人など神仙思想的素材が描かれている．また刺繍釈迦説法図（勧修寺繍帳とも呼ばれる．奈良国立博物館蔵）がある．この制作期は8世紀頃と考えられているが，上端に神鳥に駕した飛行する神仙を配している．須弥山という仏教的理念と神仙世界が，仏教伝来当初においては融合していたことを示している．

　石神遺跡においては，聖なる井戸と方池を設け，須弥山像と神仙像を並び据えた石敷広場が，盂蘭盆会を行い，都貨邏，蝦夷，粛慎に対する饗宴を行う重要な儀式の庭であった．宗教的世界を具現する舞台としての庭が実現していたのであり，その庭の空間構成は，のちの浄土庭園の源流となるものであろう．

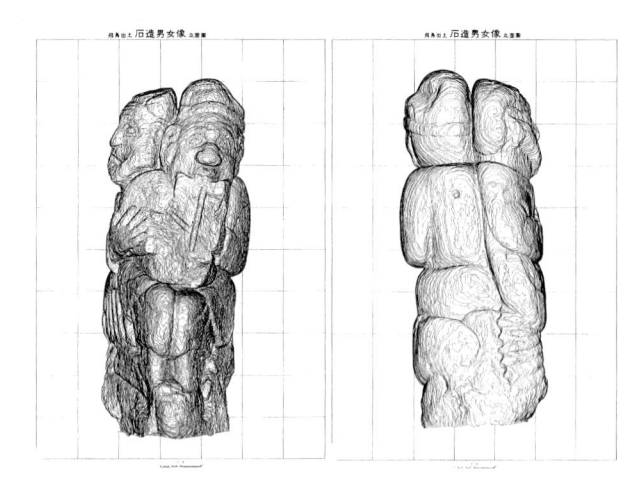

図10　石人像　立面図

4．坂田寺跡，雷丘東方遺跡，平田キタガワ遺跡

　坂田寺跡で1972年から七次にわたる発掘調査が行われた[注9]．遺構は7世紀前半から8世紀後半にかけて4期に分けられた．主要な遺構は8世紀後半の造営になる仏堂と廻廊であるが，1972年に7世紀前半の園池遺構が検出された．池の北端，西端は不明だが，南北幅10m，東西幅6m以上で中央部の深さは1m以上である．東岸は直線をなし，高さ約1m，玉石を6段に積む（図11）．方池の一辺に相当するものと考えられる．

　1985年，雷丘東方で7世紀前半の園池遺構が発見された．人頭大の玉石を平らな面を揃えて張りつけた，勾配約25度，高さ2mほどの北護岸の一部であり，岸が直線か曲線かは不明である[注10]．

　1986年，明日香村平田字キタガワで奈良県立橿原考古学研究所による発掘調査が行われた．検出された遺構は，池の北岸と見られる石積みと石敷の池底，北岸から数10mにわたる石敷面である．石積みは高さ1.5m，ほぼ垂直に近い四段積みで，下二段は長さ1.4m，高さ0.7mほどの大石，上二段は3～40cmの石を積む．調査で確認されたのは延長10mほど

図11 坂田寺跡 玉石積護岸

であるが，地中レーダーによる探査結果によると100m以上続くようである．底石は一抱えほどの石を水平に隙間なく並べている．遺物はわずかで遺構の時期の限定は難しいが，飛鳥時代のものであることは間違いないと報告されている[注11]．

以上三例はいずれも部分的な調査である．

坂田寺跡，雷丘東方遺跡の小振りな玉石護岸に対して，平田キタガワ遺跡は大石を用いるという違いはあるが，いずれも直線護岸の一部ではないかと考えられる．島庄遺跡，石神遺跡も含め，飛鳥では7世紀前半は直線護岸による方池が主流であったといえよう．

5．飛鳥京跡苑池遺構

1999年，奈良県明日香村で園池遺構が検出された[注12]．調査地は1916年，出水の酒船石と称される2個の石造物が掘り出された所を含む地区である．調査の結果，前記2個の石造物の抜き取り坑を確認し，さらにその周辺で別の石造物2個が発見された．うち1個は原位置に立った状態であった．発見された遺構はほぼ直線状の西岸35m，池底の石敷，小中島，別の中島の一部と思われる湾曲した石積護岸である．周辺の地形から園池の規模は長さ100mに及ぶと推察される．園池の築造時期は斉明朝（7世紀中葉）には完成しており，天武朝（7世紀後半）の段階で部分的な改修を施したと考えられた．

方池のみであった7世紀前半期に対して，中島をもつ大規模な曲池遺構の存在は，当時の国際情勢を反映しての結果であろう．今後の調査が待たれる．この曲池の造形が草壁皇子の島宮へと続き，さらに後述する平城宮東院庭園へと発展する，そのはじまりとして重要な意味をもつものと考えられる．

6．小　結

以上見てきたように，7世紀前半は方池が主流であり，中葉から後半は曲池に移行する．いずれも周囲は玉石を敷き詰めた石敷広場である．島庄遺跡，平田キタガワ遺跡の護岸は，いかにも大陸的であり力強い．また石神遺跡出土の須弥山石や石人像をはじめ飛鳥で散見する石造物，酒船石，猿石，亀石など硬質の花崗岩を加工する技術は朝鮮からの渡来人によるものであり，それは7世紀がピークであり，次の8世紀には専ら柔かい凝灰岩が用いられたように，退化する．7世紀には精緻な石造技術が古墳造成，建築，庭園に用いられた点

でも8世紀以後とは異質の時代であった．

　中国では秦代，すでに上林苑が造営され，漢代には大園池に神仙島を浮かべた．神仙思想にもとづく庭が完成の域に達していたようであるが実態は不明である．唐大明宮跡では発掘調査が部分的に行われた．園池部分は未調査であるが蓬莱島を含めて遺跡はよく残っている．自然を基調とした庭の佇まいは遣隋使，遣唐使らを通じてわが国へ伝えられ大きな影響を与えたと推察される．

　高句麗では5世紀頃の築造とされる大城山城に数多くの方池が残っている[注13]．たとえそれらが用水池として造り始められたとしても，園池としてとり入れられたはずである．安鶴宮には方池を中心とする庭区と曲池の庭区が共存している[注14]．

　百済でも高句麗同様，宮苑に方池が造られた[注15]．離宮である宮南池では池畔に望海楼を建て，池中に方丈仙山を擬して中島を造り神仙世界を現出している．『三国史記』百済本紀武王35年（634）の条に四岸に楊柳を植えるとあるが，方池か曲池かは不明である．寺院では定林寺跡[注16]，弥勒寺跡[注17]の方池がある．

　新羅では月城東宮の雁鴨池がある．南，西岸は直線，北，東岸は複雑な曲線護岸で構成され，池中に三神仙島を築いている[注18]．仏国寺の九品蓮池も曲池である[注19]．1998年，園池の一部が発見された龍江洞遺跡も中島をもつ曲池であり[注20]，曲池が主流をなしていたようである．

　わが国へ中国，朝鮮半島から，自然を範とし，神仙島を設けた園池を主体とする庭と，方池を主体とする造形的な庭が伝えられた．7世紀前半においては高句麗，百済から伝えられた後者の庭の影響が強く現われ，後半には曲池が始まる．そして7世紀末には未発見であるが『万葉集』に収める草壁皇子の島宮の庭の情景が造り出され，さらに，後述する平城宮東院庭園へと展開していったと考えられる．

　一方，流れについてみると，小墾田宮推定地の人工的な曲流に対して，島庄遺跡は自然の川を模した流れである．そこで流れを，線形が何であれ幅員がほぼ一定で景石を伴わない人工的なものを流杯溝型，幅員が不定で景石を据えるものを遣水型と呼ぶこととする．

　流杯渠は『歴代宅京記』に見える．同書に「宋書礼志曰う．魏明帝のとき天淵池南に流杯石溝を設け群臣を燕す」とあり，また「陸機云う，天泉池の南の石溝は御溝水を引き，池西に石を積み，禊堂を為る．本水は杯を流し酒を飲む，亦た曲水とは言わず」とある．3世紀には石溝に杯を流して酒を飲むことが始まったが，曲水とは言わなかった．『晋書』には4世紀海西公の頃には「曲水」と呼ばれるようになったことが記されている．

　小墾田宮推定地の曲流，石神遺跡の石組溝も流杯溝型に入るであろう．島庄遺跡は後者の遣水型に属し，前述した城之越遺跡につながるものである．

8世紀の園池と流れ（成立期）

1. 平城宮東院

　平城宮の東張り出し部の東南隅で1968年から80年まで4回にわたって発掘調査が行われ，庭園の状況が明らかにされた．

　庭園を含む区域は東と南を平城宮を画する大垣で限られ，西と北を塀で囲まれた南北100m，東西70mの空間である．庭園は8世紀の初め頃につくられ，中頃に改修されている．園池南半部の下層遺構つまり前期庭園については未調査である．

　改修の前後で，池が一部拡張された程度でその規模は余り変わらない．しかし細部の意匠，付属する建物の配置，棟数などには大きな変化がみられる（図12）．

　前期庭園は区画の大部分を占める東西およそ60m，南北45m，大垣に沿った逆L字形の園池が中心となっている．汀は地山を急角度で掘りこみ，人頭大の安山岩を積む．池底には岸にそって径30cm前後の扁平な安山岩を2～6mの帯状に敷きつめている．護岸石積みの高さから池の水深は50cmほどと推定された．池の南には北側柱を一部池中に立てる東西棟建物が建つ．その南軒下には，園池西南隅から発し，建物の西側をめぐる屈曲した玉石溝が東流している．側石は抜かれているが，底石は20～40cmほどの石を2～4列，中央に向かって低くなるように敷きつめている．大きな屈曲点では底石がその前後よりやや低く据えられ溜り状を呈するようである．曲水宴に使われた流杯溝かと考えられる．図13に示すごとく，水勾配は平均0.8％と緩い．

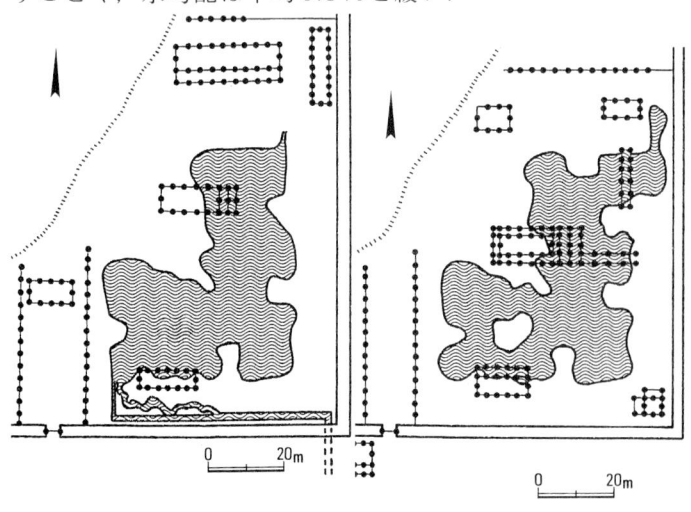

図12　東院庭園遺構配置図（前期）　（後期）

　1999年の調査で，園池西北部から同じ技法による蛇行溝が発見された[注21]．北西から南々西に流れる24m分である．南部と同様，側石は抜かれているが底石は径20～40cmの石を3～4列，幅7～80cmに両側が高く中央が低くなるように敷いている．溝の存続期間は天平前半から天平宝字年間（729～765）と考えられている．

　園池は天平勝宝年間に全面的に改修されたようである．前期

8世紀の園池と流れ（成立期）　　　　　　　　　　　　　　　　　(13)

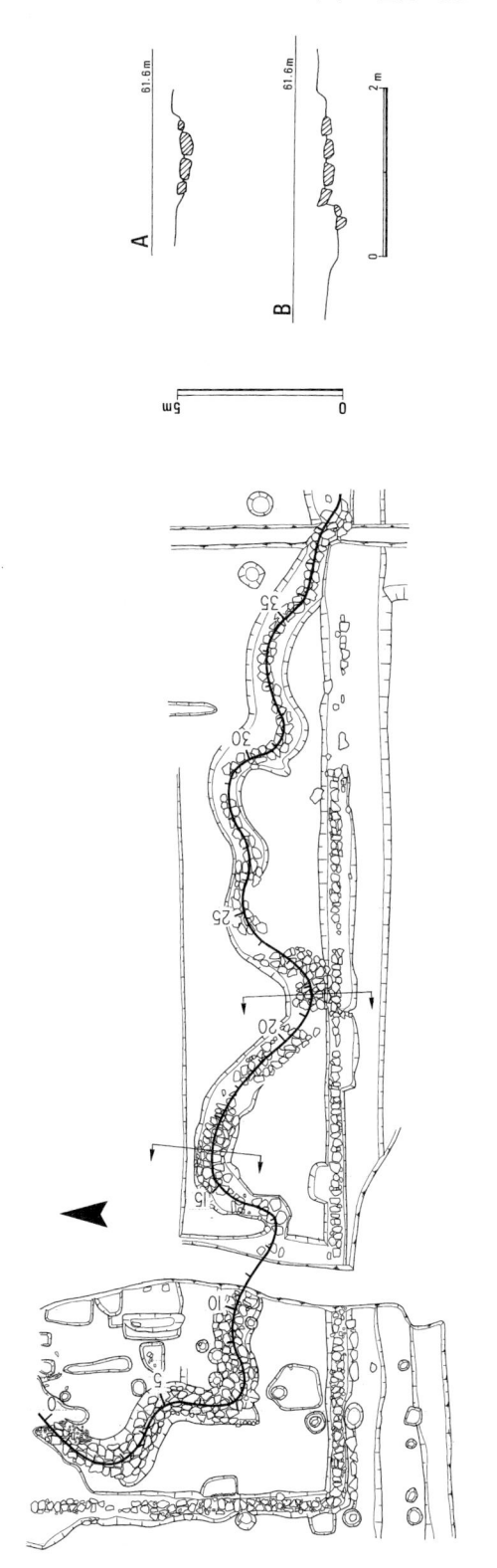

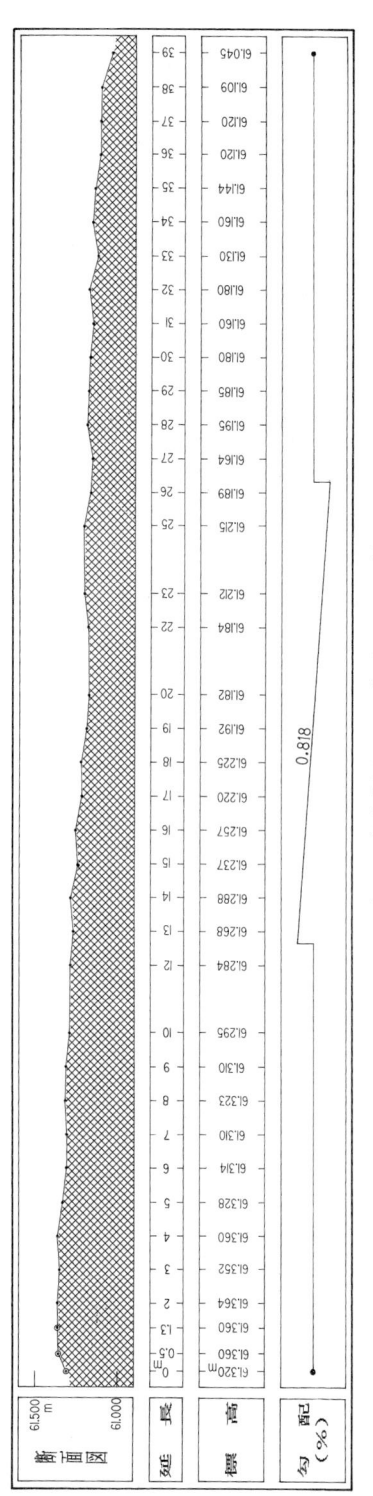

図 13　東院庭園　玉石溝平面図・縦断面図

の池の石敷の一部や石組を取りはずし，粘土で埋め，玉砂利を敷きつめる．汀の勾配を緩くし，汀線もうねうねと屈曲の度合いを強める．園池の東北隅は東方に拡張され，その上を渡る橋が造られる．北岸中央部には版築状に造成した築山に，1m前後の石を10数個用いた力強い石組がなされる．さらに池の西南部に中島が置かれる．中島の先端部や曲折する岸の要所には，褶曲をもつ片麻岩や安山岩が景石として据えられる．池の取水は北からであり，排水は東南隅から南外濠に通じる木樋暗渠による．

東院庭園で注目すべきことのいくつかを挙げてみたい．前期庭園については護岸，池底の処理が後述する左京三条二坊庭園遺構に類似すること，8世紀の流杯溝を実見し得たこと，後期庭園では建物配置のにぎやかさ．建物によって南北に二分された園池の一方に築山石組を，他方には中島を配した空間構成の確かさである．築山石組には正倉院宝物の仮山を彷彿させるものがあり，三条二坊園池東岸に集中的に行なっている石組とよく似た造形感覚が感じられる．その姿は，毛越寺大泉池西南隅の石組を連想させ，同時に中島と東南部からのびる出島の緊張関係が，やはり同寺のそれに似ることは興味深い．また，屈曲のしかたがやや強いが，優美な磯や洲浜の景観は『万葉集』に見られる「玉敷く」という語の実態を示し，平安時代庭園の用語である洲浜や立石の姿が，この時代に見られることを実証するものである．自然的な要素を豊富にとり入れて修景された，池を中心とする庭，日本庭園の伝統形式をなす形がここに完成したと言えよう．

2．平城宮―西池宮―

平城宮跡の西北部に現存する佐紀池の北部と南部で発掘調査が行われた．

北部では現在の池の汀線に沿う形で，園池の西岸と東岸が検出された．岸はいずれも10度と緩やかな傾斜で，斜面には礫が幅約2m敷かれていた．東岸の敷石の上端には自然石が所々に据えられ景石となっている．池中の推積層からは奈良時代から平安時代初期に至る土器類，瓦塼類，木製品が出土している．

南部では池の一部と，それに続く幅2mの排水溝，堰，柵などが発見され，佐紀池が奈良時代の園池跡であることが判明した[注22]．

佐紀池の北方には御前池，下吉堂池，上吉堂池が連なり，平城宮造営以前には奈良山南麓の谷筋であった．自然の沼池を宮内の園池に改造したのである．規模が雄大であり，自然地形を巧みに利用し玉石で化粧したため，汀線は伸びやかである．のち，平安時代の庭に見られる緩やかに曲折する優美な汀線の芽生えがここにある．

図14　平城京左京一条三坊　園池

8世紀の園池と流れ（成立期） （15）

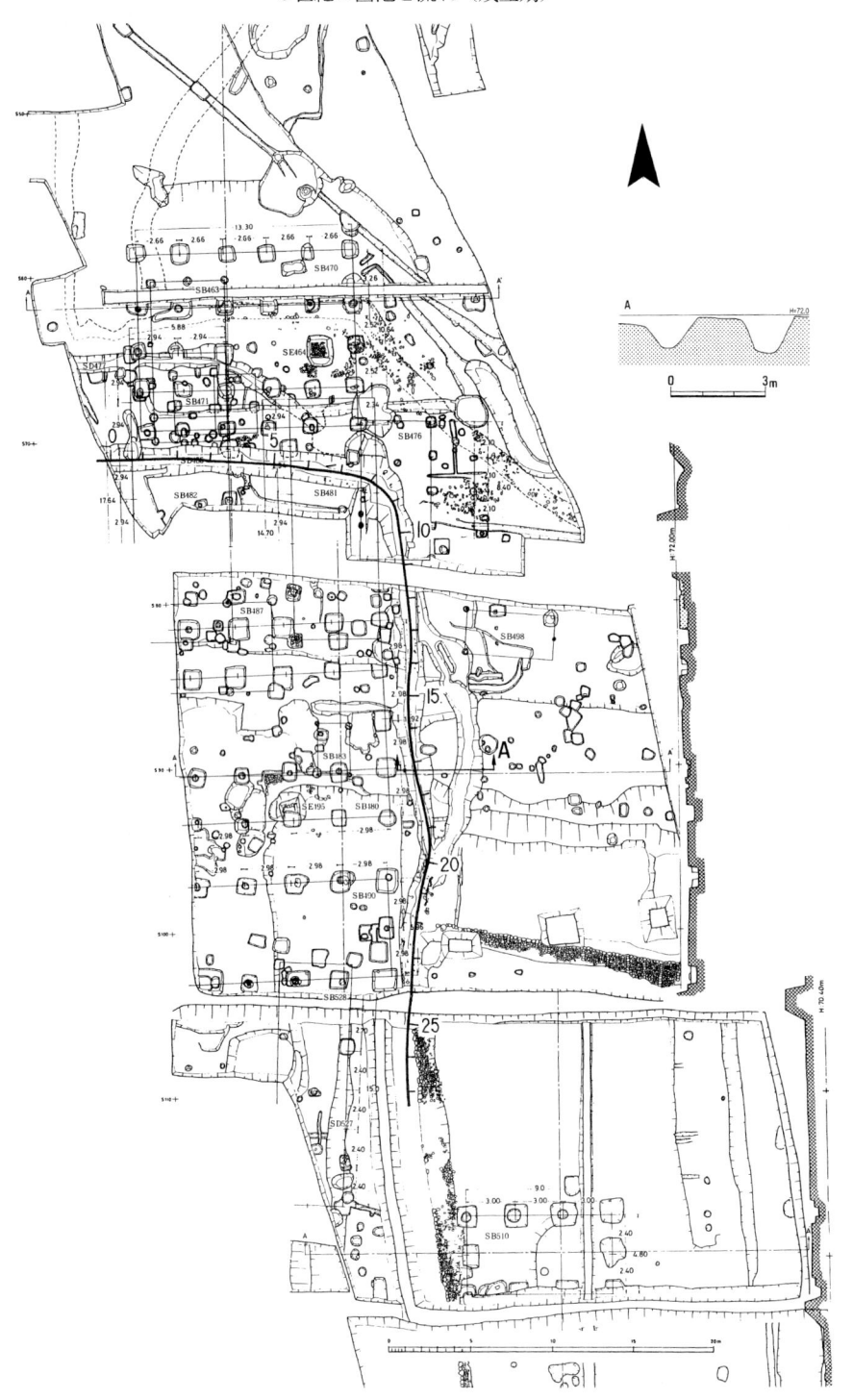

図15 平城京左京一条三坊 遺構図

3. 平城京左京一条三坊十五・十六坪

平城宮跡の東1.5 km，不退寺の西の左京一条三坊十五・十六坪にあたる地点での発掘調査で，園池，建物28棟，柵5条，井戸5基，溝7条などが検出された．これらは奈良時代初期のものと，奈良時代末期～平安時代初期のもので，中間の時期のものを欠いていた．平城京造営前，ここには前方後円墳があった．平塚二号墳と命名されたこの古墳は，京の造営時に削平されたらしい．発見された園池は，この古墳の周濠の西南隅を利用して設けられていた．園池の洲浜は，古墳前方部に連なる周濠斜面とその葺石を利用しており，新たに水際にあたる位置に50～90 cmの褶曲片麻岩と花崗岩を6個据えている．6個の石は，三石ずつ二組に分け配置されている．6個のうち1個は根石を詰めるが，他は地山に直接据えられている（図14）．

池底には砂利などなく，粘質土の地山のままである．水深は石組の状況から25 cmほどとみられた．洲浜に利用した古墳の葺石は，径15 cm内外の玉石で，大半がチャート，それに両輝石，安山岩，片麻岩，花崗岩などが混じっている．岸の傾斜は，古墳の墳丘を利用した所で30度あるが，それに続く洲浜部分は3度である．

園池の北には建物群が配置され，その間を逢うように南流する溝がある．調査区内では西から東へ17 m流れ，ほぼ矩折れに南流する．南流して分流するまでは幅1.2 m，分流してからはそれぞれ幅40 cm内外に狭め，再び合流してからは幅員を元に復する素掘りの流れである（図15，16）．両廂の大型建物の間を流し，線形は直線に近いが多少屈曲させており，単なる排水溝ではなく園池への導水路としての配慮がなされたものであろう．8世紀初期の流

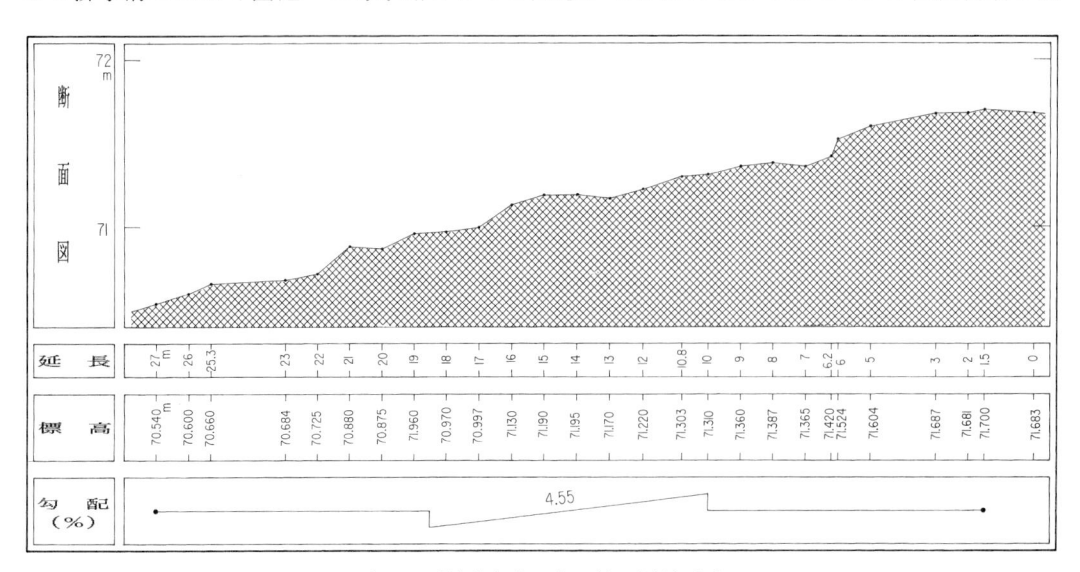

図16 平城京左京一条三坊 縦断面図

れの遺構である．横断勾配は5〜60度と急であり，縦断勾配も4.5度とやや急勾配である．

建物群と園池とは十五・十六坪を占地している．園池をもつ邸宅が営まれたのは奈良時代初頭から天平初年頃までと見られる．遺構の存続期間，二坪占地，出土木簡や緑釉波文塼その他の出土遺物などから，この邸宅の主として長屋王が有力候補に挙げられている[注23]．

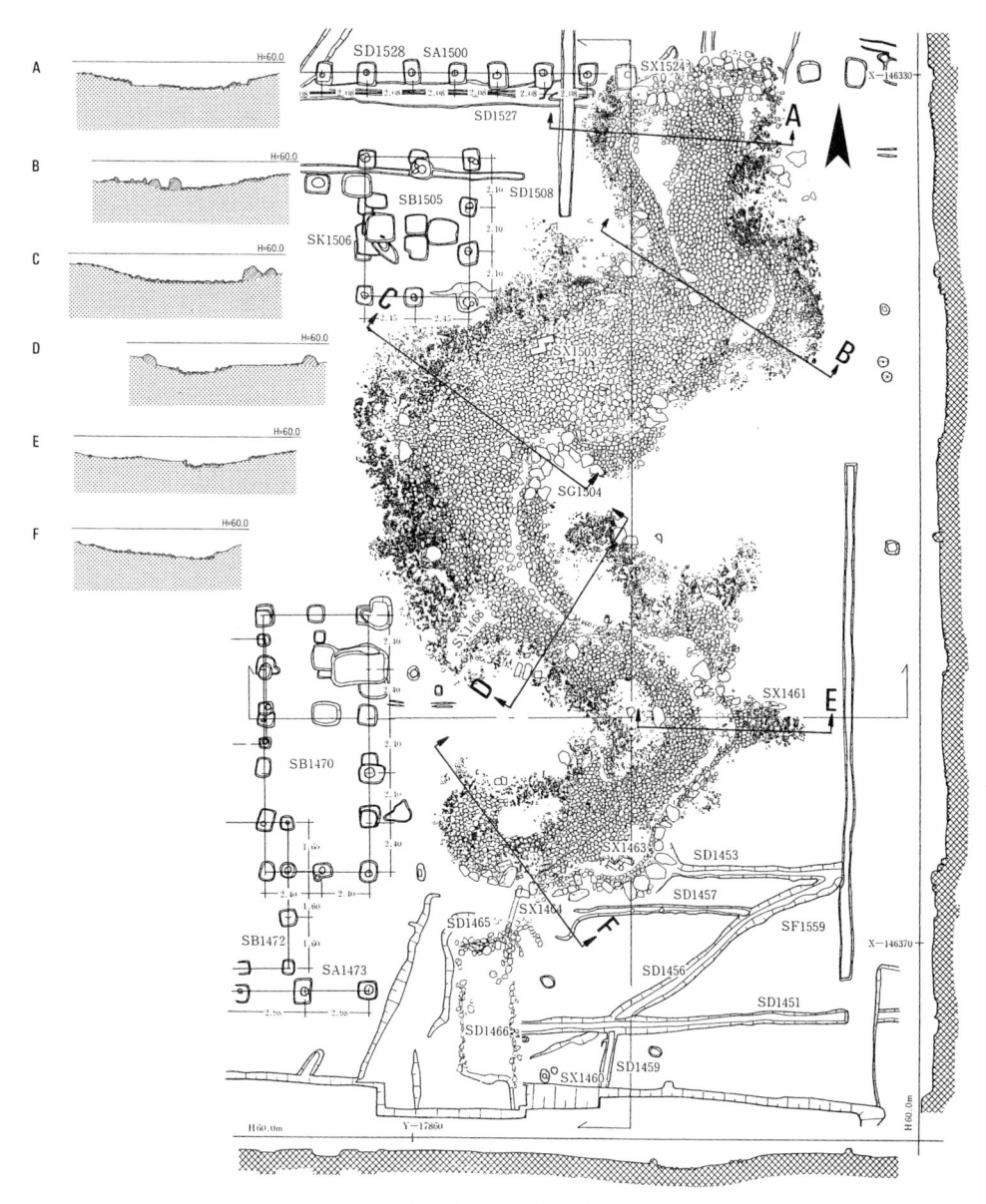

図17　平城京左京三条二坊宮跡庭園　遺構図

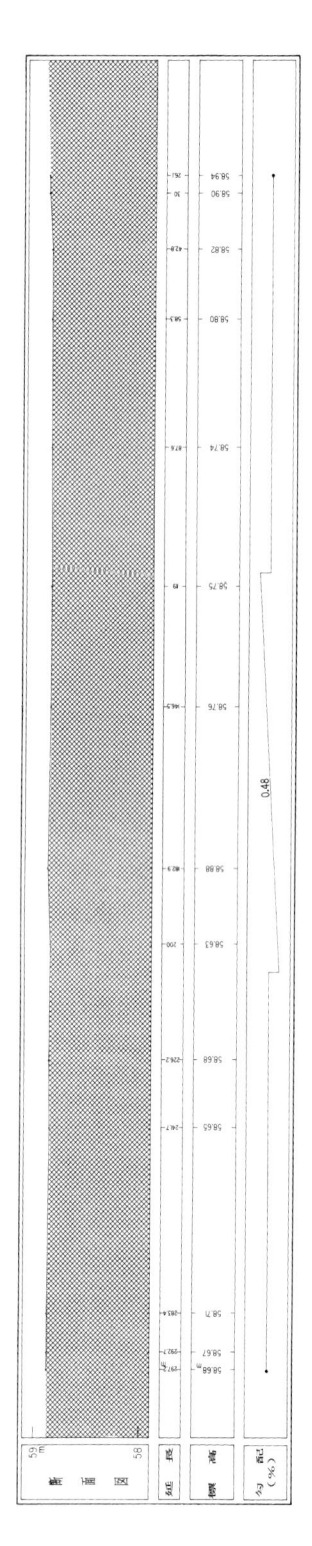

4. 平城京左京三条二坊六坪

1975，1977年の両年，平城京左京三条二坊六坪の発掘調査が奈良国立文化財研究所によって行われ，園池を中心に建物16棟，柵4条，旧河川2条，井戸2基などが検出された[注24]．

園池は旧河川敷を利用して幅15m，長さ50m余りの南北に細長く蛇行した曲池である．水際は5～6度の緩い勾配で，径20cm前後の扁平な玉石を敷き詰め洲浜状とし，その外側に拳大の礫を敷き地被としている．池底の横断面は，屈曲する外側を高く（約10度の勾配）しており，平城宮東院庭園の流杯溝と似る．池底の縦断勾配は0.5％と緩い（図17，18）．

水の取り入れは北からで，長さ5mの木樋暗渠によって導かれる．木樋の先端（北端）を1mほど露出させ，端近く木樋の蓋にあけられた穴に，上から水を注ぎ入れたと考えられる．池の南端には階段状に石を積んだ堰があり，その南には玉石1段積み，幅2mの溝が続き排水溝とする．堰の下には木樋暗渠が通じており，排水が2段階に行える構造になっている．木樋暗渠の端部には蓋に穴があり木栓があって，池底清掃の際用いられたと思われる．取水口，溢水口の高低差から水深は20cm位で，水面の幅は広い所で5m，平均3m前後と推定される．

木樋へ人為的に給水するため自在に流量・流速を調整できること，底にやや大振りの玉石を敷き詰めることなどから，池というよりも流れとして造成されたものである．

流れの周囲，特に岸が湾曲して突出する所に集中して褶曲した石英片麻岩，花崗岩などによる石組を配している．いずれも6～80cmと小振りである（図19）．その有様は，『作庭記』「遣水事」の条にある「遣水に石

図18 平城京左京三条二坊宮跡庭園　縦断面図

を立てはしめむ事は先水のおれかえりたわみゆく所也」とは異なる．しかし，石組は築山を中心として建物の対岸（東岸）の要所にあり，また手前の岸の景石は北部と南部の視野の端に据えており，同書の「ひたおもてにしけくたてくたす事あるへからす」という手法とは一致している．

池底に2ヶ所，木組の仕切りがあるが，水生植物の栽培に用いられたものらしい．園池造成に伴う整地土から奈良時代中期の土器片が出土したことによって，園池造成の時期は奈良時代中期から後半，すなわち天平末年～天平勝宝年間（748～756）に比定されている．

図19 園地遺構

出土した瓦が平城宮と同笵であること，「北宮」，「御杯物」の木簡，曲水宴に適した流れの形状などから，平城宮と密接な関係をもつ公的施設である可能性が高いと考えられた．三条二坊庭園と平城宮との位置関係は，平安京における神泉苑と大内裏に相似する．

三条二坊の園池が，平城宮前期東院庭園の流杯溝型の流れが廃されたと同時か，その直後に造られたことは重要である．三条二坊の庭は，幅員が不定で，流れに沿って景石を据える遣水型の最初の例であり，しかも意匠，構造がきわめて優れた作例である．

5. 平城京左京三条一坊十四坪

1967年，平城京左京三条一坊十四坪に当る所での調査で園池が発見された[注25]．調査では十四坪の西よりの一部を発掘したことになり，園池も南半は未発掘地にのびている．発見された園池は東西10m，南北5mあり，水深は約25cm，池中に中島がある．中島は玉石で化粧していたらしく，径20cmほどの玉石敷が一部残っていた．北岸には高さ80cm程の安山岩の景石が1個据えられている．園池の北では廂付建物や倉が配置されている状況が見られ，またこの邸宅は十三・十四坪の二坪を占地したようで，かなり上層階級の邸宅跡と考えられる．

6. 小　結

7世紀の園池では，石を構築用の素材として扱っているのに対して，8世紀では石を自然物として用い，鑑賞の対象としている．

平城宮東院，平城京左京三条二坊を初めとする奈良時代の園池には景石が据えられ，池岸は曲折し，磯や洲浜が設けられ，全体として自然の風景を模した柔かみをもっている．そのような変化は8世紀の中頃に起ったようである．

前期東院庭園の玉石組護岸から，後期庭園の，屈曲のしかたが強過ぎるきらいはあるものの，玉砂利による優美な洲浜をもつ園池への改修は天平勝宝年間である．自然的な要素をとり入れて修景された池を中心とする庭，日本の庭の伝統形式をなす形が，ここに完成したと言える．

　一方，流れについて見れば，城之越遺跡の流れのあと島庄遺跡において自然の川を模した造形（遣水型）が7世紀初めに現われるが，以後8世紀中頃まで途絶える．

　造形的に整った流れは小墾田宮推定地の流杯溝型から始まる．平城京左京一条三坊遺跡の流れは，池への単なる導水路ではなく流杯溝型の流れとして意匠したものであろう．東院庭園の流れは屈曲の度合いの強い玉石溝である．流杯溝型の流れは以上の3例だけであるが，東院庭園の方がより流杯溝らしくなったと言えよう．しかし，それらも新羅鮑石亭跡[注26]，崇福宮泛觴亭址[注27]のきわめて人工的な流杯渠とは異なる．鮑石亭，泛觴亭のそれは，『営造方式』に見える風字流杯渠，国字流杯渠に近いものである．

　そして，わが国では前期東院庭園を最後に流杯溝型は姿を消し，遣水型に移行する．平城京左京三条二坊遺跡がその初めであり，しかも本格的な遣水へと変容している．その時期は天平末年から天平勝宝年間であり，園池の側から日本の庭の成立期を8世紀中頃としたことを補強するものである．

8世紀以降の流れ

1. 神泉苑

　1990～92年，地下鉄東西線建設の事前調査が京都市埋蔵文化財研究所によって行われた[注28]．その結果，神泉苑の東西両築地塀跡が検出され，平安時代の神泉苑の東西規模が確定した．同時に石敷で化粧された園池北辺部の水際と，園池へ流れ込む遣水の注ぎ口が確認された．流れは末端のごく一部が検出されただけであるが，幅4m，深さ0.6mほどで，自然の川に近い状況である．流れの中に橋脚跡とみられる径0.4m，深さ0.3mで心々距離1.1mの2本の柱穴を検出しており，小規模な橋が架けられていたとみられる．流路の方向や位置は古図とよく一致している．

2. 大覚寺

　1984～90年にかけて，名古曽滝からの流れを復原整備するための発掘調査が行われ，遣水遺構のほぼ全容が確認された[注29]（図20，21）．

　遺構は4時期に大別される．Ⅰ期は平安時代以前の自然の流れの時期．Ⅱ期は流れが開削される9世紀前半から埋没する途中の14世紀前半まで．Ⅲ期は完全に埋めて整地し，そこ

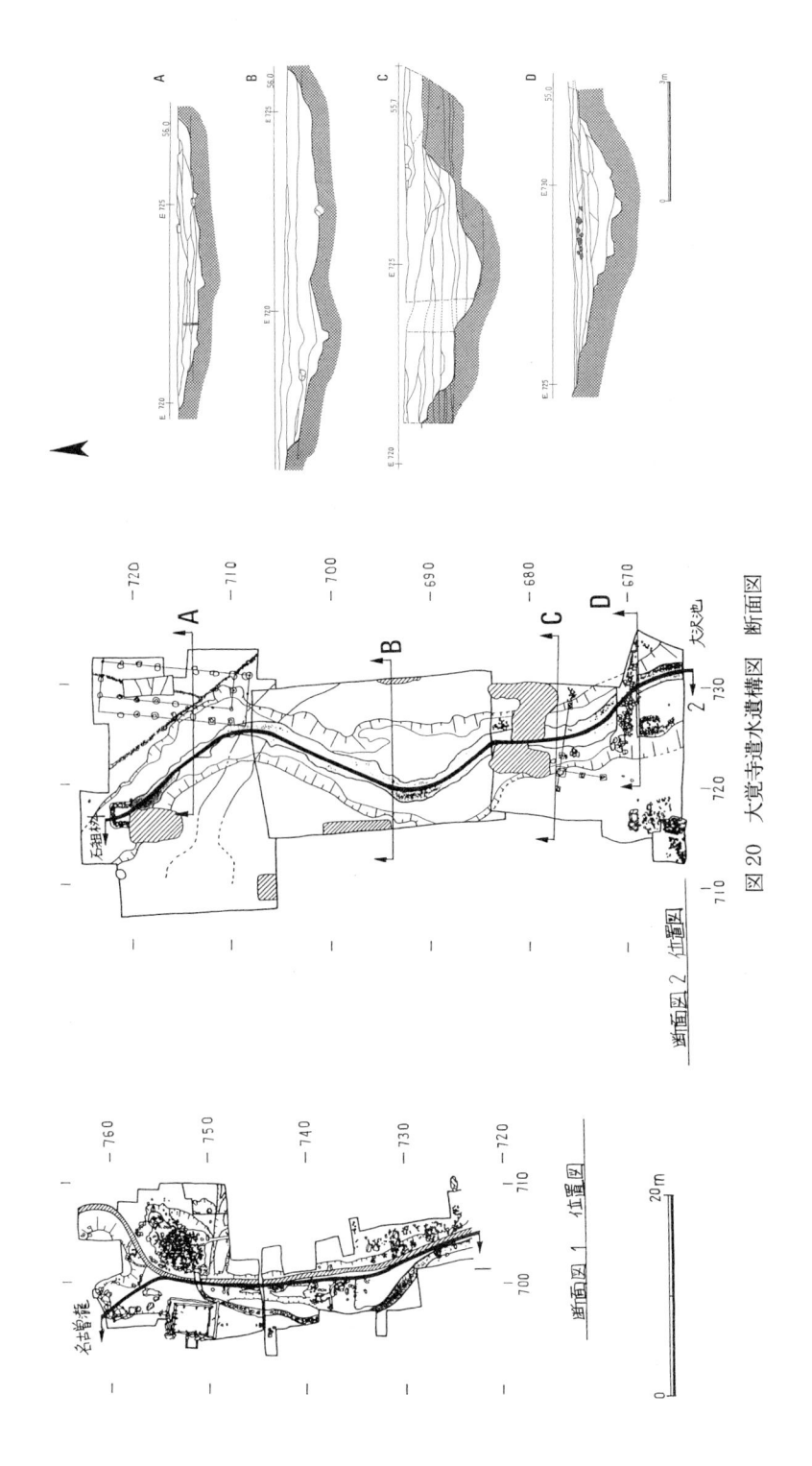

8世紀以降の流れ (21)

図20 大覚寺遣水遺構図 断面図

に建物が建てられる15世紀．Ⅳ期はこの地域が水田化した時期である．

　遣水遺構が存続するのは9世紀前から14世紀前半までのⅡ期であり，さらに3小期に分けられる．Ⅱ-1期は，嵯峨院造営当初の緩やかな流れであるが，幅5〜10mと規模が大きく，池への注ぎ口に石材が一部遺存する以外は，景石のない素掘りの流れである．Ⅱ-2期は流れの東岸に盛土が行われ，流路が狭められ，同時に流路の途中に石組桝が設置される．この時期，石組桝より上流部は既に埋まり，伏流水を石組桝に溜め，それより下流部が遣水として利用されたと考えられた．Ⅱ-3期は後宇多法皇の中御所の築地塀以南では，もとの流路に杭護岸がなされ14世紀末まで流路は存続する．

　Ⅱ期に見られる遣水遺構は，最大幅12m，深さ1mと規模が大きく，優美な曲線を描くが，景石を伴わない素掘りに近い蛇行溝で，流末部には一部石組が設けられている．図21に示すように，流れの縦断勾配は部分的に変化するが，平均すると3〜3.5%である．流れの主要部は造形性の強い流杯溝型を目指したものと思われる．このことは，当時，儀式が唐風に復帰する時期にあたっていたことも大いに関係するであろう．

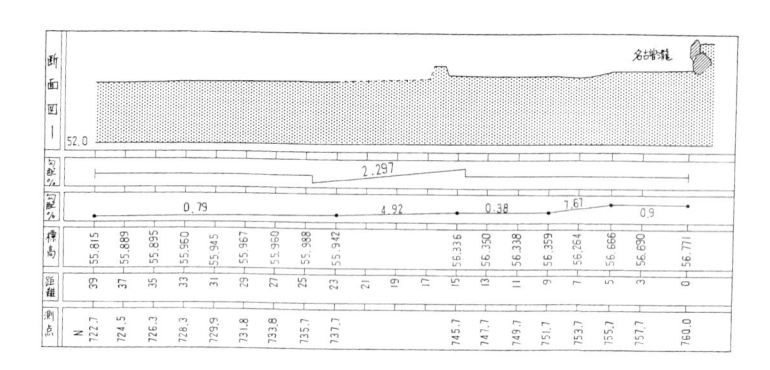

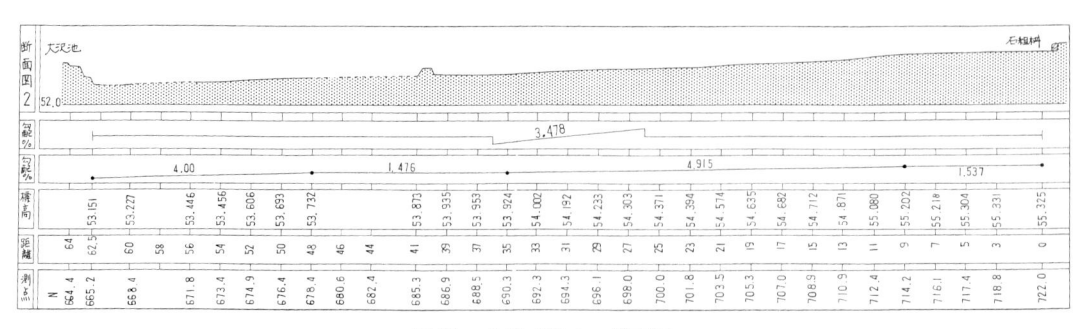

図21　大覚寺遣水　縦面図

3. 南都一乗院

奈良地方裁判所改築の事前調査として、興福寺旧一乗院の地下遺構の電気探査と発掘調査が1961年行われた．

電気探査では唐門の西側から水路が北上し、東に折れ、さらに北進する．宸殿の北側には池があり、池尻は二方に分かれ西方に流れ出していることが推定された[注30]．

発掘調査では、寛永焼失時の宸殿遺構を検出し、その下層に仁治2年（1241）、治承4年（1180）の各焼層、さらに最も古い康平3年（1060）の焼層から、それぞれ寝殿の規模が確認された．庭園遺構については、一乗院中世宸殿北面池庭と、初期宸殿の西南隅を斜めに過る東南から西北へ流れる遣水跡とが検出された（図22）．

遣水遺構は地山を急勾配に削って作られた幅2.5m、深さ0.5m、勾配の変り目には自然

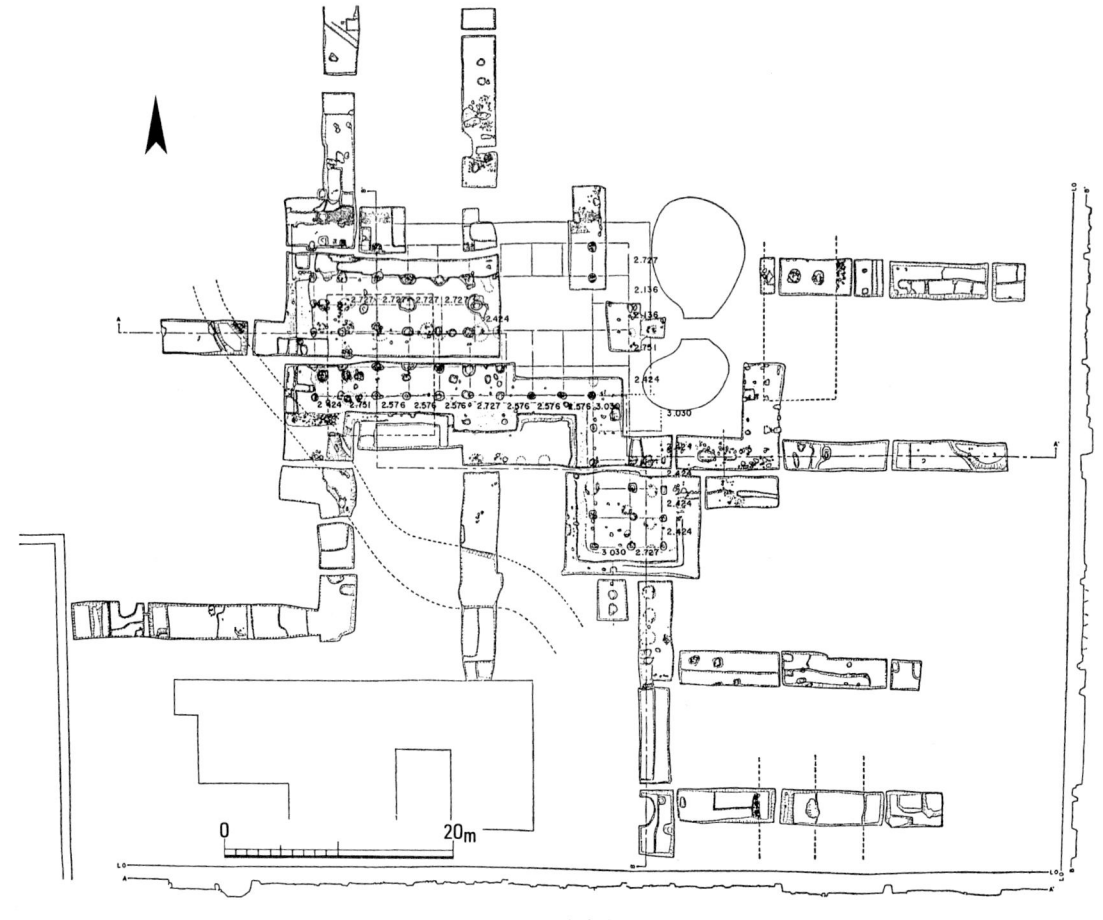

図22 一乗院遺構図

(24)　　　　　　　　　　古代の園池と流れ

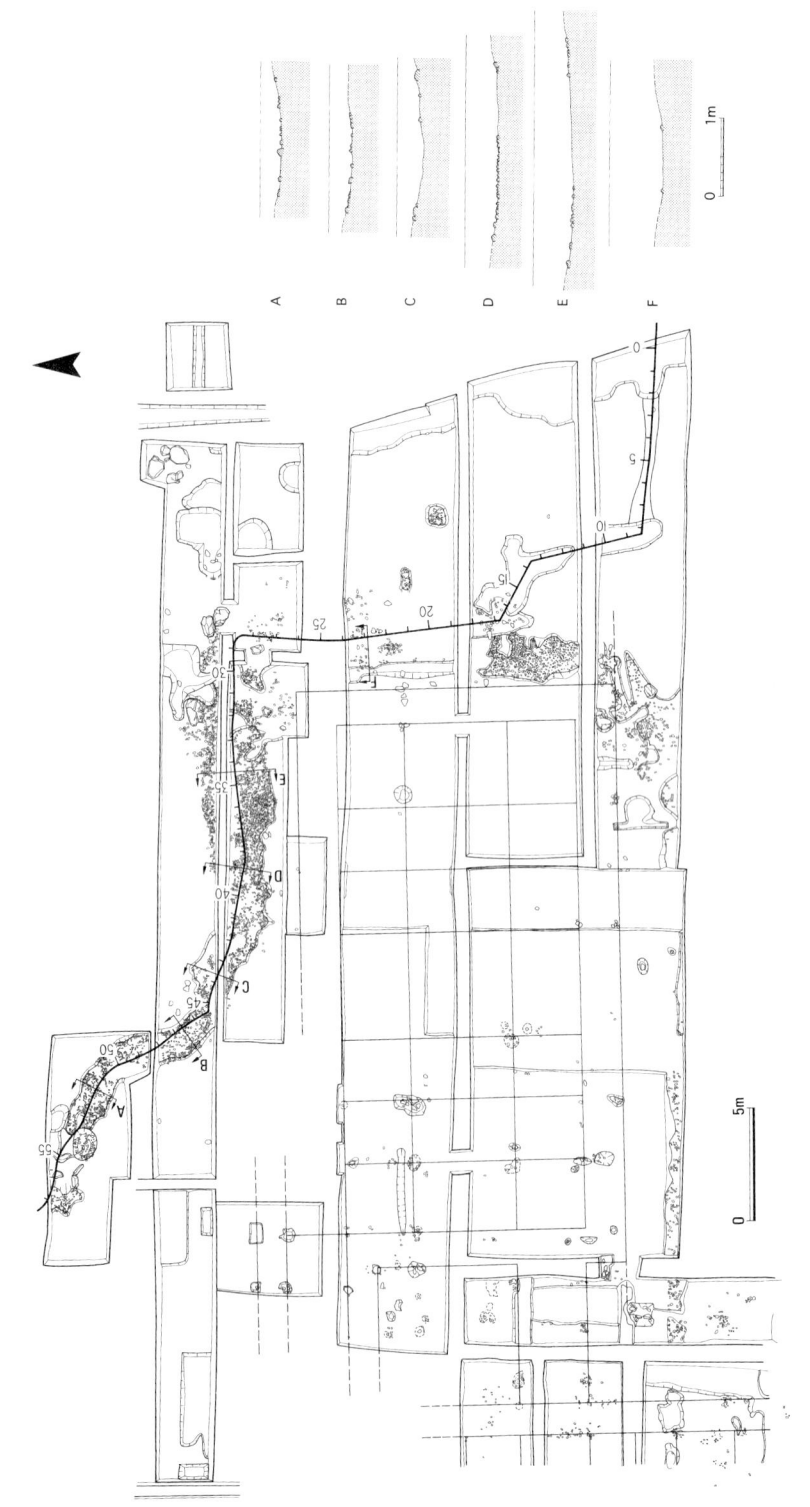

図 23　鳥羽離宮南殿遺構図

石が据えられている．遣水には平安時代後期の瓦が落ち込んでおり，のち宸殿西孫廂一間が拡張付設された時埋められた．したがって，その築造が初期宸殿の造営と同時の藤原時代であろうと考えられた(注31)．

一乗院は，かつて雪消沢系統の湧水を導水し，それが乏しくなるに及んで，わざわざ2km近く離れた所から水屋川の水を利用するための大工事を行なった．その導水路は，飛火野の丘陵上に今も優美な遣水の跡として残っている．

4．平安京左京四条三坊九町遺跡

1987年，京都市埋蔵文化財研究所の発掘調査によって，中島をもつ遣水の一部が発見された．

一面に玉石を敷きつめ，景石を据えた遣水は，最も広い所で幅6.5m，深さ0.3〜0.4m，中央部に長径約4m，短径2mの島がある．遣水の岸から底，島の周辺部に拳大の玉石を粘土の上に丁寧に敷きつめている．玉石の目地には白砂が入れられていた．青を基調とする玉石に白砂の目地が入り，そこへ清流が流れる様はきわめて清涼感の溢れる景色が創り出されていたであろうと報告されている(注32)．景石は北岸に5個，遣水の中に2個，島に1個検出されている．遣水を横切って柱穴列があり，遣水を跨いだ建物があった．出土遺物から，遺構の存続期間は11世紀中頃から12世紀前半とされる．本遺跡は一町占地の邸宅の東北部に当たると考えられ，また遺構の存続期間から，のち左大臣になる藤原実能の邸宅跡と想定されている．部分的な調査であり全体の構成は不明であるが，一町占地にしては規模の大きな遣水でありかつ施工が非常に丁寧である．

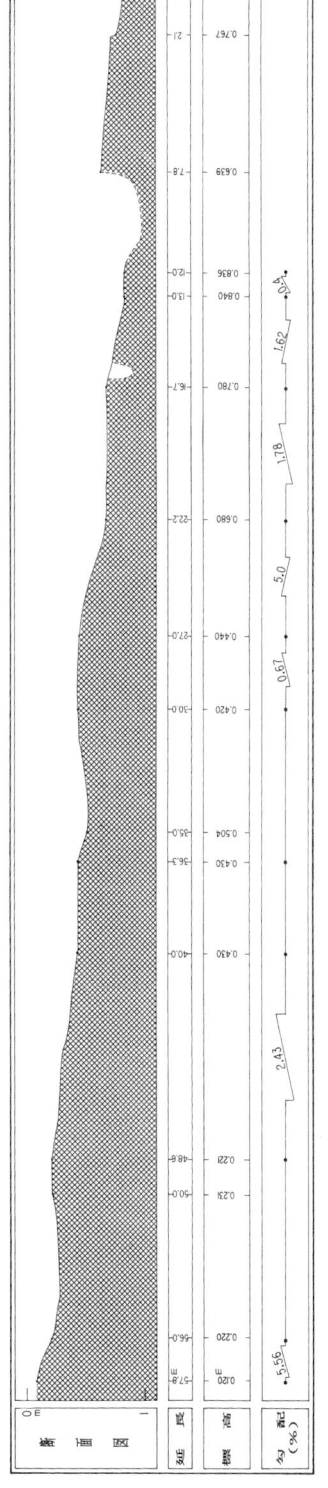

図24　鳥羽離宮遣水遺構　縦断面図

(26)　　　　　　　　　　古代の園池と流れ

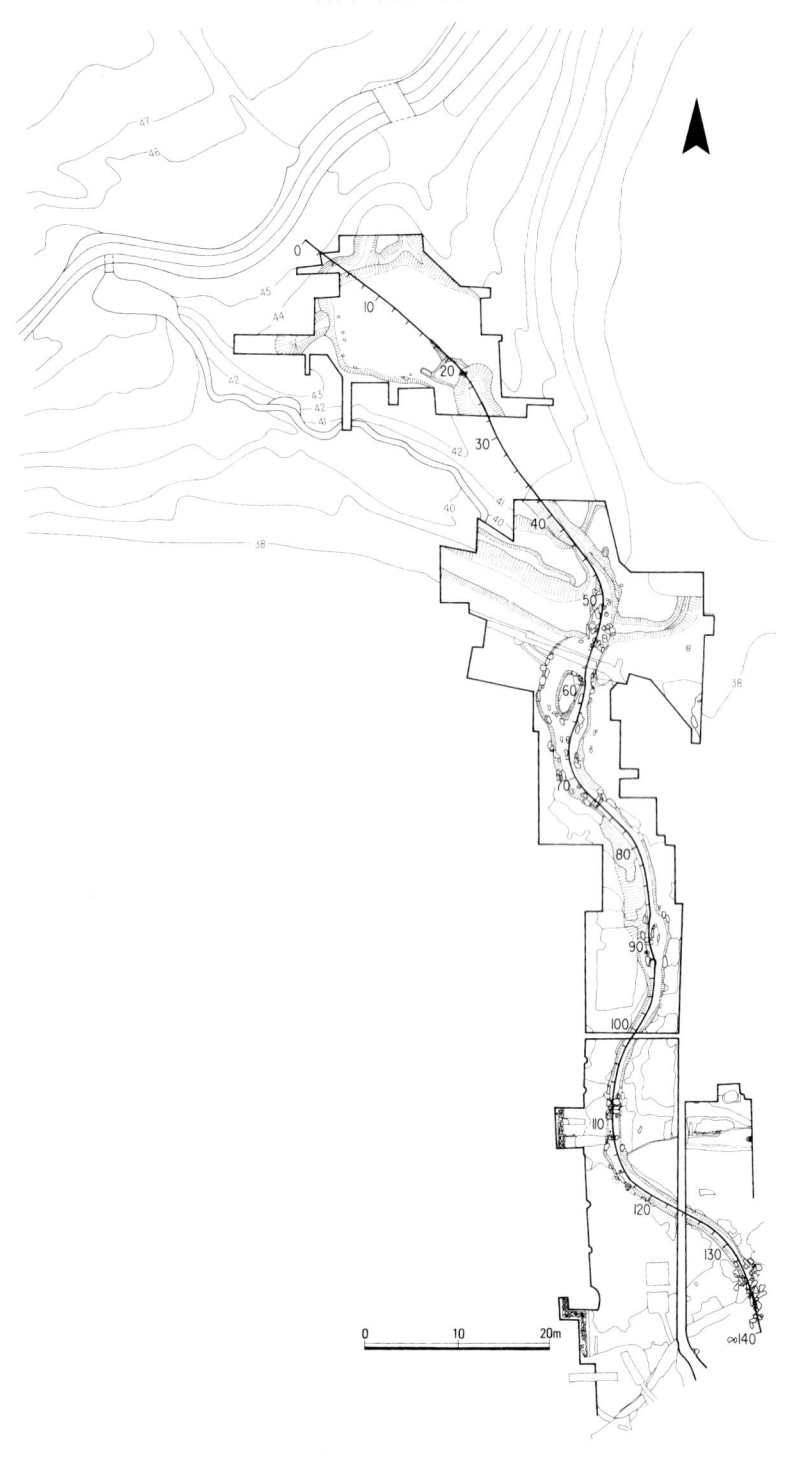

図 25　毛越寺遣水遺構図

5. 鳥羽離宮跡

　鳥羽離宮跡は現在の京都市伏見区竹田にある．鳥羽離宮南殿跡と推定される秋の山の南方で，1963〜65年に発掘調査が行われ，東北から西南へ雁行する3棟の建物が検出され，

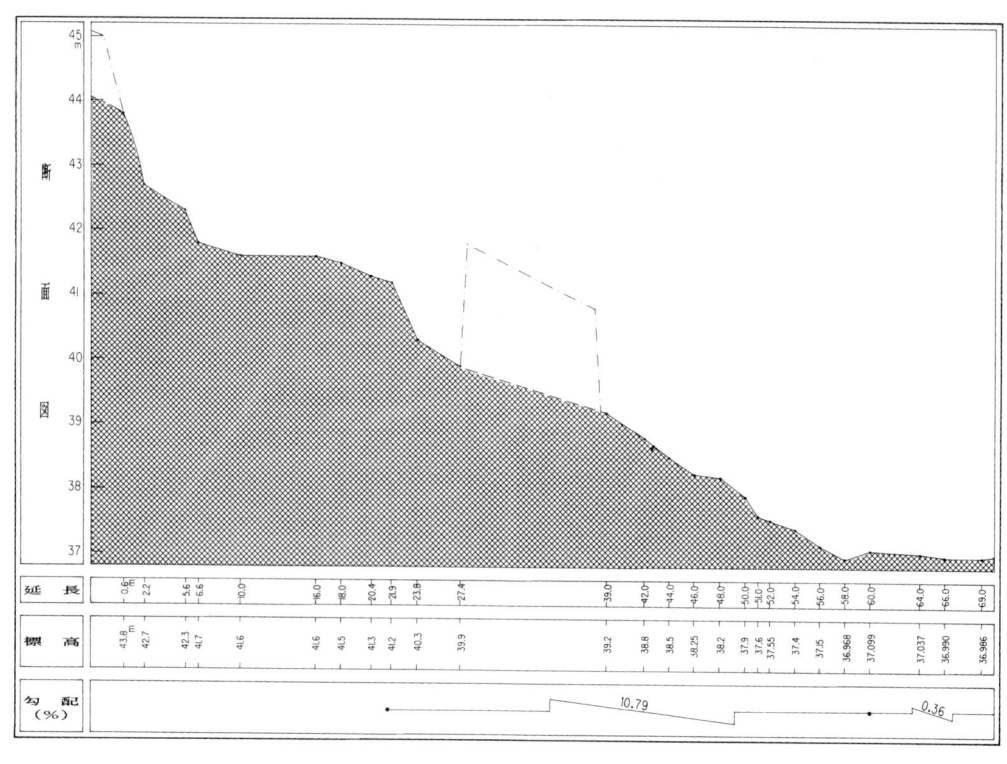

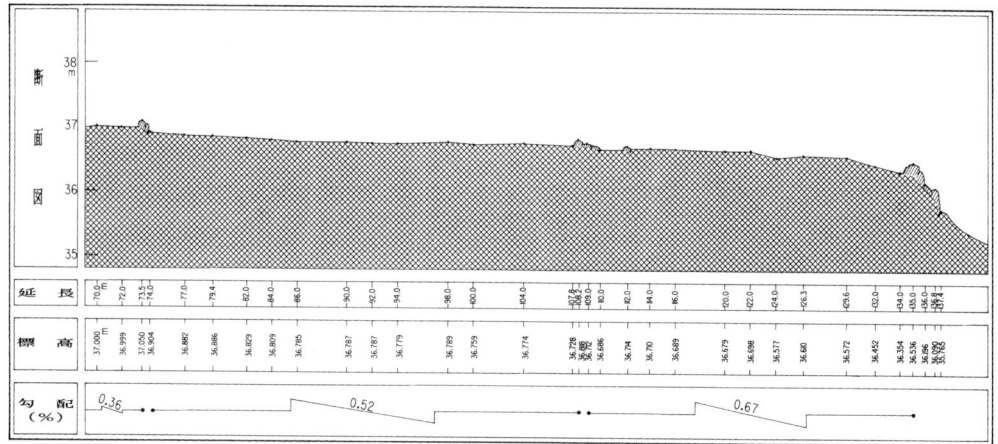

図26　毛越寺遣水遺構　縦断面図

証金剛院，寝殿，小寝殿の跡と推定された[注33]．また御堂の北側から東側にかけて遣水跡が見つかった（図23）．

流れの上流部は幅約1.5mであるが，東北隅の屈曲点では3mと広くなり，そこに大きな景石が据えてある．屈曲点から東妻に沿って南流するが，この付近から遺構は撹乱されており幅員は定かでないが，御堂の南東に向かい，さらに東流して池に注ぐ．岸の勾配は緩く，水深は10cm前後と浅い．縦断勾配は図24のごとく，2.4％と1.7％の部分に分かれる．景石は1～1.5mと大振りの石を高く据えているのが目立つ．

図27　中島（北より）

図28　中石（西より）

図29　ほりしつめた石（西より）

6．毛越寺

1981年からの園池整備に伴う発掘調査で，池岸の玉石敷が2期にわたること，しかもそれは円隆寺伽藍全域に及んでいることが判明した．また中島も全面玉石敷で化粧されており，当初は東西長が今より5m程短かく，第2期毛越寺再建の時，東端部が付け加えられたものと考えられた．また，一連の発掘調査で1984年，円隆寺東翼廊の東側で全長およそ80mに及ぶ遣水跡が遺存状況の良い状態で発見された[注34]（図25，26）．

遣水遺構の状況について，図26の縦断線に記した延距離に従い，『作庭記』とも照合しながら，細かく検討したい．延距離50m付近の滝ツ瀬の下流は，距離60mで幅が最も広くなり，中央に島が作られる．全体に平坦な中洲のような島で，やや小振りの玉石を敷き詰め，北辺と東辺に石を据えている（図27）．この部分は『作庭記』（引用文には随時句読点を付し，数字は同書の行数を示す）の「すこしきひろまになりて水のゆきよはる所に白洲をはおくなり」（125～127）

8世紀以降の流れ

に相当する．

　島の東側および下流には中石（249，420，421）（図28）が数個据えてある．中石の東岸には長く大きい石が据えられ「ほりしつめた石」（133）に相当しよう（図29）．西岸には「く」の字形の石があり「廻石」（402）と見られる（図30）．

　流れは延距離70mから東へ向きを変えるが，その西岸は「水のおれかえる所」（395）であり，石が連続して打たれている．74m付近では「水こしの石」（410）を据えて10cm程の段差を作り，かろやかな音のするせせらぎとなっている（図31）．86～92mの間は流れの幅がやゝ広くなり，流れの中に数個の石を立て，流れを二分し，さらに下流には3個の石を立て，片方の流れをさらに二分して，流れに変化を持たせている．

　110mで，流れと通路が交叉するが，この部分の両岸には木材を置き橋桁受けとしている．橋の上流2mの所に「横石」を据え段差をつけている．この横石は中心部が高く，「中ふくらに面を長くみせしのて左右のわきより水を落したるがおもしろき也」（413）に相当するものであろう．橋の下流側の両岸の石には相対した切込みがあり，堰板を差込むための仕事かと思われる（図32）．135mから下流は滝口のように石が据えられており，「いけへいるる所」（394）に「しけくたてくたす」石組である．

　以上のように，上流部滝ツ瀬部分の「遣水谷川の様」，「遣水の石立る事」，「遣水の石」として挙げられた底石，水切りの石，横石，

図30　廻石（東より）

図31　水こしの石（南より）

図32　切込みのある二石

水こしの石，中石，廻石に相当する石が実際に据えられている．また，護岸に石を立てない部分が多いが，これは「ひたおもてにしげくたてくだす事あるべからず」（393）という

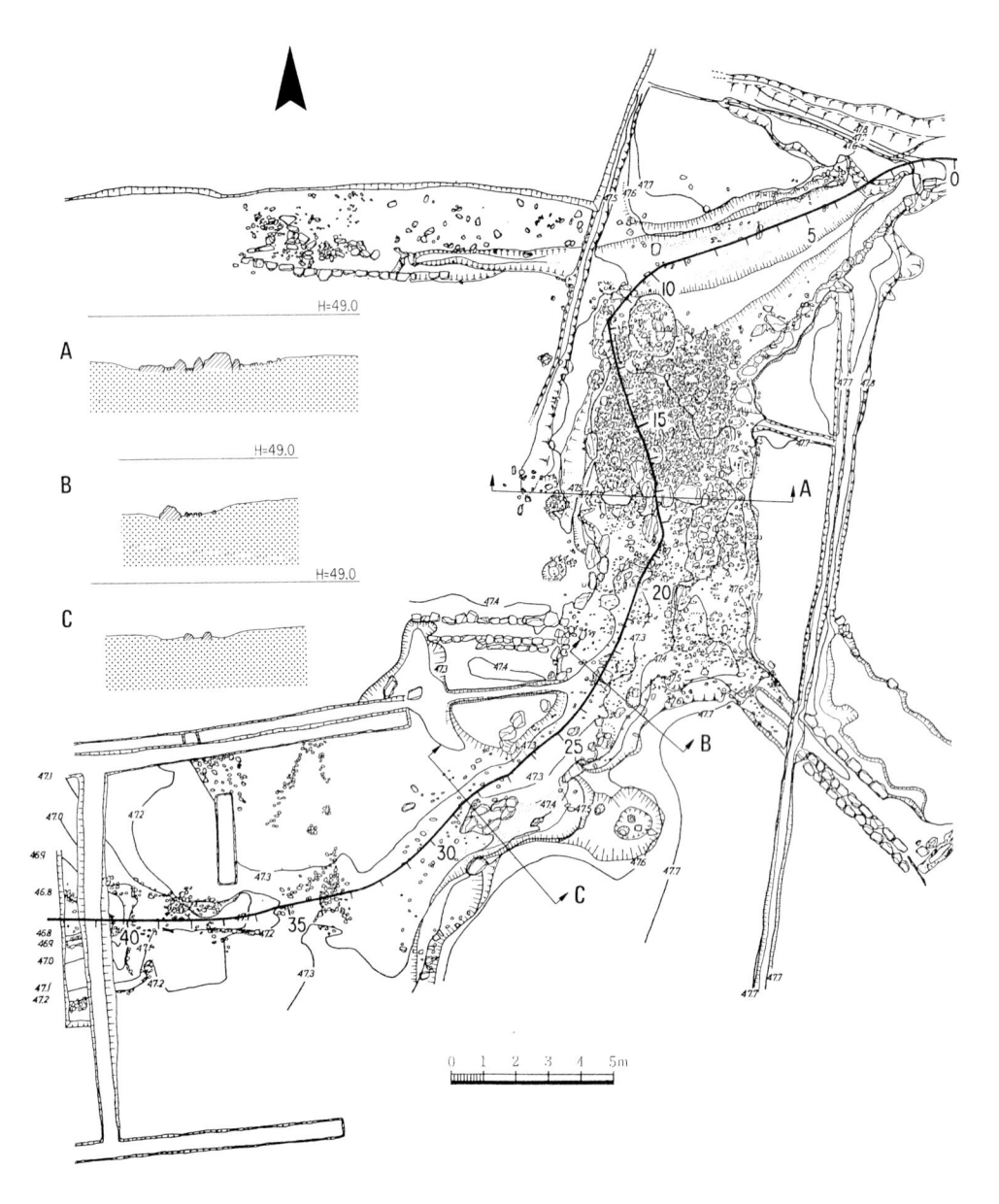

図 33 栢杜遺跡遺構図

遣水の美学に忠実に従った結果である．しかし，水勾配は『作庭記』の主張する3％には合致しない．随時勾配を変え，さざ波の立つ所，穏やかな水面，段差で落ちる水音，せせらぎの音を効果的に出すよう工夫されているが，上流より0.4，0.5，0.7％と緩い勾配である（図26）．

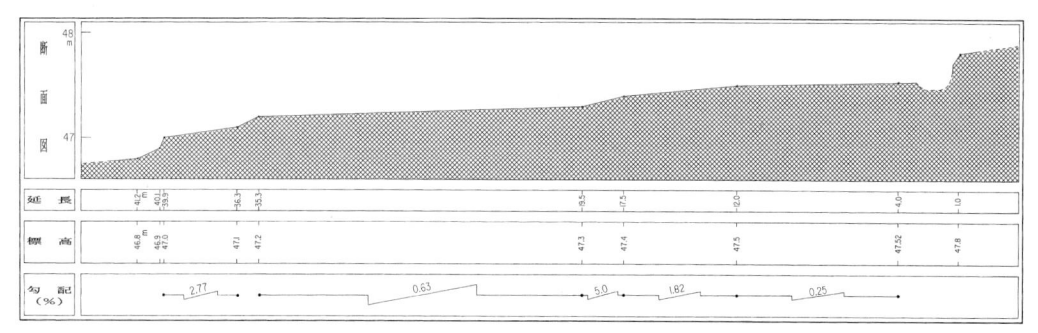

図 34 縦断面図

7. 栢杜遺跡

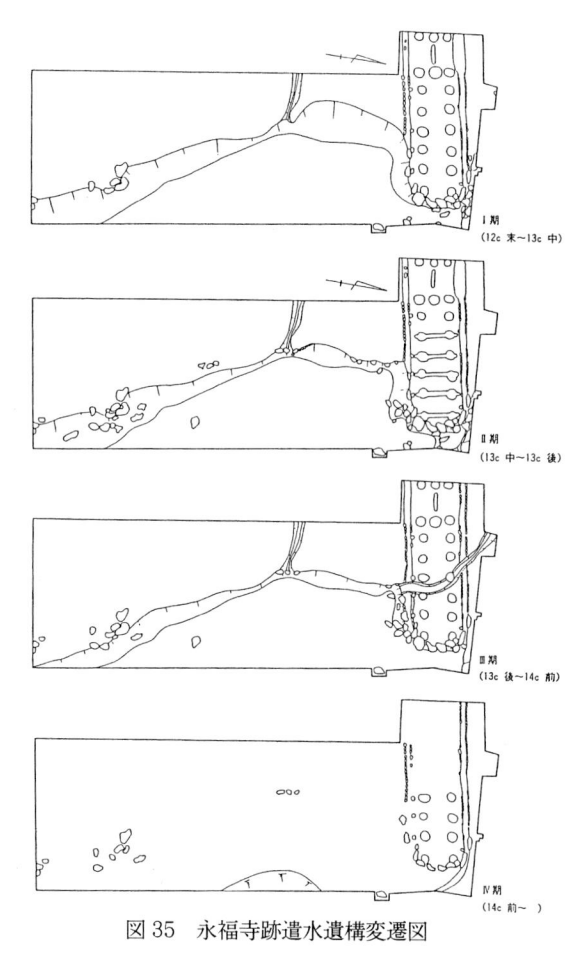

京都市伏見区醍醐栢ノ森町で1973年に発見された遺跡である.

醍醐寺の南方, 醍醐山の西麓には宿坊, 子院が多く建てられた. 久寿2年 (1155), 願主源師行によって栢杜堂とも呼ばれる八角二階の大蔵郷堂と, 九躰阿弥陀堂, 三重塔が建てられた[注35]. 1973年に発見されたのは八角円堂跡, 方行堂跡, 流れ遺構で, 記録にある栢杜堂にあたると判断された[注36].

八角円堂の雨落溝は約50×30cmの長方形の自然石を, 外側2列, 内側1列に並べ, 溝幅90cm, 深さ10cmに造っている. しかし, 北辺, 北西辺, 西辺の三辺には雨落溝はなく, 流れで代用している.

流れは北側の谷川から導水し, 八角円堂基壇の北西隅から西辺を廻り, 南西側へと流れる. 上流部は角礫敷で, 基壇西辺中央部の10cm程の滝様の段差まで続き, それより下流は小礫混りの粘土たたきの底となる. 流れの幅は約5mと広く南流し, 西南方向に転じてからは2～3mと狭くなる.

図35 永福寺跡遣水遺構変遷図

段差を境にして上流部は角礫敷で水勾配は1.8％と強く, 流れの中に多くの石を据えてお

り，『作庭記』130行にいう「山河様」を意図したかと思われる．下流側はたたき風に仕上げ，勾配も0.6％とゆるやかな流れとし，変化をつけている（図33,34）．

栢杜堂の造営は，鳥羽離宮北殿勝光明院と同時期であり，この両方にかかわった源師時，師行父子が両者を設計した可能性が指摘されており[注37]，注目される．

8．永福寺跡

永福寺跡は，鎌倉市二階堂字三堂に所在する．源頼朝建立の寺で，建久3年（1192）二階堂，同5年に薬師堂の供養が行われている．作庭には阿波阿闍梨静空の弟子静玄がかかわっている．1983年から整備工事の一環として発掘調査が行われ，中心の二階堂，阿弥陀堂，薬師堂と複廊，左右の翼廊，園池の一部，橋および中島が確認されている[注38]．

遺構はI期（12世紀末～13世紀中葉），II期（13世紀中葉～13世紀末），III期（13世紀末～14世紀初め），IV期（14世紀初め～15世紀初め）の4時期に細分される．

遣水遺構は図35に示すように，左翼廊の北の沢筋から流れ下り，翼廊先端部北側に流れ込む．その周辺では1～2m大の石を組み荒磯風な景観を造っている．この流れはI・II期とも存続する．またII期には二階堂正面の東岸に滝口が造られ，豪壮な流れが池へ注いでいる．この滝口からの流れはIII期も存続するが，前述の遣水遺構はIII期には埋められ，翼廊の下を横断して池へ注ぎ込む新しい遣水が開削される．幅約1.5m，深さ30cmほどの素掘り溝で，部分的に護岸が瓦で補修され，池への注ぎ口周辺以外景石はない．

9．御所之内遺跡（伝堀越御所跡）

御所之内遺跡は静岡県田方郡韮山町大字四日町寺家に所在する．伊豆半島の首部で，狩野川右岸の自然堤防上に営まれた堀越公方の館跡と考えられる遺跡である．長禄元年（1457），関東を治める為この地に下向した足利政知の御所跡である．御所は二町四方と推定され，狩野川と守山に囲まれている．

1982年に園池を伴う遺構が発見された[注39]．遺構は建物3棟と園池の一部，遣水跡，井戸などである．

園池は東岸の一部にあたり，滝口を中心に延長11mほどが検出された．護岸はこの地方で産出する六方石を2～3段に並べ，要所に石組がある．滝口は幅1.5mほどで，両側に大石を据え，約20mの間を落

図36　御所之内遣水遺構

差30cmほどに作っている．この滝口に至る遣水跡が延長25mほど検出された（図36）．

滝口から遣水を上流へたどると，まず8m北東へ延び，45度東へ方向を変え14m続き，そこから南へ折れ調査区外へと続く．そのまま南方へ延長すると守山の裾の伝北条政子産湯井戸に至るが，この付近が水源と思われる．

遣水は滝口から15mの間は両岸とも玉石護岸で，底は砂利敷である．護岸は30～40cmの玉石を1列に並べ，約80cmの幅で，ほぼ直線で，景石もなく意匠的には単純である．それに対して，滝石組は優れている．それより上流部は素掘り溝となり，幅員も狭まる．

遣水の縦断勾配は平均0.6％であるが，滝口から6～8mの間は底が15cmほど低くなり，くぼみ状を呈している．

付近には七ツ石と称するものがあり，堀越御所の庭石と伝える．いずれも2mほどの大石である．もと桑畑にあり，北斗七星を象っていたともいわれるが，昭和初年分譲地造成の際に別荘に取り込まれた[注40]．これらの石が，発見された園池の池畔に配された景石だとすれば，東西120mをこえる大園池が想定される．

10. 一乗谷朝倉氏遺跡（池・遣水併用型）

一乗谷は福井市街の東南約8kmの足羽町にある．

館跡は東に山を控え，三方を土塁で囲まれ，その外側を濠がめぐっている．1968年から発掘調査が行われ，庭園と建築遺構が検出された[注41]．この館は『朝倉始末記』の記述，外濠出土の木簡などから義景館に比定された．

流れ状の園池は，建物をとりまくような曲池をなし，長さ14m，幅3m前後，護岸石組が曲折しているので，最も狭い所が2m，最も広い所で4mである．護岸は0.5～2mの石を隙間なく据えている．建物側は比較的小振りだが，対岸は滝を中心として大石を組合わせている．池底は径0.3～0.7mの天端の平な石を敷き詰め，東北隅を高く，西南隅を低くして1％ほどの勾配をとっている．池水は西隅と西南隅の2ヶ所から排水される．西隅は雨落溝に直結するが，西南隅からは遣水様に意匠され，約6m流れて雨落溝に連なる（図37, 38）．池の北寄りに石橋の残片があり，橋狭石が残っている．石橋から池の山側にそって飛石の園路があり，滝の後ろをまわり，南側の石段に通じる．

水は池より12mほど高い東山側の台地から導かれる．検出された導水路の延長はおよそ40m．幅3～40cm，深さ20cmほどの石組溝である．台地の端から急勾配で山腹を屈曲しながら下る．勾配の急な所の底石は階段状に敷かれ，カスケード状をなし，滝口に達する．

園池が狭長で曲折し，池よりは流れとするのが妥当である．とりわけ，カスケード状の導水路，池底の石敷，遣水様の池岸の景石などを見ると，まさに池が流れ様に変化し，池尻が遣水そのものの形になっているといえる．これは，この時期の戦国武将の庭，例えば滋賀県朽木の旧秀隣寺庭園，三重県美杉村の北畠氏館跡庭園に共通する形であり，池・遣

(34)　　　　　　　　　古代の園池と流れ

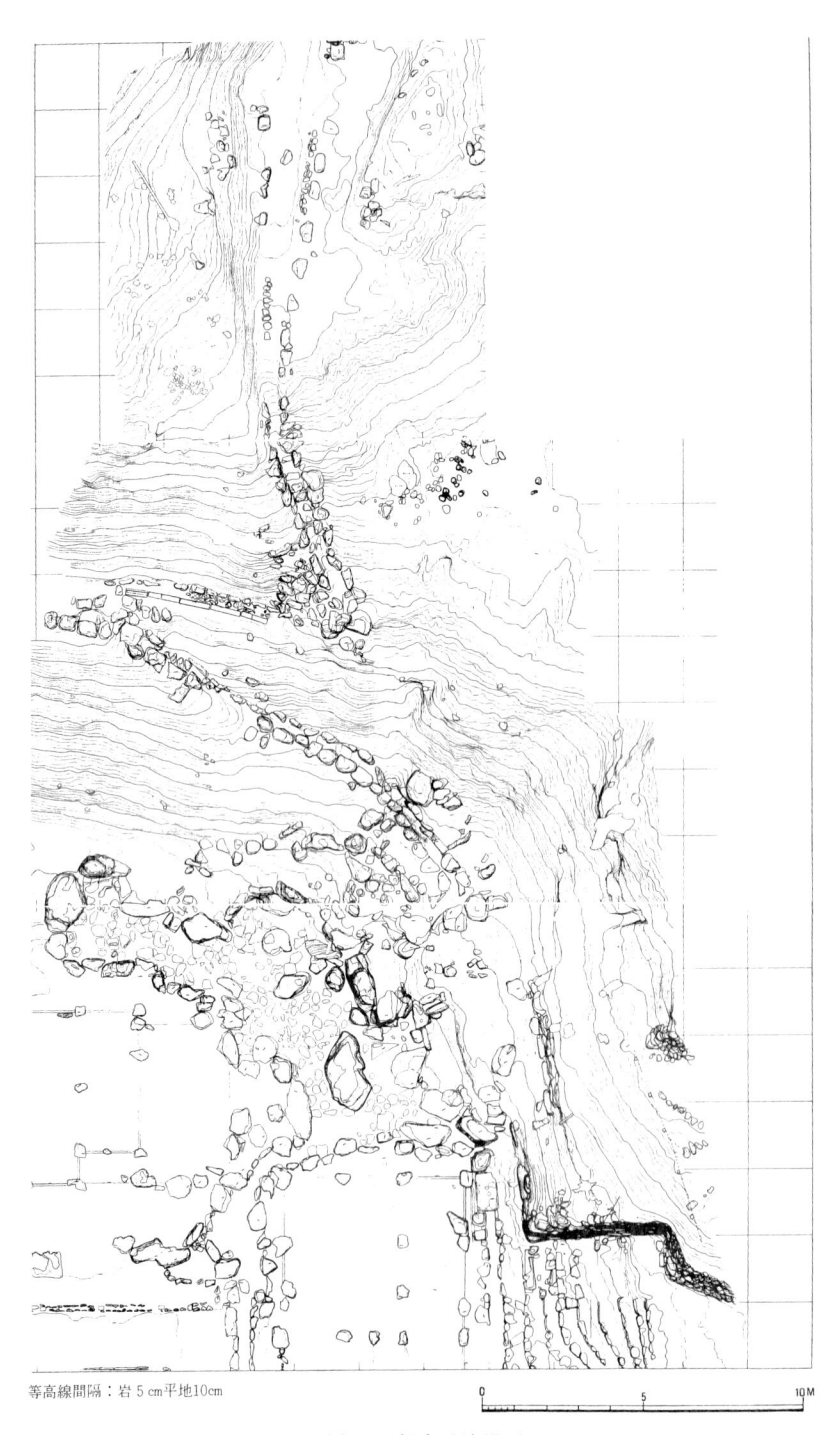

等高線間隔：岩5cm平地10cm

図37　朝倉氏遺構図

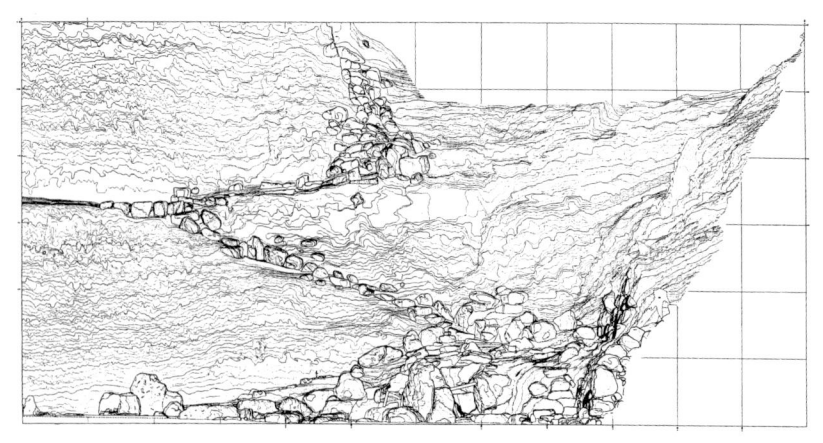

図38　立面図

水併用型とでもいうべき類型としてまとめられる．

11. 伊江殿内庭園（巣雲園）（カスケード型）

伊江殿内庭園は発掘遺構ではないが，その形態が特異であるので，ここでとりあげることとする．

伊江殿内庭園は沖縄県那覇市当蔵町にあり，この地方の近世における上流階級の庭園である[注42]．

庭園は，敷地の東にある小丘阜を利用して作られている．庭園中央部の築山内に，石造の水槽を大小二基（1.7×0.8×深さ1.2m，0.9×0.7×深さ0.8m）埋設し，水源としている．築山の中腹に龍樋を配し，水槽と結ばれた龍口から出る水が，築山裾に段々に作られた大小八つの池を満たしてゆく（図39, 40, 41）．最上段の池には，獅子を象ったと伝えるサンゴ石灰岩による造形物が龍樋と対峙している．池底はすべて漆喰で塗り固めてあり，五つの池は水深が15〜20cmと浅く，他は0.5〜1mと深い．

水槽に水を扱み入れるやり方は，平城京左京三条二坊遺跡と共通である．しかし，伊江殿内の場合は，庭園全体が立体的であり，垂直方向の流れ，すなわちカスケードの一種と考えられる．現在の所，わが国唯一のカスケード型の作例として貴重である．

12. 小　結

神泉苑で調査されたのは流末部のみで，主体部の状況は不明である．大覚寺の流れは規模が大きく，優美な曲線を描くが，景石を伴わない素掘りに近い蛇行溝である．

遣水型で始まったわが国の流れは，7世紀半ばから，およそ1世紀の間，流杯溝型に変り，8世紀半ばに再び遣水型に戻る．大覚寺の遺構は遣水型ではあるが，流杯溝型を指向したと

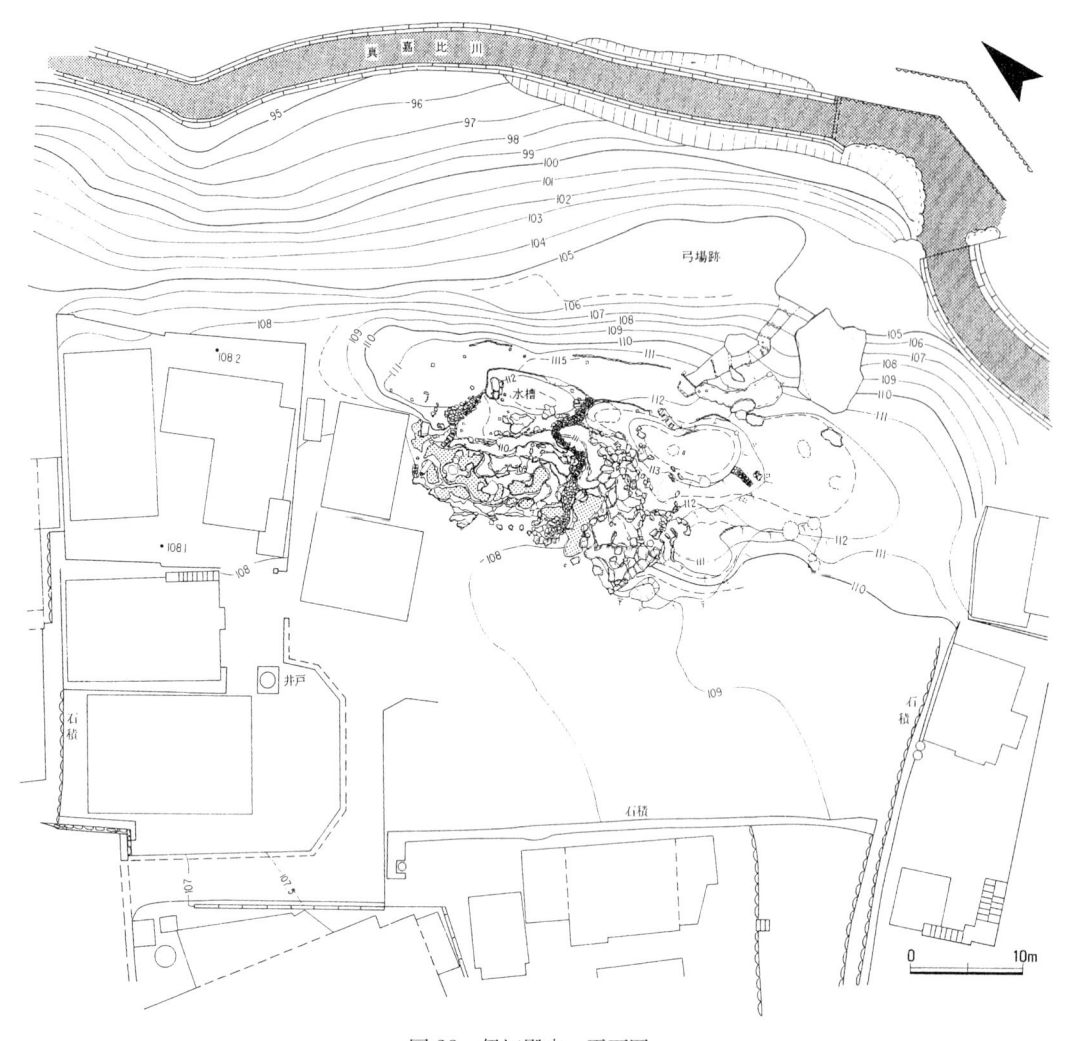

図39 伊江殿内 平面図

も考えられる.

　一乗院の発掘調査は小面積であり，流れのごく一部しか検出されなかったが，飛火野に今も残る遣水様の導水路から，優美な流れが推察される．平安京四条三坊遺跡では，再び流れが人工的，造形的になっていることがうかがえる．鳥羽南殿では屈曲点に景石を据えるが，石がやや大に過ぎるようである．

　流れの意匠において，造形美と自然美との調和を目指して様々な試みがなされたが，毛越寺に至って遂に両者の融合した傑作に到達する．それは『作庭記』が理想とした流れに近い．

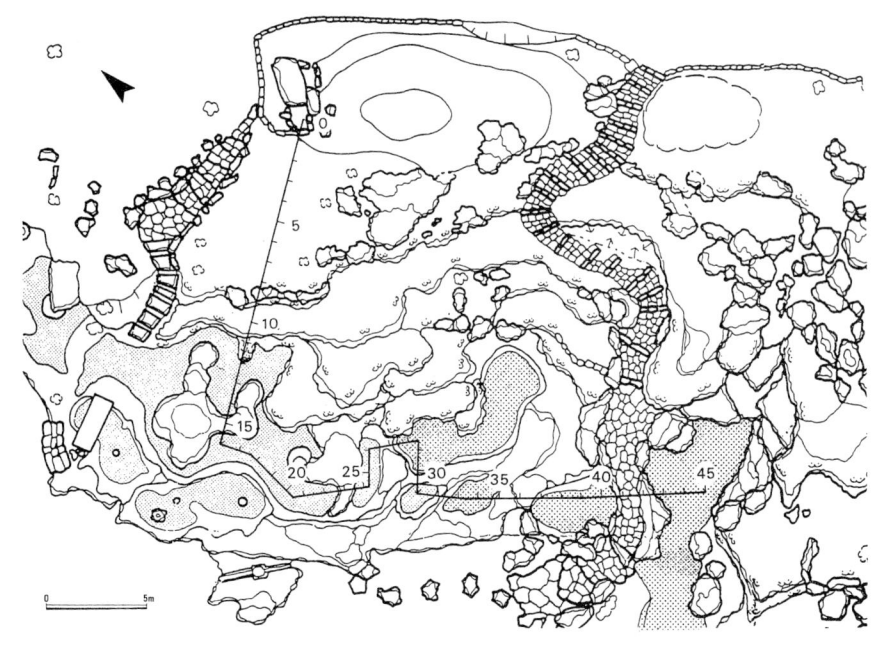

図40 伊江殿内 庭園平面図（部分）

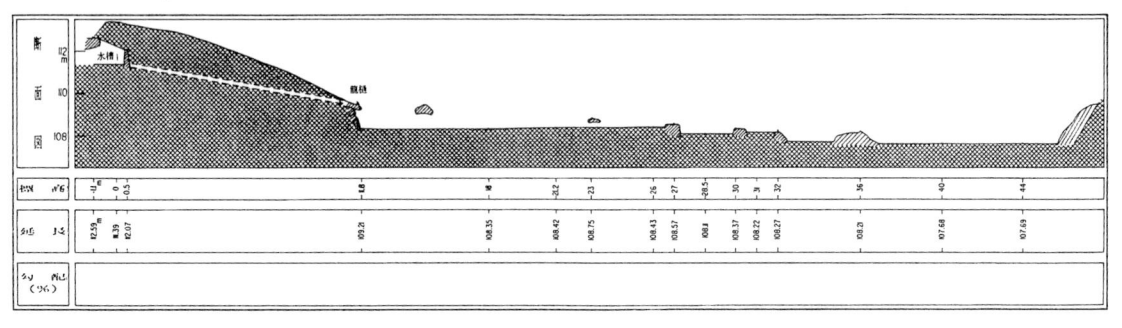

図41 伊江殿内 縦断面図

　毛越寺以後，例えば栢杜遺跡の，『作庭記』にいう「山河様」の作例も見られるが，流末の石組，あるいは滝石組に造形的な努力が集中し，流れそのものは次第に単調になってゆく．建築様式の変化，宅地の狭小化など種々の理由から，室町末期には，一乗谷朝倉氏遺跡に見られるように，園池と流れが一体となった池・遣水併用型への傾向が見られる．また特殊な例であるが，近世に至って，伊江殿内庭園のようにカスケード型といえる造形も現われる．

結　語

　城之越遺跡は祭祀遺跡でもあるが，そこに日本の庭の芽生えがみられ，4世紀後半頃が日本の庭の草創期といえよう．この時期，古墳造成の技術が庭作りに導入されてゆく．

　7世紀の園池遺構は，まず方池が主流となり，やがて曲池に移行するように，様々な形が行われたようであり，展開期といえよう．

　石を構築用の素材として扱った7世紀に対して，8世紀，あるいはそれ以降は，石を鑑賞の対象としている．その変化は8世紀中頃に起こる．それを実証するのが平城宮東院庭園である．玉石組護岸から，玉砂利による優美な洲浜への改修期，すなわち天平勝宝年間である．自然的な要素をとり入れて修景された池を中心とする庭，日本の庭の伝統形式をなす形が，ここに完成する．この時期を日本の庭の成立期としてよかろう．

　流れについてみれば，遣水型，流杯溝型，池・遣水併用型，カスケード型の4類型にまとめられる．これまでの流れ遺構の縦断勾配を列記しておく．

流杯溝型
　小墾田宮推定地　0.3％
　平城京左京一条三坊遺跡　4.6％
　平城宮東院庭園　0.8％

遣水型
　城之越遺跡　4.3，2.2，3.4→2.2％
　平城京左京三条二坊遺跡　0.5％
　大覚寺跡　2.3→3.5％
　平城京左京四条三坊遺跡　0.7％
　鳥羽離宮南殿跡　0→2.4→0％
　毛越寺庭園　0.4→0.5→0.7％
　栢杜遺跡　0.9→0.6％
　永福寺跡　1.3％

（→は勾配が変化することを示す）

　流れでは局部的に勾配を変えることによって，水の表情に変化を与える訳であるから，平均勾配は余り意味をなさない．『作庭記』の云う3％の勾配は，当時考えられた平安京の地形勾配を根拠として述べられているが，それに近いのは大覚寺跡，鳥羽南殿ぐらいである．局部的に採用するとすれば，山河様なら0.9％位，野川には0.4％位が適当といえよう．

　「古代の園池と流れ」と題しながら，流れについては標題の枠を越えて近世の事例にまで及んだが，その類型を予測的に見るため少数の特徴的な事例を抽出してのものであり，中世

以降については稿を改めて検討したい.

注

(注1) 『城之越遺跡』三重県埋蔵文化財センター1992年3月
(注2) 『日本書記』推古20年是歳条
(注3) 『飛鳥・藤原宮跡発掘調査報告Ⅰ』奈良国立文化財研究所学報第27冊昭和51年3月
(注4) 直木孝次郎氏は，今後の調査に待つとしながらも，この遺跡を蘇我蝦夷邸に比定している．直木孝次郎「小治田と小治田宮の位置」『飛鳥その光と影』所収．吉川弘文館平成2年6月．
(注5) 秋山日出雄「飛鳥島庄の苑池遺構」『仏教芸術』109号昭和51年10月
(注6) 『島宮伝承地発掘調査概報』奈良県教育委員会昭和49年
(注7) 『飛鳥・藤原宮発掘調査概報』12～19, 21, 22, 奈良国立文化財研究所昭和57～平成元, 3, 4年
(注8) 今泉隆雄「飛鳥の須弥山と斎槻」『東北大学文学部研究年報』第41号, 1992年3月
(注9) 『飛鳥・藤原宮発掘調査概報』3, 4, 11, 13, 16, 21, 22奈良国立文化財研究所昭和48, 49, 56, 58, 61年, 平成3, 4年
(注10) 『昭和60年度明日香村内発掘調査実績』明日香村教育委員会
(注11) 亀田博「飛鳥京跡―第111～113次および平田キタガワ遺跡の調査―」『奈良県遺跡調査概報1937年度』（第一分冊）奈良県橿原考古学研究所1990年8月
　　　　亀田博「飛鳥の苑池」『発掘された古代の苑池』学生社1990年10月
(注12) 「飛鳥京跡苑池遺構（飛鳥京跡第140次調査）現地説明会資料」1999年6月奈良県立橿原考古学研究所
(注13) 堀内明博「大城山城」，杉山信三・小笠原好彦編『高句麗都城制・日朝文化学術研究団記録高句麗の都城遺跡と古墳―日本都城制の源流を探る―』同明舎1992年
(注14) 金日成総合大学考古及び民俗学講座『大城山の高句麗遺跡』金日成総合大学出版舎1973
(注15) 尹武炳『扶餘官北里百済遺跡発掘報告（Ⅰ）』忠南大学校博物館忠清南道庁1985年
(注16) 尹武炳「韓国の古代苑池」『発掘された古代の苑池』学生社1990年10月
(注17) 『弥勒寺』学術調査叢書第13輯国立扶余文化財研究所1996年12月
(注18) 『雁鴨池』韓国文化財管理局1978年
　　　　金東賢「雁鴨池発掘調査略記」『仏教芸術』109号昭和51年10月
(注19) 『仏国寺』韓国文化財管理局1976年
(注20) ［慶州龍江洞園池遺跡発掘調査, 現場説明会資料」18, 1998, 12.(社) 嶺南埋蔵文化財研究院
(注21) 「平城宮第302次調査現地説明会資料」奈良国立文化財研究所1999年7月26日
(注22) 『昭和51年度平城宮跡発掘調査部発掘調査概報』奈良国立文化財研究所昭和52年
(注23) 『平城宮跡発掘調査報告Ⅵ』奈良国立文化財研究所学報第44冊1986年
(注24) 『平城宮跡左京三条二坊六坪発掘調査報告』奈良国立文化財研究所学報第冊1986年
(注25) 『奈良国立文化財研究所年報1968』
(注26) 造成年代は8～10世紀と見られる．鮑石亭については『三国遺事』處容部望海寺条に新羅憲康王（875～886）が鮑石亭で宴を行い舞をした記事がある．花崗岩に彫刻し屈曲した水路を鮑のような形に作った構造で，長径10.3m，短径5m．残っているのは彫刻された63個の石である．鮑石亭の傍らには南山の渓流があり，恐らくはこの水を木樋で導き用いたものであろう．
(注27) 関野貞「支那の建築と芸術」『建築雑誌』大正8年9月
(注28) 「地下鉄東西線建設に伴う遺跡調査資料」京都市埋蔵文化財研究所1991年2月
(注29) 「大覚寺大沢池（旧嵯峨院）の調査（1）～（7）」『奈良国立文化財研究所年報』1985～91年

(注30) 森蘊・牛川喜幸「旧一乗院庭園遺跡の復原的考察」『奈良国立文化財研究所年報1962』
(注31) 『重要文化財一乗院宸殿・殿上及び玄関移築工事報告書』奈良県昭和39年6月
(注32) 「平安京左京四条三坊九町発掘調査現地説明会資料」京都市埋蔵文化財研究所1988年2月28日
(注33) 『埋蔵文化財発掘調査概報』京都府教育委員会1964, 1965, 1966年
(注34) 『特別史跡・特別名勝毛越寺庭園発掘調査報告書』平泉町教育委員会昭和60年3月
(注35) 小林剛編『俊乗坊重源史料集成』奈良国立文化財研究所史料第4冊吉川弘文館昭和40年5月
(注36) 『栢杜遺跡調査報告』鳥羽離宮跡調査研究所1974年
(注37) 杉山信三「鳥羽離宮跡・栢杜遺跡出土庭園」『仏教芸術』109号昭和51年10月
(注38) 『永福寺跡国指定史跡永福寺跡環境整備事業に係る発掘調査概要報告書昭和63年度』鎌倉市教育委員会平成元年3月
(注39) 『御所之内遺跡発掘調査報告書予備調査～第三次調査』韮山町教育委員会1985年
(注40) 木下忠「願成就院と北条氏の遺跡」『三浦古文化』11号1972年3月
(注41) 『一乗谷朝倉氏遺跡』Ⅰ～Ⅲ足羽町教育委員会昭和44～46年
　　　 『特別史跡一乗谷朝倉氏遺跡発掘調査報告Ⅰ』福井県教育委員会昭和53年
　　　 拙稿「一乗谷朝倉氏遺跡」『月刊文化財』昭和47年10月
(注42) 拙稿「巣雲園考」『文化財論叢Ⅱ』同明舎1995年9月

庭石にみる江戸時代初期の素材と表現

尼崎博正

序　庭石の不易と流行

　江戸時代初期，日本庭園は大きな高揚期を迎える．不易と流行が交錯し，素材の価値観が転換する中で，個人の美意識が頭をもたげる．じつに自由闊達な時代であった．庭石という素材一つをとってみても，その様子を読み取ることができる．

　このような状況は突然に訪れたのではない．それは長い年月をかけて醸成されてきたものであり，日本庭園の流れのなかの一断面とみるべきであろう．京都の庭園を例にとり，まずそのプロセスをたどってみることにしよう．

　京都の古庭園における庭石のロングベストセラーは，なんといってもチャートである．平安時代以来，近世に到るまで，一貫してこの角ばった山石のチャートが好まれてきた．このような中で，ある時期にチャート以外の庭石がクローズアップされるという現象が起ったことに注目したい．

　その第一は室町時代の中期頃から江戸時代初期にいたる結晶片岩の爆発的な流行の波であり，第二は江戸時代初期における花崗岩の台頭である．

　結晶片岩の爆発的な流行という現象は日本庭園において庭石の役割が飛躍的に高まっていくのと期を一にして起り，それが庭石の素材選択と表現手法において新たな境地を切り開く契機となったことの意味は大きい．また，花崗岩の台頭は花崗岩という素材に対する評価が高まったことを示しており，幾何学的デザインが展開していく時代に不可欠な素材として位置づけられたことによる価値観の転換現象といえよう．

　重要なのは，これら二つの庭石の劇的な登場が，それぞれの時代に起こった日本庭園のデザインが新たな方向へと向かう動きと連動していたことである．

　まず結晶片岩の流行であるが，これは室町時代初期，夢窓疎石によってなし遂げられた日本庭園のデザイン変革と大きく関わっている．

　疎石が行なったデザイン変革としてまず挙げなければならないのは，風景の再構成である．それまでの日本庭園は自然の風景をそのまま縮小して庭園に写すということを基本にしていたが，彼はその姿勢にあきたらず，自然の風景から抽出した景観要素を再構成して庭園に新たな風景をつくりだそうとしたのである．

図1　毛越寺庭園の州浜

図2　天龍寺庭園の滝石組

平安時代までの園池では荒磯の風景を表す一手法にすぎなかった石組を，庭園デザインの主役としたことも大きな変革であった．園池に白砂青松の世界を再現する手法として，水辺に拳大の小石を敷き詰める州浜という手法が確立していたが，疎石はそれを排除する一方で，荒磯の風景を表現する手法であった石組を前面に押し出したのである．それはまさに優美な平面的デザインから，立体的で力強いデザインへの展開といってよいだろう．

このように夢窓疎石によって従来の造園手法からの脱却が図られたのを契機として，室町時代以降の日本庭園ではその表現媒体として庭石がきわめて大きな位置を占めることになるのである．そればかりではない．疎石の関心は庭石の色へも及んでいた．彼は庭石による色彩表現を日本庭園へ導入した最初の人物といってよいだろう．その中心的な役割を担った庭石が三波川変成帯に産する結晶片岩にほかならない．

天龍寺庭園の滝石組をつぶさに観察すると，鮮やかな緑色と赤色の岩石が水落石として用いられていることがわかる．それらの色彩豊かな庭石こそ結晶片岩なのである．以後，鮮やかな色彩と顕著な片理が示す縞状のテクスチュアーの魅力によって，また海石であることの珍しさも手伝って，京都の以外の地域から搬入された結晶片岩の庭石が，やがて地元産のチャートに代わる新たな名石としての地位を確立していくことになる．それはとりもなおさず，華やかな色彩の庭石が好まれる時代の到来を予感させるものであった．

室町時代の中期から後期にかけて隆盛をきわめた枯山水という庭園様式は，一つの石を山や島に，あるいは白砂を水に見立てることによって，小さな空間の中に広大無辺の自然

を象徴的に表現しようする画期的な試みであるが，以上のような夢窓疎石のデザイン変革に端を発する石組主体の色彩感覚溢れるデザイン表現という大きな流れの延長線上に位置づけられよう．それは日本庭園が庭石という素材を表現媒体として「自然に倣う時代」から「自然を造形する時代」（田中正大氏）へと向かいつつあったことの証でもある．

一貫して自然をモチーフとしてきた日本庭園が枯山水という象徴的表現を選択した時，いやおうなく水の表現という問題に遭遇する．

平面的な水の拡がりは花崗岩が風化してできた白川砂によって表現された．では，滝の水落ちのような立体的な水の情景はどのように表現されたのであろうか．その一つの答えが大仙院庭園の枯滝石組で示されている．水落石に石灰岩を用いているのである．白い膚の石灰岩は縦方向に縞状の緑色岩を噛んでおり，その色調はあたかも岩を乗り越えて水が流れ落ちているかのようだ．まことに鮮やかな素材選択といえよう．

石灰岩といえば，金閣寺庭園の池中に浮かぶ九山八海石のように，その特徴ある形態が注目されて，たった1石で仏教の世界を象徴的に表現する素材としても用いられた岩石である．

さて，夢窓疎石のデザイン変革を経て枯山水庭園が流行していた時期，もう一つの新たな庭園様式が芽生えつつあった．それは千利休によって大成された佗茶の外部空間としての露地である．

高度に洗練された都市民衆文化の粋ともいうべき佗茶は，枯山水と同じように，街中の小空間から広大無辺の自然を感じとれる場を希求していた．その理想とする環境が「市中の山居」と呼ばれていたことからもわかるように，枯山水が大自然の情景を象徴的手法で観念的に表現しようとしたのに対し，露地は「山中の趣」をリアルに表現することによって，より自然らしい雰囲気を茶の湯の空間に演出しようとしたのであった．露地で試みられた原寸表現と「袖摺松」のような対比手法，あるいはたった1枚のナツヅタの

図3 大仙院庭園枯山水滝石組の水落石

図4 金閣寺園池の九山八海石

紅葉によって季節の変化を暗示する手法などに独自の境地を読み取ることができよう．

言うまでもなく，露地は茶室へのアプローチ空間であり，人の移動を前提とした「伝いの庭」である．飛石や延段を伝って茶室へ至るのであるが，露地の飛石には花崗岩が圧倒的に多い．庭石の素材評価という点で露地が果たした最大の功績は，じつはこの花崗岩の魅力を発見したことにある．

その淡々とした無表情さの故であろう，それまでの日本庭園で花崗岩が重要な庭石と見なされたことは一度もなかったといってよい．花崗岩の評価は，ストイックな体質の，侘茶の美意識ならではのことである．華やかな色彩の庭石が好まれていた時代にあって，露地が庭石に対する独自の価値観を提示したことの意味は大きい．やがて花崗岩は新たな庭園のデザイン変革を担う存在となっていく．

江戸時代初期，庭園デザインの第二の変革期が大きな波となって訪れる．夢窓疎石による変革以来，庭石選択の自由度が高まるとともに，表現も多様化してきていた．そのような潮流のなかで，施主や作庭者の感性および美意識が自由闊達に，かつ大胆に発揮される時代が到来したのである．

第二の変革期の最大の特徴は，花崗岩の切石を素材とした幾何学的デザインの流行である．この現象は露地が花崗岩を高く評価したことによって，その価値観が大きく転換しつつあったことが契機となっているのはいうまでもない．古田織部が燕庵の延段に配した花崗岩の切石の斬新さは新時代のデザイン感覚を予感させるものであったが，やがてそれは小堀遠州によって推し進められたデザイン変革の動きに集約されていく．

遠州は「自然と人工の対比」を最大のデザインコンセプトとして，寛永度仙洞御所などで方形の園池を設計したことで知られ

図5　裏千家露地　花崗岩の飛石

図6　仙洞御所庭園　直線護岸

ている．加工され，整形された花崗岩の魅力と，それから生み出された幾何学的デザインは時代の好みともなった．二条城二ノ丸庭園の直線護岸や桂離宮庭園の石橋や舟着でみられるように，花崗岩の切石を素材とした意匠が続々と登場することになるのである．

　このように，花崗岩は新たなデザイン変革の時代を特徴づける幾何学的デザインを実現するための恰好の素材として主役を演じるなかで，庭石としての評価も急激に高まっていった．智積院庭園や知恩院庭園で，三角柱形の花崗岩が滝添石として堂々と据えられている情景は花崗岩の庭石としての価値観の転換を如実に物語っている．

図7　智積院庭園三角柱形の滝添石

　自由闊達な素材選択とデザイン表現の時代は，新しい美意識をも誘発していく．庭石の色彩についてみれば，水の象徴的表現として選択された白川砂や石灰岩など白色の素材ばかりでなく，赤白硅石といった原色の色彩の庭石が好まれるようにもなったのである．また花崗岩の周辺部から採集され，表面に再結晶鉱物の菫青石が浮きでたホルンフェルスという岩石が再評価されるのもこの時代であった．

　このような傾向は，庭石が施主や作庭者の感性や美意識を表現する素材として注目されるようになっていくのと表裏一体の現象でもあった．それはまた，「伝いの庭」である露地からヒントを得た回遊式庭園の発生と無縁ではない．

　桂離宮庭園で完成の域に達した回遊式庭園では，飛石伝いに視点が移動するにつれ庭園の景観がドラマティックに展開するという演出がなされる．それは景の展開を楽しむと共に，素材の細かい特性を認識しうるほどに個々の庭石へ目を近づけうる状況が生まれたことを意味していた．その結果，必然的にアイレベルでのデザインが重視されていくと共に，庭石の素材選択という行為自体が，個々の施主あるいは作庭者独自の感性や美意識を表現するきわめて重要な要素であると認識されるようになったみてよいだろう．

　以上のような江戸時代初期における庭園デザインの特徴を，桂離宮庭園と養源院庭園の庭石によって検証してみよう．

桂離宮庭園の庭石に時代性を読む

　八条宮初代智仁親王による第1期（1610年代の後半から1620年代），二代智忠親王による第2期（1640年代），および後水尾上皇を迎えるにあたっての第3期（1660年代前半）の造営を経て，桂離宮は現在みられる回遊式庭園となった．

　大きな園池を巡る回遊式庭園の，その雄大な空間構成は王朝風庭園のおおらかさを受け継いでいる．庭園内に松琴亭，賞花亭，笑意軒といった茶屋を設えているのは中世以来の貴族の伝統でもある．また，それらの庭園建築を飛石と延段で繋ぐとともに，御腰掛から松琴亭の茶室までの区域を露地風の空間に仕立てているのは，茶の湯の外部空間，すなわち「伝いの庭」である露地の影響にほかならない．

　その延々とつづく桂離宮の飛石を伝いながら，庭石の一つひとつを注意深く観察していくと面白いことに気づく．

1. 不均質な石と鎌形石

　まず第一に不均質な石が多いこと．不均質な石というのは異なる岩石の接触部のものやゼノリスを捕獲しているもの，あるいは真白いアプライト（半花崗岩）や石英脈が貫通しているものなどを指すが，それらの石が異様に目につくのである．

　また，きわめて粗粒のペグマタイト，褶曲した層理が顕著なチャートのほか，パーカッションマークを有するものなど，特異な形質の庭石もみられる．ちなみに，パーカッションマークというのは，洪水時に川中の小さな石が激しくぶつかってできるリング状の模様のことである．

　第二には，鎌形石とよばれる「く」字の形をした石が多いこと．その特徴的な形の石が飛石だけではなく，御腰掛蹲踞の前石や月波楼蹲踞の手水鉢など，あちこちに配置されているのである．

　どうして，これほど不均質な石や鎌形石と出会うのだろうか．鎌形石のように一部が欠けたかのような形に割れる石は自然界では珍しく，伊勢神宮や鞍馬寺などでは「神足石」と呼んで大切にしているほどである．偶然にしては余りにも多すぎる．これら特異な形状の石は両親王の好みで選ばれたものにちがいない．そこ

図8　桂離宮庭園　石英脈の貫通している石

にはどのような美意識が潜んでいるのであろうか．興味は尽きない．

2．有馬層群の岩石

では，これら桂離宮の庭石はどこから運ばれてきたのだろうか．石質構成を調べることにより，それを明らかにしたい．

桂離宮の庭石の石質構成には大きな特徴が見られる．それは熔結凝灰岩を主とする流紋岩質の岩石が異様に多いことである．約1780個ある全飛石のうち21％余りがこの岩石であり，さらに驚いたことには，景石と護岸石組においては約800個のうちの約43％をこの岩石が占めている．

室町中期から江戸初期にかけて大流行した結晶片岩をのぞけば，平安時代以来，京都の庭園でチャートを凌駕する庭石が存在するのはきわめて異例のことである．流紋岩質の岩石は結晶片岩と同じように京都産の庭石ではない．その石質からみて，兵庫県の有馬層群で採集されたものと推定できるからである．これほど多くの有馬層群の庭石が京都の庭園へ搬入された例は寡聞にして知らない．

図9　桂離宮庭園　鎌形石

図10　桂離宮庭園　熔結凝灰岩の庭石

これには両親王にかかわるなんらかの特殊な事情があったと考えるのが妥当であろう．

記録によると，桂の地に別荘の造営を計画していた1617年前後，初代智仁親王は湯治先の兵庫県・有馬で庭石を物色している．また，二代智忠親王も1649年9月から10月にかけて同じ有馬へ湯治に赴いた際，飛石を見立てている．それぞれ第1期と第2期の造営工事が行われた時期にあたる．

石の運搬は容易なことではない．したがって，特別な事情や意図がないかぎり，庭石には比較的近くに産する岩石が用いられるのが一般的である．にもかかわらず，河川の舟運ルートがそれほど整備されていたとも思えない有馬から，何故に，両親王はこれだけ大量の庭石を運んできたのであろうか．

それは，一つひとつの庭石を自らが選ぶという素材選択への強い「こだわり」があった

3. 京都の古庭園における石質構成の時系列

　ここで京都の古庭園における庭石の石質構成とその時系列を概観するなかで，有馬から運ばれた流紋岩質の岩石がいかに特異な存在であるかを明らかにしておきたい．

　図11は，各時代における京都の代表的な古庭園の石質構成図である．

　京都周辺の山々は丹波層群と呼ばれる中・古生層でできていて，チャート・砂岩・頁岩のほか，緑色岩を主とする塩基性火山岩類や石灰岩などの庭石を産出する．また，比叡山と大文字山との間には中生代白亜紀末（約8000万年前）にマグマが貫入してできた花崗岩が分布しており，その花崗岩周縁部の丹波層群は強い熱変成を受けてホルンフェルスとなっている．このほか高野川流域ではヒン岩・閃緑岩・半花崗岩・花崗斑岩・石英斑岩なども採集される．

　京都の古庭園の石質構成は，基本的に京都盆地周辺の地質環境を反映していることがわかる．なかでもチャートは平安時代以来とくに好まれ，庭石の中心的存在であり続けた．驚くべきことに，桂離宮の流紋岩質岩石は，このチャートを凌いでいるのである．

　チャートに次いで多いのが砂岩と頁岩である．分布範囲の限られている塩基性火山岩類や石灰岩の庭石としての利用は室町期以後のことになる．塩基性火山岩類の代表的な庭石である貴船石（緑色岩）が盛んに用いられるようになったのは江戸中期以後のこととみてよい．

　京都盆地周辺での分布が比叡山と大文字山との間の狭い範囲に限られている花崗岩は，平安時代から用いられているものの，重要な庭石と認識された形跡はみられない．花崗岩が庭石として認知されるようになるのは江戸初期のことであった．次節で述べるように，ことに飛石としての利用には目を見張るものがある．

　花崗岩の周縁部に産出するホルンフェルスは平安時代から注目されていた庭石である．堀河院跡の滝流れに据えられたホルンフェルスには直径が2～3cmもの菫青石が含まれていたが，その表面に浮きでた再結晶鉱物の模様が珍重されたものと考えられる．ホルンフェルスは江戸初期における花崗岩の台頭と共に再び流行し，桂離宮でも各所に配置されている．『雍州府志』（1684）に記載されている東山の鹿ケ谷付近に産出する浅紫色の庭石というのはこのホルンフェルスにほかならない．

　高野川の流域に産出するヒン岩・閃緑岩・半花崗岩・花崗斑岩・石英斑岩が庭石として意識的に採集されたことはない．しかし，これらの岩石はチャートなどの庭石に混じって採集されるため，主たる庭石の具体的な採集地を同定する際の指標岩石として重要な役割をはたすこともある．

　例えば，鳥羽離宮跡で検出されたチャートは塊状で熱変成を受けたものであったが，そ

の採集地を推定する手がかりが建築基壇の掘込み地業で検出された礫から得られたのである．礫の石質構成を調べると，大文字山産の菫青石ホルンフェルス，北白川の花崗岩，比叡山周辺の砂岩ホルンフェルスに加えて，古知谷の石英斑岩，大原の石英閃緑岩など，高野川上流の地質を反映していることが明らかとなり，チャートの庭石が熱変成を受けていることを考え併せると，鳥羽離宮跡のチャートは高野川沿いの花崗岩との接触部，すなわち比叡山の北側や大原・花背付近で採集されたものと判断されるのである．

このように京都の古庭園の庭石は基本的に京都盆地周辺の地質環境を反映している．しかし，ある時期，大きな影響力を発揮した外来の庭石がある．和歌山などの三波川変成帯から搬入された結晶片岩類（緑色片岩を主とし，紅簾片岩および御荷鉾緑色岩類を含む）がそれである．

結晶片岩の庭石は平安末期すでに鳥羽離宮へ搬入されていたが，天龍寺の水落石として用いられて以来，徐々に普及していき，やがて室町中期から江戸初期にかけての大流行期を迎える．ことに枯山水庭園では大きな比率を占めるなど（大仙院書院庭園では全庭石数の約70％），チャートを凌駕するまでに至っている．海石としての珍しさと，その華やかな色彩が時代の好みに合ったからである．

もちろん桂離宮でもこの結晶片岩が要所に据えられている．両親王が庭石の色彩へも強い執着を示したことについては後で述べることにしたい．

4．花崗岩の飛石

さて，これまで智仁・智忠両親王の素材選択へのこだわりと美意識によって収集された特異な形質の庭石，および流紋岩質の岩石という特殊な庭石に注目してきたが，表1からわかるように，飛石についてみると最も多いのは42％余りを占める花崗岩類である．

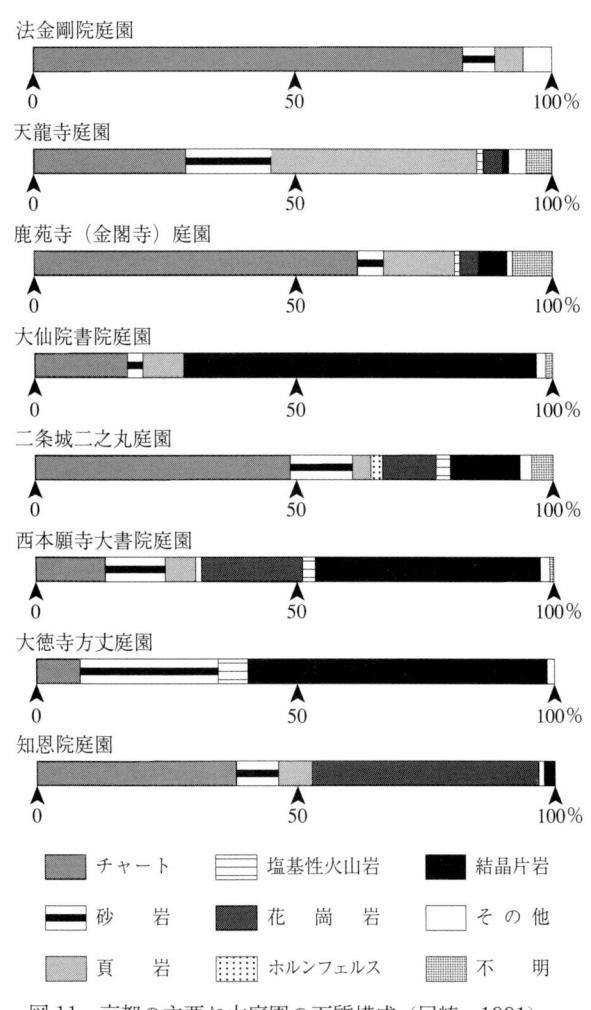

図11 京都の主要な古庭園の石質構成（尼崎，1991）

表1　桂離宮の飛石の石質構成（1995，尼崎）

チャート	頁岩	砂岩	花崗岩類	流紋岩質	結晶片岩	その他	計
233	265	130	751	379	27	6	1781個
12.5	14.85	7.3	42.2	21.25	1.6	0.3	100％

図12　桂離宮　古書院前の舟着

　花崗岩は有馬層群の岩石をはるかに凌いでいるばかりか，延段では47％にまで達していることから，園路の素材として花崗岩がいかに重要な存在であったかを理解できよう．
　飛石に花崗岩が多用されているのは，桂離宮の最大の特徴である回遊式という庭園様式が花崗岩を高く評価した露地から発想されたことと深くかかわっている．
　露地のストイックな精神風土がモノトーンの花崗岩の魅力を発見したことについては先に述べた．当時，おそらく飛石には花崗岩が最適であるという認識が一般化していたのであろう．露地の飛石に花崗岩が圧倒的に多いというのも事実だし，桂離宮においても景石や護岸石では花崗岩は1.4％にすぎないということもそれを物語っている．
　むしろ興味深いのは，花崗岩の庭石が台頭しつつあった時代にあっても，なお両親王が花崗岩を庭石としてはほとんど評価しないという伝統的な庭石の価値観に支配されていたことではないだろうか．
　さて，桂離宮の庭石の多くが有馬周辺から運ばれてきたことを思うと，花崗岩の産地も気になるところである．
　有馬周辺には，流紋岩質の熔結凝灰岩や軽石凝灰岩を主とする有馬層群と共に，六甲花崗岩が分布している．したがって，桂離宮の花崗岩は同地域で採集されたものであったとしても不思議はない．しかし，カッパーメーターによる磁気調査からは瀬戸内海北岸から京都近傍の花崗岩類に相当するという結果が得られたものの，具体的な採集地を絞りこむ決め手にはならなかった．
　桂離宮から比較的近くて舟運の便がよいところに分布している花崗岩としては亀岡市の岩塊があげられる．また流紋岩質の岩石も，少し石質は異なるものの京都北西の瑠璃渓あたりでも採集できる．かつて智仁親王が丹波国で三千石を領有していたことを考えると，桂離宮庭園の流紋岩質岩石と花崗岩の中には亀岡市の西北地域で採集され，保津川の舟運を利用して運ばれてきたものが含まれている可能性も否定しきれないだろう．

ところで，古書院をはじめ松琴亭や笑意軒の前には花崗岩の切石を一直線に並べた舟着護岸が設えられている．また天橋立と松琴亭の周辺には二つの切石橋が架けられている．このような花崗岩の直線護岸や切石橋こそ，江戸初期に一世を風靡した幾何学的デザインの典型的な表現手法であることにも注目しておきたい

5．根府川石

当時，花崗岩のほかに露地の飛石の素材として珍重されていた岩石があった．根府川石である．

図13　旧九条家庭園　根府川石の飛石

根府川石というのは伊豆半島つけ根部の東海岸に産出する安山岩だが，飴色をした緻密な岩石で，板状に割れるため飛石や橋石に適している．『毛吹草』には相模の名物として「襧布川飛石」が挙げられており，その頃すでに飛石としての評価が定まっていたことがわかる．

花崗岩と同じ無表情さが評価されたのであろうか，『茶譜』によると，古田織部と小堀遠州は花崗岩である御影石と共に根府川石の飛石を好んだようだ．また，藪内家の燕庵外露地に据えられている「三つ小袖石」と呼ばれる大きな踏分石は，まぎれもなくこの根府川石である．

しかし，根府川石には高価であるという難点があった．時代は少し下がるが，運送費が高くつくために京

図14　桂離宮　御幸門脇の根府川石

都ではこの庭石の入手が困難であると『和漢三才図会』(1713)に記されているほどである．したがって，この高価な庭石と京都の古庭園で出会うことは稀で，京都御所庭園，旧桂宮庭園，旧九条家庭園など，主として宮廷関係の庭園に限られているのが特徴である．

その根府川石が御幸門の手前に1石，堂々と据えられている．華やかな庭石が好まれた時代にあって，桂離宮の表門を入って最初に出会う景石として地味な色調の根府川石が選ばれた理由を考えると興味深いものがある．

6．華やかな色彩の結晶片岩

　飛石として選ばれた質素な花崗岩や根府川石とは対照的に，桃山～江戸初期にかけては華やかな色彩の庭石が特に高く評価された時代であった．その代表が三波川変成帯に産する結晶片岩類にほかならない．桂離宮の造営された時代はこの結晶片岩の庭石の流行期にあたる．

　結晶片岩は『毛吹草』(1645) に「紀伊大崎庭石」として記されている．また『雍州府誌』(1684) には二条河原町付近で販売されていた外来の庭石として「近江国木戸石」や「摂津州御影山石」，「備前国小豆島石」と共に「紀伊国海青石」の名がみえることから，和歌山産の結晶片岩の庭石がかなり流通していたことを知ることができる．

　和歌山から結晶片岩を京都へ運んでくるには大変な労力を要する．人気商品であるだけに採石場と運搬ルートは整っていたにしても，古庭園での使用状況から判断するときわめて高価な庭石であったようだ．緑色片岩の中にレンズ状で産出する紅簾片岩はことに希少価値が高かったろう．

　桂離宮での結晶片岩の使用状況をみてみよう．

　結晶片岩の飛石は27個で全飛石数に占める割合はけっして多いとはいえない．しかし，それらは古書院や御腰掛あるいは松琴亭周辺などの要所に効果的に据えられていて，飛石伝いに歩を進めていくと，時おりその鮮やかな色彩が目を引く．

　景石や護岸石では19個が認められた．松琴亭から天橋立を望むと正面に大きな紅簾片岩が立てられて，その周辺に緑色片岩が集中的に配置されている．作庭当時，その華やかさは想像以上のものであったに相違ない．

　大仙院書院庭園，二条城二ノ丸庭園，西本願寺大書院庭園はともかく，桂離宮に搬入された結晶片岩の数は金地院庭園や大徳寺方丈庭園と比較しても見劣りはしない．そればかりか，飛石にしろ，景石にしろ，広大な回遊式庭園の中に結晶片岩が効果的に配置されていることは，きわめて重要な庭石とみなされていたことを示している．

7．真紅の赤白硅石

　結晶片岩の華やかさもさることながら，京都産の庭石の中では赤色のチャートが平安時代から注目されていたようだ．例えば藤原実能邸跡の発掘調査では全面に拳大の

図15　天橋立の結晶片岩

玉石が敷きつめられた流れの中島上に赤色を帯びた2石のチャートが検出されている．

　このような赤色の庭石を好む傾向が一気に加速するのが江戸初期であり，赤白珪石という真紅の庭石が登場する．桂離宮では松琴亭の正面に大きな赤色の紅簾片岩が立てられているが，それにもまして赤色チャートや赤白珪石などの岩石が意図的に用いられているのは驚きでさえある．

図16　桂離宮　赤白硅石を捕獲したチャート

　例えば，園林堂の土間には赤白硅石と赤色チャートの礫がモザイク状に埋め込まれている．また気をつけてみると，かつて松琴亭と紅葉の馬場の間に架けられていた朱塗りの欄干付の橋の橋台跡に残る橋挟石など，あちこちに赤白硅石を捕獲したチャートの大石が据えられている．

　これら赤色チャート，赤白硅石，あるいは赤白硅石を捕獲したチャートを産出するところは京都盆地周辺でも限られていて，賀茂川上流の雲ケ畑，あるいは周山あたりでないと採集できない．

　その希少価値もさることながら，天橋立の紅簾片岩といい，強烈なインパクトをもった赤白硅石といい，華やかな色彩の庭石が高く評価された時代にあって，両親王の好みが特に赤色の庭石に向けられていたことを示すものである．

8．自由な感性表現の時代

　以上のように，桂離宮の庭石は江戸初期という時代の素材観をつぶさに物語ってくれる．それは華やかな色彩の庭石が好まれ，花崗岩への評価が高まり，幾何学的デザインが流行し，また素材の選択という点においても自由奔放な時代であった．

　人の動きを前提とした回遊式庭園であるがゆえに，ドラマティックな景の展開と共にアイレベルのデザインが重視され，素材への眼の接近が必然的となったことによって素材選択への意欲が刺激されたからである．そこでは施主や作庭者の「好み」や「こだわり」といった感性の内面が露わになっていった状況も窺われる．

　庭石の素材選択において，桂離宮ほど時代の流行と個人の好みが強烈にでている庭園は珍しい．有馬で庭石を物色したように，智仁・智忠両親王にとって一つひとつの庭石を自らの感性で選ぶという行為そのものが大きな意味をもっていたに違いない．

　赤色の庭石へに執着もさることながら，不均質な岩石と鎌形の石には完全性と均一性を

拒否する両親王の強い意思と「混沌の美意識」とでもいうべき独特の感性が潜んでいるとみることもできよう．

桂離宮の庭石をつぶさに観察することにより，どうやら江戸初期という自由な感性表現の時代が見えてきたようだ．

養源院の庭石が語る表現手法の展開

養源院は文禄3年(1594)，浅井長政の長女で豊臣秀吉の側室となった淀君が父長政の21回忌に際して建立した寺院である．元和5年(1619)に焼失するが，ただちに再建され，同7年(1621)に竣工した．

小堀遠州作と伝えられるこの庭園は平成3年から3カ年にわたって復旧整備工事が行われ，豪壮な涸滝石組や護岸石組の全貌が明らかとなった．

創建当時の境内の様子を伝える史料はないが，宝永7年(1710)頃までに作成されたとみられる『養源院惣絵図中井主水正控』(京都府立総合資料館蔵)には書院の南に東西方向に細長い「泉水」が書き込まれている．昔の姿と現況を比較検討するには，書院南側の広縁から園池を眺めた情景を描いたと判断される『都林泉名勝図会』(1799)所載の絵図に頼る以外に方法はない．

『都林泉名勝図会』当時の庭園は，西側と南側を矩折れの生垣によって囲われた書院の南庭であった．築山の正面に滝石組が，西寄りには小さな入江があり，それぞれに小ぶりのマツが添えられている．稜線部は芝地のようで，斜面には石組の間を水際まで丸く刈り込んだ低木が配置されている．

明治5～6年(1872～73)頃，この庭園は大きく変化する．書院が失なわれ，東西に細長かった園池は北側の書院跡まで拡張されたのである．東側の石橋もその時に撤去された．画面中央の人が立っている平石は，現在池の中に浮かぶ岩島がそれにあたるのであろう．拡張された池の護岸石組には，築山の景石の一部，東側の石橋，北側の護岸石等が利用されたと考えられる．また，撤去された書院建築のものとみられる礎石が，主に拡張部の西側護岸に据えられている．

図17 養源院庭園全景

以上のような変遷をたどったものの，涸滝をはじめとする築山の主要な石組

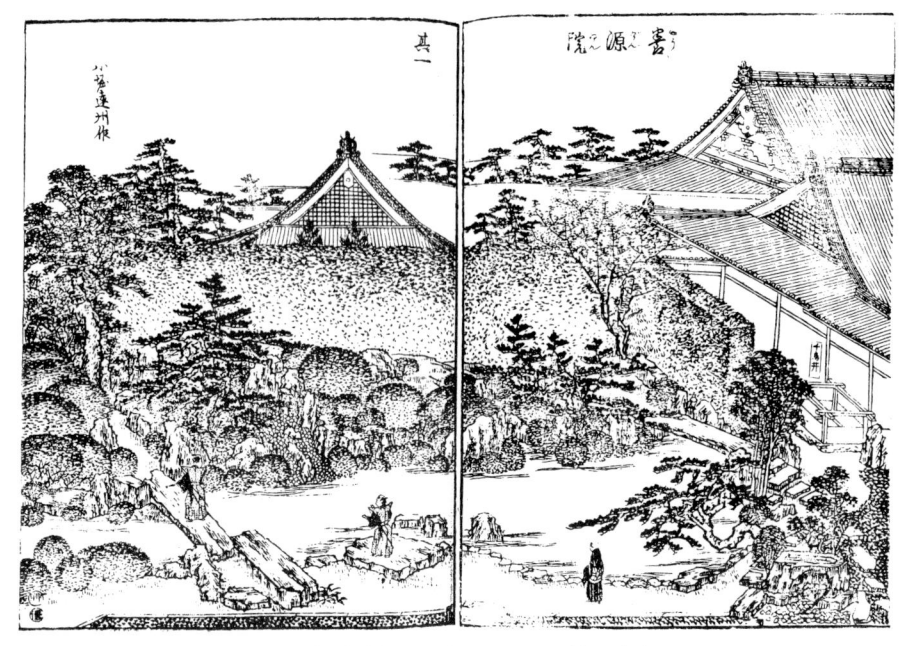

図18 『都林泉名勝図会』(1799) 養源院庭園

には大きな変化は認められず，比較的良好に当初の姿をとどめていると判断してよい．

　この庭園は枯山水と池庭との混合形態となっていて，涸滝は水を流せばそのまま滝となるような原寸のスケールで表現されているのが特徴である．大仙院書院の枯山水が象徴的手法で大自然を表現しようとしているのとは対照的だが，旧円徳院庭園や西本願寺大書院庭園の枯山水も同じ原寸表現でなされていることなどから，これは江戸初期の枯山水庭園に共通する特徴とみてよいだろう．

　桂離宮の回遊式庭園とは比較にならないほど小さな書院の前庭であるが，庭石の選択と表現手法の新たな展開が凝縮されていて興味深い．

1．石質構成の時代的特色

　まず，庭石の石質構成を概観してみよう．第一の特徴はなんといっても江戸初期にはじめて庭石として認知されるようになった花崗岩が多数，しかも堂々と用いられていることである．

　花崗岩は景石や護岸石はもとより，主景となる築山の涸滝石組や石橋の橋挟石，あるいは岩島など，随所に配置されている．飛石にのみ花崗岩を多用していた桂離宮の庭園はむしろ保守的で，養源院の庭園こそ新しい時代の動向を体現していると考えてよい．

　これらの花崗岩の産地だが，涸滝石組の西に護岸石として据えられている花崗岩からは

図19 養源院庭園 太閤石の橋挟石

図20 養源院庭園 涸滝石組のチャート

褐簾石が検出されたため白川産であると特定できた．西側石橋の橋挟石の一つも太閤石と呼ばれる白川産の花崗岩であることなどから，褐簾石が認められなかった他の花崗岩もやはり白川で採石された可能性が高い．太閤石は桃山期から江戸初期にかけて盛んに採石されたことが知られている．

花崗岩と同じところで採集されたとみられる岩石としては，大文字山周辺に岩脈として存在する花崗斑岩や石英斑岩がある．また中生代白亜紀に花崗岩が貫入した際，周縁部の丹波層群の岩石が熱変成を受けてできた菫青石ホルンフェルスや砂岩ホルンフェルスもみられる．後述するが，水の象徴的な表現素材として涸滝石組の流れ部に敷かれている白色の礫も同地域に産する石英脈の円磨したものである．

このように花崗岩の存在が大きいのとは裏腹に，華やかな色彩が好まれた時代にあって結晶片岩が1石のみであるのはどうしたことだろうか．これは旧円徳院庭園などと共に，この江戸初期の庭園としては特異な例といえるだろう．

また加茂川の上流に産出する緑色岩が2石みられるのも，この時代としては珍しいことである．曼殊院庭園など稀な例を除いて，緑色岩が庭石として広く普及するのは江戸中期以降のことだからである．ただし，下流で採集された礫は利用されており，涸滝の流れ部に敷かれている玉石の中からは緑色岩の礫も検出されている．

数の上ではとうてい花崗岩には及ばないが，主たる景をなす涸滝石組で最も重要な庭石はなんといってもチャートである．その迫力たるや他の庭石の追随を許さない．それらはいずれも塊状で，熱変成を受けてホルンフェルス化している．ことに中央の巨大な立石は石英で満たされた白色の珪岩となっている．

元来チャートは層理に沿って割れやすい性質をもっている．したがって，平安時代から熱変成を受けて割れにくくなったものが庭石として用いられることが多く，採集地は大原

から花背にかけての地域と推定されている．養源院のチャートも同地域から運ばれてきたものだろう．

チャート以外の丹波層群の岩石としては泥質混在岩・砂岩・珪質頁岩・石灰岩・石英脈・赤白硅石などがみられる．なかでも白色の石灰岩と石英脈，および真紅の赤白硅石は新たな表現素材として重要な役割を果たしている．

2．石灰岩と脈石英による水の表現

涸滝石組の滝口を覆っていたクスノキの大木の根株が復旧整備工事で除去された結果，その直下から石灰岩の水落石が姿を現わし，豪壮な涸滝石組の全貌が明らかとなった．その迫力もさることながら，驚いたのは庭石による水の表現の妙である．

まず，水落石として白色の石灰岩が用いられていることが注目される．この石灰岩には垂直方向の色濃い縦襞が浮き出ていて，あたかも岩肌を縫って水が流れ落ちているように見える．色濃い部分はチャートで，流れ落ちる水の間から微かに岩肌が見えている情景をリアルに表現しようと意図したものにちがいない．

京都教育大学の井本教授の鑑定によれば，チャートを含むこの石灰岩には化石が見られない．この種の石灰岩は京都盆地周辺の北山（貴船付近）や西山に産出するものとは異なっており，産地として

図21　養源院庭園　石灰岩の水落石

図22　大仙院書院庭園

は滋賀県あたりが想定できるということであった．だとすれば，養源院と浅井長政，小堀遠州との関係から興味深い事実といえよう．

前述したように，石灰岩による水落ちの表現はすでに16世紀の大仙院書院庭園の枯滝でみられる．そこでは石灰岩に含まれた緑色岩の縦襞が白い水の間から見え隠れする岩肌を表していて，流れ落ちた水の流れは白川砂で表現されている．

石灰岩による水落ちの表現は同じだが，養源院の涸滝では滝流れの水を白色の石英脈の礫で表現していることに注目したい．

滝流れに敷き詰められている直径数センチ内外の円磨した礫の石質は砂岩が最も多く，チャートがそれにつぎ，頁岩は比較的少ない．なかに深緑色の緑色岩も混じっていことから，これらの礫は主として加茂川で採集されたものであることがわかる．白色の石英脈の礫はこれらの礫の上に撒かれているのである．

ちなみに，加茂川産の礫であることの指標となる緑色岩の礫は『雍州府志』(1684)に「鴨川の荒神河原や二条河原付近で採集された露地に敷く青色の礫」と記されているように，露地用の特殊な庭石材料でもあった．

3. 石英脈による水落ちのサイン

涸滝での石灰岩と脈石英による水の表現よりもさらに象徴的な表現が，涸滝西の小さな入江の最奥部にみられる．そこにはホルンフェルス化した珪質頁岩が据えられているのだが，珪質頁岩の中央部を石英脈が垂直方向に貫いているのが目にとまる．この垂直方向に貫いている石英脈こそ水落ちの表現であり，入江の奥にある滝の存在を示すサインであると解釈したい．

桂離宮では石英脈の貫いている庭石によく出会うが，養源院庭園でのこの石英脈の扱いは好みや美意識の表現をはるかに超えている．それは新たな素材観によるものであり，並々ならぬデザイン意欲が感じられよう．

4. 白と赤との対比

並々ならぬデザイン意欲といえば，たった1石ながら，きわめて自己主張の強い真紅の赤白硅石がじつに効果的に配置されているのが目をひく．それは滝流れの水を表現する脈石英の礫の中にポンと置かれた赤白硅石にほかならない．

図23 養源院庭園 赤白硅石と石英脈の礫

赤白硅石は，桂離宮の庭園でも意図的に要所に配置されていた．しかし，養源院庭園の滝流れの赤白硅石がことさら目を引くのは，その華やかな色彩もさることながら，真っ白い脈石英との色の対比が特に印象的だからである．

興味深いのは赤白硅石のような原色の庭石が好まれた時代にあって，露地でも同様に色彩の対比手法が試みられていたことである．古田織部と共に淀で千利休を見送った細川三斎は，その内露地一面に敷き詰めた栗石の上に赤色

の小石を撒いて彩りを添えたという．

5．矢跡のある花崗岩

養源院庭園の庭石にはもう一つ，江戸初期における素材観の大きな変化を告げる印が刻まれている．涸滝石組と入江の間に据えられている花崗岩に残された幅10センチほどの大きな矢跡がそれである．

矢跡は石を割る過程でできる．割ろうとする線上に石鑿で楔（矢）を入れるための穴を穿つが，その穴を矢穴という．そこに楔を入れて端から順にゲンノウで頭を叩いていくと矢穴の中心線に沿って石が割れる．二つに割れた石の端は歯形状となり，側面には逆台形をした矢穴の断面が残る．この矢穴の断面を矢跡といい，古いものほど大きくて，時代が下るにしたがって小さくなる傾向があるとされる．

さて，築山の正面に堂々と据えられている花崗岩の矢跡だが，その大きさから判断するとおそらく中世以前のものであろう．とすれば，この矢跡のある花崗岩は作庭時より以前に切り出されたものを景石として用いたということになる．

古い矢跡のある石材をわざわざ庭石として選ぶ．一体これは何を意味しているのであろうか．

東本願寺の渉成園では矢跡のある石があちこちに配置されている．それらは古い石材の転用であったり，当時切り出されたものであったり様々であるが，矢跡がデザイン要素の一つとして認識されていたことを窺わせる．また『都林泉名勝図会』（1799）にその名が記されている慈照寺庭園の「畠山石」も矢跡のある花崗岩である．これは江戸初期に改修時に据えられたものと考えてよい．

このように，江戸初期には庭石の矢跡は隠されるべきものではなかった．大きな矢跡はむしろ，古物であることの証となりうる．庭石の価値基準に，形質や色彩だけではなく，古さという時間軸が加えられたことは画期的なことといえよう．

6．露地からの発想

矢跡のある庭石は，仁和寺宸殿庭園の庭石に残されたチャートの矢跡など，ごく僅かな例外をのぞいてすべてが花崗岩である．淡々とした花崗岩の魅力を発見したのは他でもない露地であったが，じつは矢跡を見せるという感性も露地に発している．

露地では矢跡の残された延段や蹲踞などにしばしば出会う．ヒューマンスケールの空間体験を旨とする露地は花崗岩の切石に漂う「人の気配」に魅せられたのであり，石を割るという人の営みをごく自然に，しかも強烈に感じさせてくれる存在として矢跡を認識したのであった．露地にとって，それは無作為の作意ともいうべき重要な感性表現の手法であったことはいうまでもない．

石の表面に現れたデザイン的な面白さだけではなく，素材の属性をすべてさらけ出している姿を矢跡に見たのだとすれば，それは時代や個人の好みを超えた新たな素材観というべきであろう．

図24　裏千家露地　矢跡の残された延石

終りに──時代を創る感性

　個人レベルの感性は，それだけでは生き残れない．造園の歴史の中で，どれほど多くの個性が時代に埋没していったことだろう．

　一方で，深い歴史的認識の上に立った個人の感性が新し時代を創っていく原動力であったことも事実である．夢窓疎石しかり，千利休しかり，そして小堀遠州しかり．

　こうして庭石の素材選択と表現手法の軌跡をふり返ってみると，素材観やデザイン思想のダイナミックな展開が直接肌に感じられると同時に，それぞれの現場で一つ一つの素材と真剣に対峙していたであろう個々の顔が瞼に浮かんでくるようである．

江戸幕府の庭園担当者

飛田範夫

はじめに

　江戸幕府の組織には庭園担当者が置かれていたのだが，詳しいことはわかっていない．大正時代に公園の設計者として活躍した長岡安平（1842〜1925）でさえも，江戸時代の将軍や大名屋敷の作庭について少しは聞いていたようだが，「将軍家を始め各大名はお庭師なる専門家を抱へ，此のお庭師なるものは広く深く古書を研究し，自分の得た知識と経験とに基いて，民間の庭職を使役して造庭した」と書き残しているにすぎない[注1]．廃藩置県など激変が相次いだことから，旧来大名に重んじられていた庭師たちはどこかに姿を消してしまっていて，庭園のことは独学で修得するしかなかったというのが，明治の造園界の状況だったらしい．

　庭園史研究の上では江戸幕府の庭園係について言及しているのは，横井時冬の『園芸考』（明治22年［1889］）が最初だろう．「庭作の事は，作事奉行の管轄にて，数寄屋詰山本道勺世々これを司ると云ふ」と記している[注2]．庭園史研究そのものではないが，江戸幕府の組織については『古事類苑』（明治38年）が，史料収集の数の多さと正確さでは群を抜いている．この「官位部65」（以下『古事（官位部）』と略す）の中には，幕府の「数寄屋頭」の項があり，「露次作役」についてまとめられている[注3]．昭和に入ると，外山英策が「山本道勺の築庭に就いて」を書いて研究を一歩進めたが，主に山本道勺の事績について明らかにしたにとどまった[注4]．その後も研究は少なく，近年では重森完途が「職制下の作庭者」の中で，江戸時代の庭園の職制についてわずかに触れているにすぎない[注5]．

　江戸幕府が崩壊してから100年以上たった今日，江戸幕府の庭園担当者がどのようになっていたのか調べることは，あまり意味があるようには見えないかもしれない．しかし，江戸幕府所属の庭園がどのような体制のもとにつくられてきたかを解明することは，江戸文化を考察する際に参考になるだろうし，江戸時代の庭園が基礎となって明治以降の造園が進展してきたことを考えると，今日の状況を見直すうえでも意義があるように思う．

江戸幕府の庭園担当職種

1. 幕府の庭園の担当者

表1　江戸城内の作庭事例（『徳川実紀』『続徳川実紀』より）

年月日	担当者	工事内容
寛永6年（1629）6月2日	永井信濃守尚政（奉行）・松平宮内少輔忠（助役）・山本道勺（作庭）・持筒組100人・その他数百人	山里御茶屋の露地を改造する．
同　　　　6月6日	伏見奉行小堀遠州守政一（作庭）・有馬玄蕃頭豊氏（手伝）	山里の新庭の池をつくる．
寛永7年（1630）4月	稲葉丹後守政勝（奉行）・有馬玄蕃頭豊氏（手伝）	二の丸の庭に築山・池をつくる．
正保元年（1644）7月4日	大工頭・植木奉行	二の丸を改修する．
慶安4年（1651）3月10日	小普請奉行美濃部源右衛門茂命	山里の茶屋・馬場を造営する．
同日	書院番土岐市右衛門頼久・久永源六郎重行（奉行）	西の丸の御座所前庭の園池をつくる．
承応元年（1652）3月12日	徒頭戸田三郎四郎氏好・水野権兵衛忠増	御座所の庭前に園池を設ける．
明暦元年（1655）2月5日	庭造役山本道意	三波川から庭石を採集する．
明暦3年（1657）8月15日	植木奉行等	二の丸に樹木植を植栽する．
万治3年（1660）2月10日	植木奉行	城の堀堤に小松を植栽する．
寛文4年（1664）6月4日	小普請奉行・植木奉行・庭造役・大工等	二の丸の後園を造営する．
同5年（1665）6月3日	小普請・材木奉行・庭造役・被官大工等	内園（二の丸庭園？）の築山等を造営する．
延宝元年（1673）4月5日	留守居滝川長門守利貞（奉行）・小普請奉行・大工頭・庭作・被官	大奥茶室を築造する．
宝永5年（1708）2月15日	作事奉行柳川八郎右衛門信尹・目付伊勢平八郎貞救・鈴木伊兵衛直武	花畠を造営する．
享保6年（1721）8月17日	普請奉行朽木丹後守定盛	小石川薬園の造成を行う．
同　　　　12月27日	小普請岡田理左衛門安忠	同上．
享保17年（1732）5月25日	小普請奉行山岡但馬守景久	紅葉山宮社の石畳・吹上の園亭を修理する．
文政6年（1823）12月25日	小普請	浜の庭園内を修復する．
文政9年（1826）6月30日	小普請奉行夏目左近将監	浜の庭園の茶亭等を修復する．
同　　11年14日	小普請奉行川井越前守	大奥御座所の庭園を改修．
文政10年（1827）5月4日	小普請奉行川井越前守	吹上庭園の上水樋桝修復する．
天保12年（1841）6月26日	普請方	吹上掛樋の玉川上水を修復する．
天保14年（1843）3月30日	小普請奉行久須美佐渡守	吹上の滝見御茶屋を修復する．
弘化4年（1847）7月8日	松平兵庫頭	浜の庭園の腰掛・乗馬御覧所等を修復する．
嘉永元年（1848）8月24日	小普請奉行松平兵庫頭	浜の庭園の中島茶亭・上水樋桝等を修復する．
嘉永2年（1849）閏4月20日	小西普請奉行松平兵庫頭	浜の庭園の茶亭等を修復する．
同　　　　9月16日	小普請奉行伊奈遠江守	西の丸の大奥庭園・茶亭等を修復する．
嘉永3年（1850）11月24日	小普請奉行牧志摩守	浜の庭園の所どころを修復する．
嘉永4年（1851）10月7日	小普請奉行遠山隼人正	浜の庭園の所どころを修復する．
嘉永6年（1853）5月22日	小普請奉行遠山隼人正・中島佐渡守	浜の庭園の茶亭等を修復する．

江戸時代の出来事については，嘉永2年（1849）に編纂された『徳川実紀』と明治になってまとめられた『続徳川実紀』に，各将軍の治績が編年体で詳細に記されている（以下『実紀』『続実紀』と略す）[注6]．『実紀』および『続実紀』によって，幕府の庭園担当の職種はどのように呼ばれていたかをまず見てみよう．年代順に庭園と関係のある工事の担当者を簡単にまとめると，表1のようになる．ただし，両書ともに原本をそのまま引用したものではないため，役職名などが当初のままかどうかは疑問がある．

庭園工事担当者としては小普請奉行の名が最も多くみられるが，庭造役・植木奉行・普請奉行・作事奉行なども関与している．そのほかに持筒組・徒頭・書院番・留守居などがある．これらの役職はどのようなものだったのか，実際はどの部署が庭園の担当だったかを探ってみよう．

2．作庭とかかわる役職

(1) 小普請奉行

小普請奉行という名称が，江戸時代中期以降の庭園工事記録には多くみられる．小普請奉行は幕府の重要な役職で禄高が2,000石あり，旗本が任じられていた．『古事（60）』が引く史料によると，小普請奉行は貞享2年（1685）に，はじめ小普請組頭という名称で設けられ，一時廃止されたが復活して文久2年（1862）まで続いている．若年寄支配に属していて，当初は奉行は2人制だったが，元禄10年（1697）には4人に増員されたという．

小普請奉行の役割については，『職掌録』に次のように書かれている[注7]．

御本丸・西丸大奥向，二丸御殿向，紅葉山御宮・御霊屋，東叡山，浜御殿，品川東海寺，池上本門寺，其外所々御役屋敷御普請，御修復を掌る．

表1をみても，小普請奉行は江戸城内や浜御殿など，将軍の日常生活と関連のあった所の造営が，任務として課せられていることがわかる．普請奉行と同様の仕事をしていたようにも見えるが，『青標紙（3）』（『古事（60）』）には，

御普請奉行はさまで御用多くもあらず，威権もうすし．小普請之方奥向の御用あるゆへ，繁劇にて威権あり．

と批判的に書かれている．『続実紀』の天保14年（1843）3月30日の条に，「大坂町奉行前小普請奉行」と前歴が記されていることからすると，小普請奉行は事務官吏として出世している．

また，『徳川禁令考（16）』（『古事（60）』）は，小普請奉行の下に改役・吟味役・吟味手伝役・伊賀者組頭・手代組頭・改役下役頭・明屋敷番伊賀者・伊賀者・改役下役・物書役・御掃除之者組頭・御掃除之者などが存在したとしている．この役職を見る限りでは，直属の作庭係員はいなかったように感じられる．しかし，江戸時代中期以降の将軍の暮しと関連した庭園工事には，小普請奉行が総責任者として勤めをはたしていたことは間違いない．

将軍の生活の場所の造営については，小普請奉行が統括者として位置をしめていたためと考えるべきだろう．

（2）庭造役

『実紀』によると明暦元年（1655）2月5日に朝廷に献上するために，「庭造役」である山本道意が，上州三波川から庭石（緑泥変岩）を採集することを命じられている．道意は石組を行うことが巧みで，庭石にくわしかったためだろう．寛文5年（1665）6月3日には，「庭造役」が江戸城内の築山などをつくっている．また，延宝元年（1673）4月5日の大奥茶室竣工の際には，「庭作」も褒美をもらっているのは，茶室の周辺の作庭を行ったからに違いない．

役職名については『実紀』に「庭造役」「庭作」と書かれていて，表記は一定していない．寛永年間（1624～1643）に原型になったものが出版され，正保4年（1647）に形態が整ったとされる『武鑑』は，大名や旗本の氏名・官位・石高などを記したもので，いくつかの出版元から毎年刊行されている．この『武鑑』には「御庭作り」，あるいは「御庭作」と書かれている．「御」は尊称だが，幕府内でも他の役職に「御」を付けて呼ぶこともあった．表記は「作」か「造」か決めにくいが，『武鑑』や他の史料では「作」と書かれていることが多いので，本稿では読みやすいように「庭作り」と表記することにしたい．

庭作り役はその名称と，築山や茶室の露地をつくっていることから，庭園をつくる専門の係だったと考えられる．明暦元年に名称が見られることからすると，早くに制定された職種だったことになる．

（3）植木奉行

『実紀』の正保元年（1644）7月4日の条によれば，二の丸改修工事の際に大工頭と植木奉行が報償をもらっている．大工頭は建築にかかわったと考えられるが，植木奉行は庭園の植栽を行っていたのだろうか．組織のことについては『吏徴（付録）』の廃職の項に[注8]，

> 植木奉行
> 　　関所奉行上席　御作事奉行支配　百俵高　手代十五人　同心五十一人　寛政三年辛亥（1791）九月七日廃

と記されているから，かなりの人数だったことがわかる．

『古事（60）』は，延宝8年（1680）の『江戸鑑』に「御樹木奉行」，元禄2年（1689）編纂の『万天日録（14）』に「樹奉行」と書かれていることについて，どちらも植木奉行を指すとしている．江戸時代前期にはこのようにも呼ばれていたのだろう．『明良帯録（続編）』の植木奉行の項には「諸向御入の人これあれば，御目付よりも経昇す」と記されているから[注9]，奉行となった人物は樹木についての知識を持っていない事務職が多かったように思う．

植木奉行が行っていた仕事内容については，『実紀』の万治3年（1660）2月10日の条に，

植木奉行が城の堀の堤に小松を植えたとある．また，寛文4年（1664）のこととされる『竹橋余筆』の記事には，二の丸の庭に様々な種類の桜145本を植えたことが記されているが，これには「桜間尺並に花吟味の上にて，代銀請取り，植木屋方へ相渡し申し候」とあり，品川八郎右衛門と増井弥左衛門の署名がされている[注10]．先の『江戸鑑』は樹奉行としてこの2人の名をあげているから，彼らが植木奉行だったのだろう．樹木の植え付けは民間の植木屋が行っているが，植木奉行配下の手代あるいは同心の指示にしたがって植木屋が樹木を仕入れ，同心らが寸法と花の検査を行ったうえで，植木奉行が最終確認して署名していたらしい．

植木奉行の仕事は堀の堤の植栽などをしていることからすると，庭園にかかわる植栽だけをするというよりも様々な場所を美しく修景するために，樹木を植えることを専門に行っていた役職と考えられる．

（4） 普請奉行

普請奉行については『吏徴（上）』に，

　　御普請奉行二人
　　　老中支配　芙蓉間　諸大夫　二千石高　承応元年壬辰（1652）二月二十八日始置［略］

とある．幕府の重要な役職であり，旗本が任命されることになっていた．

その任務については『有司勤仕録』（『古事（60）』）に，「御城石垣普請，地形縄張，所々土居・石垣・堀浚・橋等の事これを司る」と記されている．主として幕府関係の土木の仕事を行っていた．『徳川禁令考（16）』（『古事（60）』）によれば，配下には切支丹宗門改・材木石奉行・大工頭・畳奉行・植木奉行・小細工奉行・絵師・川船奉行がいた．

『実紀』の享保6年（1721）8月17日の条に，小石川殿跡の44,800坪を開墾して薬園とすることを，普請奉行朽木丹後守定盛に命じたと書かれている．同年12月27日の条には，小普請奉行岡田理衛門が開墾した土地を合わせて，敷地を49,600坪余りにしたとある．このことからすると小規模な土木事業は小普請奉行が行い，大規模なものは普請奉行が担当していたことになる．

（5） 作事奉行

作事奉行については『吏徴（上）』に，次のように述べられている．

　　御作事奉行二人
　　老中支配　芙蓉間　諸大夫　二千石高　寛永九年壬申（1632）十月三日始置

禄高からもわかるように，作事奉行は小普請・普請奉行にならぶ重要な役職だった．職務については『有司勤仕録』（『古事（60）』）に，

　　御作事方は御城表向御座敷，或は御門御櫓多聞，総て外曲輪の見付，増上寺等也，或
　　は諸国の寺社修復等臨時に相勤．

と記されている．江戸城内の公的部分の建築や城門，将軍家の菩提寺である増上寺などの

増改築を担当していたらしい．

『万天日録（14）』（『古事（60）』）によると，作事奉行配下には畳奉行・石奉行・材木奉行・樹奉行・瓦奉行・小細工奉行・大工頭・掃除方・絵師・張付師・飾屋・鍛冶・庭作があった．直接建築にかかわることから室内装飾や作庭まで，作事奉行は指揮していたことになる．『実紀』の宝永5年（1708）2月15日の条に，作事奉行である柳沢八郎右衛門信尹・目付伊勢平八郎貞敕・鈴木伊兵衛直武が，吹上花畑の築営を命じられたと述べられている．吹上花畑が江戸城内に位置していたことから，作事奉行が建物の築造を行うことになり，作庭についても責任者になったと考えられる．

（6）その他

[伏見奉行小堀遠州守政一]

『実紀』の寛永6年（1629）6月6日の条に，「伏見奉行小堀遠州守政一にはかに召れて参府す．これ山里の新庭指揮せしめられんがためとぞ」と記されている．京都伏見を治めていた伏見奉行という役職からすると，江戸城内で作庭を指導することは異様な感じがする．小堀遠州（1579～1647）は茶道と建築にすぐれていただけではなく，世に知られた作庭の名手でもあったことから，特別に召されたのだろう．遠州は寛永5年から6年にかけて二条城二の丸庭園の改修を行い，同九年には南禅寺金地院の庭園を完成している[注11]．

[持筒組]

『実紀』の寛永6年（1629）6月2日の条によれば，山里御茶屋の露地の改修に持筒組100人が駆りだされている．『古事（69）』によると，持筒組は持筒頭の下に属す与力・同心で数組を編成し，将軍の鉄砲を預かり，本丸の中門や西の丸の中仕切門，二の丸の銅門などを警備することが任務になっていた．城内の警備にあたっていたことから，人夫がわりに露地の改修に使役されたと考えられる．

[徒頭]

徒頭は徒組の上司であって，徒組というのは『古事（69）』によれば，将軍が外出するさいの先払い，辻固めなどを行う役職だった．延享年間（1744～1747）頃には本丸に15組，西の丸に8組が置かれていたという．『実紀』の承応元年（1652）3月12日の条には，「御座所の庭前に泉石を設らる．よて徒頭戸田三郎四郎氏好，水野権兵衛忠増その奉行にあてらる」とある．場所は西の丸のようだから，西の丸に詰めていた徒頭が将軍の日常生活とかかわりが深いことから，御座所の庭園つくりの責任者になったのだろう．

[書院番]

『実紀』の慶安4年（1651）3月10日の条に，西の丸の御座所前庭の園池築造の奉行を，書院番土岐市右衛門頼久と久永源六郎重行に命じたと書かれている．『古事（69）』によれば，西の丸の書院番は慶安3年に創設されたもので，組織的には本丸の書院番と同様だった．書院番が西の丸書院の警護を行っていたことから，その責任者が御座所の作庭の奉行になっ

[留守居]

『実紀』の延宝元年(1673)4年5月の条によると,留守居滝川長門守利貞が奉行となって,小普請奉行・大工頭・庭作・被官を使って大奥茶室を築造している.この留守居という職は『古事(61)』によれば,寛永年中(1624〜1643)設置されたもので,大奥の取り締まりや非常立ち退きの処置のことなど一切や,大奥女中の諸門の出入りの許可などを行うものだった.留守居役は当初は小普請組も管轄していたことから,大奥茶室の修理の際には小普請奉行の上に立って監督に当たっていたのだろう.

[工事従事者]

実際の工事に携わったのは,どのような人びとだったのだろうか.『実紀』によると寛永3年(1626)6月の山里御茶屋の露地改造には,持筒組100人とそのほか数百人が当たり,同6年6月の山里新庭に池を掘る際には有馬玄蕃頭豊氏が人夫出しを行っている.また,翌7年4月の二の丸の庭に築山と池をつくった時には,有馬がやはり人夫出しを担当している.明暦元年2月5日の三波川での庭石採集についても,「酒井雅楽頭忠清,安藤右京進重長,織田内記信久に其人夫出すべしと仰付らる」というように,人夫は大名が提供するという形をとっている.江戸時代初期には,大名の手配した人間や旗本・御家人が,作業員として庭園つくりに従事していたことがわかる.

3.まとめ

小堀遠州もそうだが,「庭作り」を除いた役職のどれもが,作庭を専門とはしていなかったように考えられる.江戸時代前期には将軍の周辺の役職のものが,庭園造営の際には監督を行っていたということなのだろう.ところが,表1からわかるように江戸時代中期になると,ほとんど小普請奉行の名前しかあがっていない.江戸時代前期なかばに「庭作り」という係が設けられ,そののち次第に組織体制が整備されて行き,中期以降には庭作り役が小普請奉行の下で,作庭に従事することになったものと考えられる.

江戸時代後半になると,『続実紀』の「文恭院殿御実記付録(1)」に書かれていることだが,政事のいとまに第11代将軍家斉(1773〜1841)が近習の者に小座敷の庭に庭園を作らせたところ,側用人の松平信明が天下国家を治めることこそが将軍の仕事だと厳しく忠告している.こうした話からすると,江戸時代前期は将軍が庭つくりできるような自由な雰囲気があったように感じられる.

表2 『武鑑』の御庭作り役

区分	年代	出典	役職名	人名
第1期	寛文7年（1667）	懐中江戸鑑	御庭作	300俵　山本道勺 40俵　庭雲
第2期	延宝元年（1673）	江戸鑑	御庭作り	300俵　山本道勺 50俵　同　道雲 　　　　鎌田貞雲 　　　　小野寺
	延宝6年（1678）	増補江戸鑑	御庭作り	300俵　山本道勺 40俵　同庭雲 同　　鎌田貞雲 同　　小野寺
	延宝8年（1680）	懐中正極江戸鑑	御庭作り	300俵　山本道勺 50俵　同道雲 50俵　鎌田貞雲 　　　　小野寺
	天和3年（1683）	癸亥江戸鑑	御庭作り	300石　山本道勺 50石　同　道意 50石　山本道雲 40俵　鎌田庭雲 50石御花畠　芥川小野寺 200俵御薬園　田沢宗雲
	貞享元年（1684）	顕正景江戸鑑	御庭作り	300俵　山本道勺 50俵　同　道意 同　　同　道雲 40俵　鎌田庭雲 200俵御花畠　芥川小野寺 同御薬園　木下道円 　　　　田沢宗雲
	貞享4年（1687）	丁卯江戸鑑	御庭作り	300俵　山本道勺 50俵　同　道意 同断　同　道雲 40俵　鎌田庭雲 同断　田沢宗雲 200俵御花畠　芥川小野寺
	元禄11年（1698）	東武綱鑑	御庭作り	300俵　山本道勺 50俵　山本道意 50俵　山本道雲 50俵　鎌田庭雲 40俵　田沢宗雲
	享保4年（1719）	永世武鑑	御庭作り	山本道勺，山本道意，山本道雲，鎌田庭雲，田沢宗雲
第3期	享保7年（1722）	享保武鑑	御庭作	300石　山本道勺
	寛保4年（1744） ［延享元年］	寛保武鑑	御庭作	300俵　山本道勺 　　　　鎌田庭雲
	宝暦2年（1752）	宝暦武鑑	御庭作	300俵　山本道勺 小石川　鎌田庭雲
	宝暦6年（1758）	有司武鑑	御庭作	鎌田庭雲，山本道勺 　　　　岸本閑成
	宝暦7年（1757）	宝暦武鑑	御庭作	小石川　鎌田庭雲
	宝暦10年（1760）	大成武鑑	御庭作	上の山下　山本道勺 うし込わか宮　鎌田庭雲
	天明4年（1784）	天明武鑑	（さ）御庭作	うへの山下　山本道勺 うし込わか宮　鎌田庭雲
	文政13年（1830） ［天保元年］	文政武鑑	（さ）御庭作	うへの山下　山本道句 本郷二丁め　鎌田庭雲

(続き) 表2 『武鑑』の御庭作り役

区分	年代	出典	役職名	人名
第4期	天保9年（1838）	大成武鑑	御庭作	坂本安楽寺よこ丁　山本道勺 同所　　　　　　　山本道味
	弘化2年（1845）	弘化武鑑	御露地作役 （さ）御庭作	浅草鳥越袋丁　　　山本道句 見習同所　　　　　山本道味 （氏名記載なし）
	安政元年（1854）	有司武鑑	御庭作	下谷坂本　　　　　山本道勺 同所　　　　　　　山本道味
	安政4年（1857）	袖玉武鑑	御庭作	ゆしま手代丁　　　山本道井
	文久元年（1861）	大武鑑（版元不明）	御庭作	山本道勺，山本道果，前田了嘉
	元治元年（1864）	大武鑑（須原屋版）	御露地作役	山本道井，内田友信，市田清賀
	慶応元年（1865）	有司武鑑	御庭作	□□□□□　　　　山本道味 同所　　　　　　　山本道勺
	慶応二年（1866）	古事類苑（版元不明）	御露地作役	内田友信，市田清賀
	同	袖玉武鑑	御庭作	（氏名記載なし）

「庭作り」について

1. 『武鑑』の記載

　江戸幕府の組織の中には，「庭作り」という専門の役職があり，作庭を担当していたことが明らかになったわけだが，これがどのような組織になっていたかを次に見てみたい．数多く発行された『武鑑』の中から，庭作りという役職を探してみると表2のようになる．

　役職の変更については幕府の公式発表がなかったために，民間の人間には正確なことはわからなかったらしい．そのうえ聞き取りを怠るという手抜き編集が多く，何年にもわたって変更せずにそのまま誤りを掲載し続けることが，どの『武鑑』にも見られる．膨大な種類の『武鑑』が発行されていて，すべてを記載することは不可能に近く，同年月の発行であっても出版業者が違えば，内容も相違するということが多いので，変化を示す年の記事だけを優先して記すことにした．

　最近，『江戸幕府役職武鑑編年集成』が刊行されて，正保元年（1644）から嘉永6年（1853）までの各年の『武鑑』を通読することが可能になった[注12]．しかし，嘉永7年から慶応3年（1867）までの分は未刊なために，他の本を利用することにした．表2の出典の欄の「大武鑑」は『改訂増補大武鑑』[注13]，「袖玉武鑑」と「有司武鑑」は『徳川幕府大名旗本役職武鑑』[注14]，「古事類苑」は『古事（65）』からの引用を示す．

2．庭作り役の時代的変動

　表2をみると，「御庭作」という名称は幕末まで続いているものの，「御露地作役」という名称が末期に生じている．また，江戸幕府の存続期間は260年にもわたるために，担当者の変更も激しい．変化の状況からすると，庭作り役の時代的変動については，大きく4時期に区分することができるように思う．第1期が延宝元年（1673）頃までで，出現期と呼べる段階．第2期は延宝元年頃から享保7年（1722）頃までで，形成期とでも名付けられるだろうか．第3期が享保7年頃から文政13年（1830）頃までで，変化がないように見える安定期．第4期は文政13年頃から慶応3年（1867）までで，江戸幕府の滅亡と関連した崩壊期といえる段階になる．

（1）第1期

　表2からすると，寛文7年（1667）に初めて「御庭作」の名称が登場している．しかし，表1の『実紀』の記事から，明暦元年（1655）年には，すでに庭作り役が設置されていたことがわかる．

　それ以前については，『東武実録（38）』の寛永9年（1632）2月の条の数寄屋坊主の項に，「同（銀）三枚　御泉水方　宗知」「同（銀）三枚　御泉水方　喜清」と記されている[注15]．「御泉水方」というのは文字通りに解釈すれば，園池をつくることを専門にしていたということになる．江戸時代初期には園池をつくる係は「数寄屋坊主」に属していて，「泉水方」と呼ばれていたと考えられる．数寄屋坊主というのは，茶室に関する一切のことを行っていた役なので，茶庭をつくることも任務になっていたのだろう．茶庭だけでなく園池もつくることも多くなって，17世紀なかば頃に庭作り役として分化していったと推測される．

（2）第2期

　第2期の形成期の特色は，芥川小野寺・田沢宗雲・木下道円といった，庭園とは異なった分野の担当者が合体していることにある．庭作りという役職名はもとのままなのだが，延宝元年（1673）には同年の『江戸鑑』の別項に，「御花畠　五十石　小野寺長春殿」とある芥川小野寺が組み込まれている．天和3年（1683）には御薬園担当の田沢宗雲が加わり，さらに貞享元年（1684）には同じ御薬園係の木下道円が参入している．山本道勺が代表者になった形だが，貞享4年には木下が抜け，元禄11年（1695）に芥川の名が消え，田沢宗雲だけが薬園係をやめて残るというように変化している．

（3）第3期

　第3期は役職名は庭作り役として一定していて，担当者が山本道勺と鎌田庭雲であるという安定した時期になる．山本と鎌田の担当職務が異なっていたことについては，『吏徴（付録）』の世職の項に次のように書かれている．

鎌田庭雲　御庭作
　　　　御作事奉行支配　高十人扶持(ふち)　年月日以来代々役（設置年代は不詳）
　　　山本道勻　御露次（露地）作役
　　　　御数寄屋頭支配　高二百俵　年月日以来代々役　悴(せがれ)道味五人扶持
　庭作り役は園池などがある広い庭園をつくる「庭作」と，茶室に付属した露地をつくる「露地作役」に分かれていたことになる．

　鎌田庭雲の上司は作事奉行であり，その作事奉行は老中支配だったが，露地作役の上司は数寄屋頭であり，数寄屋頭は若年寄支配になっていた．表2の御庭作りという役職名上の「(さ)」は，作事奉行の支配を示しているのだが，享保20年(1735)の『享保武鑑』では庭作り役は目付支配になっていることからすると，途中で幕府組織の変更があったらしい．

　『憲教類典』の元文3年(1738)3月20日の条には(注16)，「十人扶持　御庭方　鎌田庭雲．二百俵　御庭作り　山本道勻」とあるから，鎌田庭雲は「御庭方」とも呼ばれていた時期もあったのだろう．禄高は山本のほうが鎌田より上で，代々これらの役職を継ぐことになったのは封建制度と言ってしまえばそれまでだが，親から子に仕事を伝えたほうが技術の修得が容易である，という考えに基づくものなのだろう．

　『吏徴（下）』から数寄屋頭とその配下について，人数・禄高などを書き出してみると，
　　　御数寄屋頭　　　　三人　　若年寄支配　百五十俵高
　　　御数寄屋坊主組頭　六人　　頭支配　　　四十俵扶持高
　　　御数寄屋坊主　　　二十俵二人扶持高［略］慶安二年乙丑(一六四九)月日始置
　　　御露次之者　　　　百七人　十俵一人扶持高
という具合だった．露地作役の山本道勻は数寄屋頭の支配下でありながら，石高では数寄屋頭を越えていたのは，特殊な職種だったことを示しているのだろう．

(4) 第4期

　弘化2年には「露地作役」という役職が登場していて，「御庭作」の項には氏名が記載されていないのは，この時期に役職の改革が行われたことを語っている．幕府が経済的に窮乏したことから，本格的な庭園をつくることは少なくなって，庭作りという役職は解体され，露地を改修する役職だけが残ったということではないだろうか．『徳川禁令考(17)』（『古事(65)』）には，「(数寄屋頭)支配　御数寄屋坊主組頭十八人，同御坊主百八人，御庭作坊主二人」と書かれている．山本道勻の役職だった御露地作役が格下げされて，「御庭作坊主」になり，略して「御庭作り」と呼ばれていたと考えれば，『弘化武鑑』以外の本に「御庭作」とあることも理解できる．

　また，文久元年(1861)頃から，係員名が大きく変化していることも見逃せない．幕末には数寄屋坊主の人員整理なども実施されたらしく，『嘉永明治年間録(15)』（『古事(65)』）に「慶応二年(1866)十二月晦日，御坊主壮年の者を減ず．御坊主壮年の者は，撤兵組へ

御入人となり，追々蓄髪す」と述べられている．庭作り役も幕府崩壊の影響を強く受けたのだろう．

3．庭作り役の人びと

庭作役として活躍した人びととしては，江戸時代前期では山本道勺・山本道雲・鎌田庭雲・芥川小野寺・山本道意・田沢宗雲・木下道円，中期になると新たに岸本閑成，後期になると山本道句・山本道味・山本道井・山本道果・前田了嘉・内田友信・市田清賀など様々な人びとが現れている．後期に山本道勺・鎌田庭雲以外に多くの人物が出てきたということは，世襲制だった制度が次第に変化してきたということなのだろう．これらの人物がどのような家系であったかを見てみたい．

（1）山本道勺

『吏徴』の世職の項に「山本道勺［略］以来代々役」とあるから，代々「道勺」という名を踏襲していたことになる．ところが，天保元年（1830）以降では，かわりに「山本道句」という名前が出てくる．同年代の他の本には「山本道勺」と書かれているので，書き誤りとも考えられるのだがどうなのだろうか．

[初代]

初代の道勺はどのような人物だったかを調べてみると，『戦国人名事典』の山本道勺および山本道句の項に次のように説明されている[注17]．

　　山本道勺（やまもとどうしゃく）　生没年不詳
　　　（助五郎）和泉国堺に住んだ茶人．武野紹鴎の門人．二畳半小座敷を創案した．
　　山本道句（やまもとどうく）　1572〜1653（元亀3〜承応2）
　　　（政勝）茶人．道勺の男．茶の湯を古田織部に学んだ．将軍徳川秀忠の茶頭・御庭師となった．

道勺については『数寄者名匠集』に，大黒茶壺と雲山青磁香炉の桝屋と号する名物を所有していたと述べられている[注18]．二畳半小座敷のことについては，『山上宗二記』（天正16年［1588］）に「此の二畳半は，紹鴎の時，天下に一つ．山本助五郎と云いし人，紹鴎の弟子也．其の人のために好んで茶の湯をさせられしに，侘敷数奇也」と記され，座敷の図が掲載されている[注19]．

父親の道勺が高名な茶人だったことから，息子道句も茶を古田織部に学び，露地もつくるようになったのだろう．ここでは助五郎を初代道勺としておきたい．

[第2代]

『寛政重修諸家譜（1299）』には，宇多源氏として山本家のことが書かれていて，道句（政勝）ついて先の人名事典の説明が記されている．また，道句の子孫については「その子を道味政春といふ」として，政春，政守，正純，甫授，矩綱，綱如と続く系図を示している[注20]．

ところが，政守以下は甲府の徳川綱重の賄役，あるいは西城広舗添番・小普請・大番・甲府勤番など，庭作り役とは異なる役職についている．

一方，尾張の徳川家の家臣団の系図をまとめた松平君山編『士林泝洄（しりんそかい）』（延享4年［1747］）は，「某（道匀）承応二年巳（1653）十一月十一日卒，享年八十二」の子として「某（道匀）」，「政之（道伝，元禄六年酉［1693］五月二十七日卒，享年八十三）」，「正次（道永）」の3人がいたとしている．また，子の某については「子孫幕下に仕える」とし，政之・政次は「瑞公（尾張藩主徳川義直）」の御茶道頭になったと述べている[注21]．

「某」とあるのは実名が不明ということなのだろう．最初の某（道匀）は生没年からすると道句（政勝）に該当するので，子の某は先の道味（政春）を指すと考えられる．山本道匀（助五郎）が高名な茶人であったことから，その子孫たちは茶道の専門家になり，徳川本家と尾張徳川家に仕えたということがわかる．

この2つの系図からすると，道句は後に道匀と号したと考えるのが妥当だろう．『実紀』は寛永6年（1629）6月の山里御茶屋の露地改造に「山本道匀」が参加していたと記しているが，これは年代からすると政勝に当たる．『実紀』の表記が原文通りであるとすれば，この年にはすでに道匀と号していたことになる．正勝は作庭の名手だったことから，庭作り役が世襲制になっていったのではないだろうか．この政勝を第2代道匀と呼ぶことにしたい．

［第3代］

表2の寛文7年（1667）の山本道匀は，第2代道匀の没年からすると，3代目道匀ということになる．貞享3年（1686）の『武鑑』（大阪府立図書館蔵，書名・版元不明）では山本道匀の名が消えて，山本同意が主席になっていることからすると，第3代道匀はこの時に亡くなったかあるいは引退したのだろう．

［第4代］

江戸時代中期の幕府の役職を記した『御家人分限帳（11）』（享保10年［1725］）には，

　　御露地造役
　　　一　二百俵　［道井子］山本道匀　［酉二十五］

と書かれている[注22]．「酉（とり）」は宝永2年（1705）に当たり，この年に数えで25歳ということだから，この道匀は天和元年（1681）生まれということになる．道井の息子が道匀を襲名したということは，3代目道匀には子がなくて，傍系の道井の家から養子を入れたということではないだろうか．

［第5代以降］

幕末まで山本道匀の名は引き継がれていくが，天保元年（1830）に名前が消えて，天保9年（1838）や安政元年（1854）に再び現れたりしているのは，各本の不正確さが原因のようにも考えられる．しかし，住所が天保9年には「上野山下」（現，台東区上野）から，「下谷坂本安楽寺横丁」（現，台東区下谷）に変わっているのは，傍系の者が道匀を襲名した可能

性がある．慶応元年（1865）に道匂が山本道味の次席になっているのは，代替わりしたからだろう．

（2）山本道句

[初代・第2代]

先に述べたように，2代目道匂（政勝［1653没］）は，最初は道句を名乗っていたので，彼を初代としたい．

釣雪堂著『万天日記（38）』（元禄2年［1689］序，国立国会図書蔵）の延宝8年（1680）7月13日の記事には，次のように記されている．

　　一　大奥方御普請相勤に付御褒美これを下さる．

　　　　金三枚・時服三羽織小普請奉行　　　花井次左衛門
　　　　［略］
　　　　金一枚　　　　　　　　　　　　　　山本道句
　　　　銀五枚　　　　　　　　　　　　　　同　道意

大奥の建物を改築した際に，山本道句は露地をつくったりしたのだろうか．年代からすると，この人物は第2代道匂と考えられる．だが，表2をみると天和3年（1683）には，山本道意の上席には道匂しか存在しない．道意より多くの褒美をもらう道句は，第3代道匂ということになるだろう．代々道匂は先祖の政勝のように，道句とも号していたと考えられる．

[第3代以降]

天保元年（1830）から山本道句の名が登場しているが，同年から天保8年までの『大成武鑑』には「山本道匂」と記されている．「匂」と「句」の草書体はよく似ているので，誤記である可能性はある．だが，住所が先代の道匂と同じ「上野山下」であることからすると，何代目かの道匂が道句と名乗っていたようにも思える．弘化2年（1845）に道句の住所は「浅草鳥越袋丁」（現，台東区鳥越）に変わっているが，同居者の山本道味は天保9年に山本道匂と同じ場所に住んでいる．天保9年の道匂と弘化2年の道句はおそらく同じ人間だろう．本来は道句が道匂を名乗るのだが，この時代にはその逆も生じていたのだろうか．

（3）山本道意（道井）

[初代]

『実紀』の明暦元年（1655）2月5日の条に，「大内（朝廷）へ庭石献ぜらるるにより，庭造役山本道意を上野三場川へつかはされ，采択せしめらる」とある．この人物を初代道意と考えることにしたい．初代は道意は技術的にも優れていて，かなり活躍した人物だったらしい．

『万天日記（34）』の延宝7年（1679）12月19日の記事にある加増された人びとの中に，「同

（五十俵）道勺子　山本道意」とあり，表2では天和3年（1683）に道意は山本道雲を越えて，道勺の次席の位置についている．道勺の項で述べたように，貞享3年（1686）の『武鑑』では第3代道勺の名が消えて，同意が主席になっていることからすると，この道意は年齢的に第2代道勺の息子と考えられる．
［第2代・第3代］

先に述べたように，『御家人分限帳（11）』に「御露地作役　［道井子］山本道勺［酉二十五］」とあることから，第4代道勺は天和元年（1681）生まれということになるので，親である道井は第2代，あるいは第3代道意を指しているのだろう．
［第4代以降］

表2では享保7年（1722）から山本道意の名が消えるが，安政4年（1857）から元治元年（1864）にかけては山本道井が浮上してくる．「井」と「意」は同音なので，道井は道意とも書いた可能性が強い．道勺や庭雲の後継者に適材がいなかったために，山本家傍系の道井が抜擢されたのだろうか．しかし，慶応2年（1866）の『袖玉武鑑』には，「同（御数寄屋預）組頭四十俵高　ゆしま手代丁　山本道井」と道井の名が記されている．数寄屋坊主の組頭になっているのは茶道の専門家だったからで，茶人であったからこそ，一時的に露地作役を勤めたのではないだろうか．

(4) 山本道雲（庭雲）

延宝元年（1673）から享保四年（1719）まで，山本道雲の名が見られる．寛文7年（1667）と延宝6年に山本道勺の次に「庭雲」と記されているが，延宝元年との比較からすると道雲の誤記か，庭雲が道雲と名乗るようになった可能性が高い．鎌田庭雲を越える50俵取りであるのは，山本本家に近い者だったからだろう．『武鑑』に掲載されている年数からすると，二代以上は続いている．

(5) 鎌田庭雲（貞雲）

［初代・第2代］

延宝元年（1673）に記されている鎌田貞雲が初代庭雲だろうか．『吏徴（付録）』の世職の項に掲載されているように，代々同名を名乗っている．『御家人分限帳（11）』の「（御材木奉行支配）穴太頭（あのうがしら）」の項には，

　　一　十人扶持　［甚右衛門子］鎌田庭雲　［酉四十五］

とある．「酉」は宝永2年（1705）に当たるから，この庭雲は寛文元年（1661）生まれになり，2代目に当たると考えられる．このことからすると，初代の庭雲の名は甚右衛門ということになる．穴太頭は城の石垣を築く係だから，庭雲は石組を得意としていたから選ばれたのだろう．

『御家人分限帳』が浄書された享保10年（1725）前後を見ると，享保7年から寛保3年（1743）までの『武鑑』には，庭作り役としては山本道勺しか掲載されていない．第2代庭雲はしば

らく穴太頭を勤めていたのではないだろうか．この時期に庭作り役の組織変革が行われたと考えられる．

[第3代以降]

庭雲の居所は『武鑑』では，宝暦2年（1752）から同9年までが「小石川」（現，文京区），宝暦10年から文政12年（1829）までは「牛込若宮」（現，新宿区若宮町），文政13年には「本郷二丁目」（現，文京区本郷）に移転している．牛込には70年近く居住していたことになるので，二，三世代はここで過ごしていたのだろう．天保9年（1838）に庭雲の名が消えるのは，家系が途絶えたというよりも，庭作りが露地作役と改称されたことによって，「御庭方」とも呼ばれた園池などをつくる役職は廃止されたと見るべきだろう．

[鎌田庭雲の作庭技法]

鎌田庭雲の名が江戸時代のいくつかの作庭書に登場していることから，庭作り役だった庭雲がどのような庭園をつくっていたかを知ることができる．寛政4年（1792）の写本『庭造初段之伝』には，石組図の説明文中に「是ハ庭雲流の三石なり」とあって(注23)，

うへ物けしやう（化粧），作者の心次第．右三石は家に依て石名かわるなり．寺院にて者仏法僧の三宝を表し，武家にては智仁勇の三徳を表し，社家にては天地人の三方を表し，農商二家には福寿海と名づくなり．

と説明されている．奇妙なことだが，庭園の所有者が異なると「三石」の名前が違っていたらしい．

『鎌田庭雲流岩組』（東京都立中央図書館蔵）という写本には，「鎌田庭雲流　長阪石酔先生伝」と書き込まれている．先の『庭造初段之伝』の後書にも「鎌田庭雲門人　長坂石酔秘伝」と書かれている．長坂（阪）石酔は鎌田庭雲の門下生で，後年には先生と呼ばれるほどに作庭家として名を成したらしい．この本の「庭雲先生，三の石，岩組」と題されている図には，庭石を岩のように重ね合わせたものが描かれていて，「三尊・神座・仏座石・神拝仏拝・白雲・陽雲・慶雲」と命名されている．また，「庭雲先生，山富定石」という図には，「仙人石・添え・白雲石・陽雲石・慶雲石」という名の石が重ね合わされ，横には「影向石」という大石が置かれ，背後の離れた所に「二神石」と呼ばれるものが立てられている．

真竜斎著『庭園作法之奥伝』という作庭書には，さらに次のように述べられている(注24)．

庭雲流三石

是れは智仁勇の三徳を表はして据へ，夢窓流のながれを汲みて之れを世に弘む．

今時御本丸の御庭これなり．植物化粧等は作者の趣意にあるべし．

この作庭書の成立年代が不明なために，いつ頃の江戸城本丸庭園か不明だが，鎌田庭雲が庭石を3石据え，武家の庭であることから「智・仁・勇」と名付けていたことがわかる．

こうした作庭書の記載からすると，鎌田庭雲は中心となる「三石」を置くことを基本として，庭が広ければ「三石」にいくつかの石を配したり，多くの石を積み重ねて岩のよう

みせることを行っていたらしい．しかし，作庭書の図が粗雑なために，その技法の要点を理解することはできない．石組の形と名称にこだわっているが，それほど独自性は出ていないように思う．伝統的な石組の枠内で工夫をこらすというのが，幕府の庭作り役だった鎌田庭雲の限界だったのではないだろうか．

(6) 田沢宗雲

延宝元年(1673)の『江戸鑑』に，「御薬園　二百俵　田沢宗雲殿」とあるが，天和3年(1683)には，田沢宗雲は庭作り役に所属すようになる．だが，貞享4年(1687)から禄高は40俵に減少し，御薬園という役職名はなくなっている．代替わりしたか，あるいは別な事情で田沢は庭園専門の担当者になったのだろう．彼は薬草栽培の技術を，花卉栽培や樹木育成に生かしたのではないだろうか．享保7年(1722)に庭作り役の再編成が行われたらしく，以後は田沢の名は消える．

(7) 木下道円

表2では，貞享元年(1684)に「同(二百俵)御薬園　木下道円」というように現れ，貞享4年には木下の名前は見えなくなる．木下道円とはどのような人物だったのだろうか．『御家人分限帳(12)』の「寄合御医師」の項には，

　　一　三百俵　二十人扶持　[道円子] 木下道円　[卯七十八]

と記されている．「卯」は正徳元年(1711)に当たるから，木下は寛永11年(1634)の生まれだったことになる．

延宝3年(1675)の『江戸鑑』の「御番医師」の項に「三百俵二十人ふち　やよすかし　木下道円」とあるから，彼は幕府の医者で身分は御家人であり，禄高は300俵で，八代洲河岸(現，千代田区丸の内)に居住していたことになる．『癸亥江戸鑑』によると天和3年(1683)には「御近習医師」になって，先に述べたように貞享元年に御薬園の管理者に昇格している．幕府の医師であったから，薬草を栽培する薬園を担当することになったわけで，庭園とは直接関わりがなかったことになる．その後，元禄4年(1691)に木下は小石川御薬園の責任者になり，享保3年(1718)まで勤務を続けている．子孫は代々医師を継いで幕末に至ったらしい．

(8) 芥川小野寺

延宝元年(1673)に初めて「小野寺」という名が現れ，天和3年(1683)には「五十石御花畠　芥川小野寺」と変わり，元禄11年(1698)には姿を消している．小野寺という奇妙な名を持つこの人物は，どのような経歴なのだろうか．上田三平著『日本薬園史の研究』によると，芥川氏は代々小野寺を名乗っていて，初代小野寺が正知(1558〜1630)，第2代が正春(1648没)，第3代が元正[長春](1630〜1696)，第4代が元風(1674〜1741)で以下，備元・元珍・元智・元良・元純と続いて明治に至っている[注25]．庭作り役だったのは年代からすると長春の時で，彼が没した2年後に庭作り役から小野寺の名が消えている．

「御花畠」は何かということについて同書は，芥川氏の祖先は徳川家康から北の丸に接木屋敷を拝領していたが，二の丸の御畑がこの屋敷に移されたことから御花畑預りという役職になったとしている．また，屋敷の様子については，御花畑の総坪数は約1万坪で中に御茶屋と御腰掛が各1カ所あり，珍奇な花卉も栽培されていたと記している．

ところで，第3代将軍家光（在位1623～1651）の事績を主題として描いたとされる『江戸図屏風』（国立歴史民族博物館蔵）には，江戸城の天守閣の右後に堀と塀に囲まれた「御花畠」と名が記された屋敷がみられる[注26]．屋敷の左側上隅に建物があり，垣根で囲まれて四分割された土地には，左半分に高さが2～3mあるいく本ものツバキと下草，右中央上側にキク，下側にユリなどの草本類が描かれている．この屏風の「御花畠」の位置は北の丸下に当たり，御花畑という名称も芥川の役職名と合致しているので，芥川の屋敷と考えられる．

芥川は将軍のために珍しい草花や樹木の栽培管理を行うことが業務で，その関係から一時庭作り役に属したが，その期間の『武鑑』にも庭作り役とは別な項目に「御花畑役」と記載されている．元禄11年に庭作り役と分離したのは，役職が特殊なもので折り合いが悪かったからではないだろうか．その後，芥川氏は元風の代に小石川薬園に隣接した花畑の責任者になっている．

(9) 岸本閑成

表2をみると宝暦7年（1757）に，山本道勺の代わりに一時的に岸本閑成という名があげられている．道勺が死去したがその息子が若いために，岸本が後見人になったということだろうか．彼がどのような経歴であったかは，史料を見い出せない．

(10) 山本道味

[初代]

『東武実録(38)』に収録されている寛永9年（1632）2月の記事の「御数寄屋坊主」の項に，「同（小判金）三枚　道味」「同（銀）三枚　道味」とあるが，このいずれかが『寛政重修諸家譜(1299)』に，道句（第2代道勺，1653没）の子を「道味政春といふ」と書かれている人物に相当するのだろう．この山本政春を初代道味とすることにしたい．

[第2代以降]

『御家人分限帳(11)』の「御同朋並表奥掃除坊主」の項には，

　　一　三百俵　頭　[道味子] 山本伝阿弥　[戌五十三]

と述べられている．「戌」は享保3年（1718）に当たり，この年に53歳だとすると，生まれは寛文6年（1666）ということになる．生年からすると山本伝阿弥の父親はおそらく3代目道味だろう．

山本道勺の項で述べたように，天保9年に記されている道味は，道勺と常に同居していることからすると，その息子と考えられる．慶応元年（1865）には，この道味は道勺を名乗ら

ず，息子が道勺を襲名したらしい．『吏徴（付録）』の世職の山本道勺の項に「忰道味五人扶持」と書かれているように，本家の長男が家督を相続するまで，代々道味を名乗るようになっていた可能性が高い．

(11) 山本道果・前田了嘉・内田友信・市田清賀

　江戸時代後期には役職上大きな変化があったのだろう．文久元年（1861）から山本道果・前田了嘉・内田友信・市田清賀といった新たな人びとが現れている．山本道果は名前からすると，山本道勺の家系に近い者だろうか．露地作役ということからすると，多くは茶坊主の出身者なのだろうが，他に史料を見い出せない．

(12) その他

　庭作り役の配下であったために『武鑑』には名が掲載されていないが，他の史料に登場している人びとがいる．

[泉水方]

　先に述べたように『東武実録（38）』の寛永9年（1632）2月の条に，「御泉水方」として「宗知・喜清」の名がある．幕府の庭園係であった県宗知が招かれて，寛文年間（1661〜1672）に新発田藩溝口家の下屋敷である清水谷御殿の庭園をつくったと伝えられている(注27)．『東武実録』にある宗知とおそらく同一人物だろう．

　同姓同名の県宗知という人間について，人名辞典は次のように説明している(注28)．

　　[書・茶] 別名を王泉子．江戸幕府の御庭方の庭師で茶道は遠州流上柳甫庵の門下，また遠州流の庭園の名手で享保6年没（1721），行年66．

　幕府の庭師だったことや，年齢からすると，先の泉水方の宗知の息子だろうか．「御庭方」という所属からすると，鎌田庭雲の配下だった可能性がある．

[山本道白]

　山本道白は幕府の庭園係であり，京都智恩院内の学寮の庭園工事を指導している(注29)．『華頂要略門主伝（25）』の寛文3年（1663）5月9日の条に，「御学寮の御修覆，御庭作等，公儀より山本道白に仰せ付けらる．これを承り木石等これを遣わさる」とある．幕府が知恩院のために庭をつくることを山本道白に命じて，樹木や庭石を送らせたらしい．知恩院は寛永10年（1633）に火災に遭い再建されることになったことから，門主が皇室出身だったこともあって，幕府は庭作り役配下の道白を派遣したのだろう．

[山本某]

　和歌山の養翠園は，紀州徳川家第10代藩主治宝の別荘として，文政元年（1818）から同8年にかけて造営されたものという．養翠園の作庭には「将軍家御庭師山本某」が携わったと伝えられているが，名前の方は忘れ去られてしまっている(注30)．御三家と呼ばれた家柄だったために，幕府は庭作り役を派遣したのだろう．庭作り役が幕府の命によって各地の庭園工事に従事していたことが，こうした例から推測される．

4. まとめ

　「庭作り」という庭園専門の役職は, 明暦元年 (1655) 年にすでに設置されているが, それ以前には数寄屋坊主の中に「泉水方」という係があった. 延宝元年 (1673) から享保 7 年 (1722) 頃にかけては, 木下道円や田沢宗雲のような薬園係や, 芥川小野寺のような花畑係が合体して庭作り役になっている. 享保 7 年頃から文政 13 年 (1830) 頃までは安定した時期で, 庭作り役は世襲になり, 露地作役の山本道勾と庭作り役の鎌田庭雲に定まっていた. 文政 13 年頃から慶応 3 年 (1867) は幕府が崩壊していく影響を受けて, 係員が絶えず変動していて, 名称も露地作役に変わっている.

　庭作り役の人びとの系譜を調べてみると, 山本道勾の初代は和泉国堺に居住していた茶人で, その息子の幕府の庭作り役になった第 2 代政勝 (1572〜1653) は, 茶人としても高名だったことから, 政勝の子供たちは徳川本家と尾張徳川家の茶道係になっている. 時代によって違いがあるようだが, 山本道句という名は代々の道勾の号として用いられ, 山本道意・山本道味という名は道勾の息子が名乗っていたらしい. 鎌田庭雲は初代が甚右衛門といい, 第 2 代 (1661 生) は穴太頭になっている. 残されている作庭書からすると, 庭雲は江戸時代中期には「庭雲流の三石」と呼ばれる技法で有名だった. 他の文献からは庭作りの配下に, 新発田藩下屋敷の庭園をつくった県宗知, 京都智恩院内の学寮の庭園工事を指導した山本道白などがいたことがわかる.

幕府直属の庭園の管理体制

　江戸城は次第に整備拡張されていったことから, 規模・形態は時代ごとに異なっていた. 残されている絵図によると, 本丸と二の丸の御殿に付属した園池がいくつか存在している. 引退した将軍や将軍後継者の居住場所として築造された西の丸には, 『実紀』などから山里御茶屋と御座所の庭園があったことがわかる. 吹上花畑は西の丸の北西に造営されたもので, 現在の吹上御苑の前身になっている. 三の丸については, 『隆光僧正日記』の元禄 12 年 (1699) 3 月 18 日の条に, 「三之丸へ御成, 御花見之御振廻也」とあるから, サクラが植栽されて庭園的になっていたらしい.

　また, 公式の場として利用したり, 将軍が私的な憩いの場と楽しんだ庭園は, 江戸城内ばかりでなく, 浜御殿 (現, 浜離宮恩賜庭園) のように城外にもつくられていた. 庭作り役は江戸城内外の庭園造営時に活躍したようだが, これらの庭園の日常管理のためには別な役職が設けられている. 幕府直属の庭園の管理体制はどのようなものであったかを探ってみたい.

1. 西の丸・三の丸の庭園管理

　西の丸・三の丸の庭園の管理については，明治時代になって，江戸幕府に仕えていた人びとから当時のことを聞き取った『旧事諮問録(7)』には，次のように書かれている[注31]．

　　御庭方と称えて，いたって身分の軽い者がまず30人以上はございますが，両(西？)丸御休息，山里御庭の者という者が追々にできまして，右の両人で残らず支配して，やはり頭取奥の番の手に付いて，御庭の事一切，三の丸にも草木仕立あり，植木御買上げの事まで取り扱いますから，御入用の扱いもいたします．

　言葉どおりに解釈すると，庭の雑用を行う30人以上いた御庭方から，西の丸御休息庭の者と山里御庭の者という役職が生じ，御庭方を使って西の丸と三の丸の樹木の剪定や植木の買い上げを行っていたことになる．

　同書は御休息御庭の者支配と御庭番の関係について，

　　西の丸の山里へ御庭番が別に，享保のよほど後にできました．それは五人初めできまして，寛政頃からいたして御休息御庭の者支配というものが御庭番より両人できて，［略］

と説明している．御庭番は第8代将軍吉宗が設置したもので，御殿周辺の庭の警護から，地方を巡って情報を集めるいわゆる隠密まで勤める者だった．この御庭番から御休息御庭の者支配という役職が生じたということになる．

　御庭番の家筋の旗本川村修富（ながとみ）(1761～1837)の忘備録『万融院様御手留』によると，川村は寛政9年(1797)から文化5年(1808)まで，西の丸の御休息庭の者の統括責任者である御休息庭の者支配に就いている[注32]．文化元年の西の丸大奥東庭の完成の際には，褒美として銀三枚を拝領し，翌2年の御休息御座敷前庭の完成時には，彼と部下が褒美をもらっている．これは庭つくりには民間の植木職人が当たっていたために，御庭番が警護を行っていたことによる．寛政13年3月13日の条に，「尾張御守殿御庭模様取繕図面取扱い候に付き鮮鯛一折頂戴いたす」とあるのは，庭作り役とも関わりが深かったことから，尾張徳川家に庭園改修図面を渡すという仲介役をしたためらしい．

2. 吹上花畑の管理

　吹上花畑の起源は明らかではないが，文献上では『実紀』の天和3年(1683)8月27日の条に「吹上花圃」とある．当初の造営には庭作り役が造営に参加した可能性も考えられるのだが，それ以後の管理については独自の組織が設置されていた．どのような組織だったかについては，寛政年間(1789～1800)の編纂とされる『憲教類典』(『古事(66)』)と，江戸時代後期の『吏徴』(弘化2年［1845］)の記載を比較してみると次のようになる．

　　『憲教類典』(1789～1800年)　　　『吏徴』(1845年)
　　　吹上御花畑奉行　　　　　　　　　吹上奉行

添奉行		添奉行	
筆頭	2人	筆頭役	2人
		筆頭役並	1人
役人目付	8人	役人目付	8人
御座敷方	15人	御座敷方	20人
御花壇方	4人	御花壇方	7人
書役	2人	書役	4人
下役	13人	下役	34人
入口番人	28人	御庭入口番人	37人
御掃除之者	68人	御掃除之者	47人
御鷹御普請方	41人	御普請方之者	37人
		大工役之者	6人
		御鳥方	6人
植溜預り	2人	苗木方	2人
御薬園方	2人	御薬園方	1人
		織殿之者	10人

　江戸時代中期後半よりも後期前半方が，組織的には整っていたことがわかる．奉行数は2人，添奉行を1人として計算すると，係員の総数は中期には187人，後期には225人に増大している．幕府体制が危うくなってきた時期にも，人員は増加していたことになる．

　吹上花畑奉行については，『実紀』の正徳元年（1711）2月12日の条に「吹上花畑奉行この後少老の所属とせられ」とあり，吹上花畑奉行は若年寄の所属になっている．しかし，宝永2年（1705）7月29日の条には，

　　西城（西の丸）広敷侍三浦十右衛門某，同表火番村松彦四郎友政吹上花園奉行命ぜられ，
　　目付の所属とせられ，同所番のもの二十五人，園丁五十四人を隷下に属せらる．

とあり，若年寄の下の旗本などを監察する目付の所属に変更されている．

　『吏徴（付録）』の世職の項に「河合次郎右衛門　吹上奉行　若年寄支配」とあるように，いつからか不明だが吹上奉行は世襲制になっていた．その仕事内容については，『明良帯録（続編）』の吹上奉行の項に，

　　二百俵高　御役料七人扶持　焼若支
　　吹上御庭の事一切に関する御庭向・御花壇・築山・泉水・植込・刈込手入の指揮，御茶
　　　屋向一切也．添奉行昇る．是は若年寄御支配也．

と記されている．奉行の職務は，吹上庭園の花壇・築山・園池・植込・刈込手入の指揮，茶屋のこと一切ということになる．

　また，次席の吹上添奉行については，『吏徴（付録）』の世職の項に，

金子章助　［頭注略］　吹上添奉行　若年寄支配　焼火間　百俵高　御役扶持　五人扶持
　　　御役金十五両

とあって，この職も世襲制で金子章助という者が代々勤めていたことがわかる．
　筆頭役については，先の『明良帯録（外編）』の吹上奉行支配の項に，次のように述べられている．
　　筆頭役　持高役ふち三人扶持　役人目付
　　　右両役は元御庭方作り．都て植木作り・山作り等の作り物心得のもの，此場へ出る．御
　　　鷹方・織殿等出役筋，御鷹方などへ昇る．御用多く骨折の場なり．
　筆頭役は当初は「御庭方作り」という役だったというから，作庭技術に通じた人間だったのだろう．「植木作り」というのは植木の整枝剪定を行うということだろうが，「山作り」は築山を築くことではなく，その樹木を美しい林になるように維持管理する意味と考えられる．こうしたことができる技術者が求められたようだが，不思議なことに作庭と関係のなさそうな「御鷹方・織殿等」に昇進している．
　「御花壇方」が設置されているのは，吹上御花畑という名称が示すように，観賞用として草花が多く栽培されていたからだろう．「植溜預り」は「苗木方」と職名が変化しているが，名称や人数からすると植木の苗木を育成していたのだろう．「御薬園方」は将軍家のための薬草栽培ということで設けられたものなのだろう．庭園の日常管理については，人数からしても「御掃除之者」が行っていたと考えられる．
　「入口番人」の内には御庭番も含まれていたのだろうか．『明良帯録（世職編）』には「吹上御庭番」について，「代々家の相伝にて風聞糺を職とす．有徳公（吉宗）紀州より召連られし」と説明されている．「御鳥方」は「御鷹御普請方」という役が変わったものらしいから，狩り用の鷹を飼育していたのだろう．「御普請方」は簡単な土木作業を担当していたようで，『有徳院御実紀付録（18）』に，普請方の小山金右衛門が吹上の庭園の籬の縄が結べなかったために，将軍吉宗自らが縄を結んでみせたという話が載っている．

3．城内全体の庭園管理

（1）庭御用役（露地之者・庭掃除之者）

　江戸城内全体の庭園係りとしては，『御家人分限帳（11）』（享保10年［1725］）に「御庭御用役」という項がある．「御露地之者」が85人，「御庭掃除之者」が91人いると書かれている．露地之者については『武家厳制録（40）』（『古事（65）』）に，「御路地之者の頭，毎日一人づつ罷り出，路地掃除これを仕るべし．並びに御勝手の用事役等念を入れ申し付くべき事」とあることから，露地の掃除と城内の茶室の用意を仕事にしていたと考えられる．露地之者が茶室の露地の掃除，庭掃除之者が書院庭園の掃除を担当するというように，職務が分担されていたらしい．

(2) 民間の植木屋

　幕府の役職以外では，民間の植木屋の出入りが見られる．庭作り役として山本・鎌田家は幕末まで続いているが，世襲制のために次第に施工からは遠ざかっていき，技術能力を失って事務職のようになってしまったらしい．松平太郎著『江戸時代制度の研究』は次のように述べている(注33)．

　　後世に於ては両氏（山本，鎌田）共に技能あるなく，単に家格を以て其職を襲ひ，駱駝師（らくだし）（植木屋）を使役し，露次の者を監督するに過ぎざるに至れり．

　江戸時代後期には造庭工事の責任者は山本道勺・鎌田庭雲だったが，民間の植木屋が実際の作業を担当するという状況になっている．
　このことについては，『旧事諮問録(7)』の「御庭番の事」の項に，

　　御庭へ植木職の這入る時は［略］出役をして人数をその預かりの役々より聞きまして，その取締まりをいたし，［略］

とある(注34)．この「植木職」は幕府の役人ではなく，民間の植木職人だった．
　民間の植木職人として江戸城内に入っていた者の名は明かではないが，寛永5年（1628）には三河島村には植木屋が12人いて，根岸の別荘地・寛永寺・大名の庭・吉原あたりで働いていたという(注35)．文化・文政頃（1804〜1829）には，植木屋七郎兵衛や村田平十郎などの有力な者が出現して，将軍や大名の御用を勤めているので，彼らなどはその可能性が考えられる．

4．浜御殿の庭園管理

　浜御殿は承応3年（1654）に，甲府藩主徳川綱重が幕府から15,000坪の土地を与えられたことに始まり，綱重の子が第六代将軍家宣となったことから，宝永元年（1704）以降将軍家の別邸となったものだった．この御殿には吹上花畑と同様に，管理のための独自組織が存在している．『御家人分限帳(4)』（享保10年［1725］）によって，組織を調べてみると次のようになる．

　　奉行（2人），下役（6人），屋鋪番（20人），花壇作（1人），水主同心（25人），所々御門番（36人），所々口々番（85人），菜園作人（2人），被官頭（2人），被官（11人），大工（10人）

合計すると総勢200人で，江戸時代中期頃の吹上花畑と同じくらいの体制だったことがわかる．
　浜御殿奉行については『明良帯録（続編）』に，

　　浜御殿奉行　　二百俵高　　御手当銀七枚　　焼若支
　　吹上同様にて，浜御庭向，其外の事を世話．諸下役は御目付支配也．

と，説明されている．浜御殿奉行の石高は吹上奉行と同じで，若年寄の配下だったが，部下は目付役に属していた．命令伝達が混乱しそうで奇妙な感じがするのだが，『吏徴（付録）』の世職の項に「木村又助　浜御殿奉行」とあるから，奉行は世襲制で木村又助が代々勤めていたことで調和がとれていたのだろう．職務内容については，『明良帯録（外編）』に，「浜向手入・庭作り・刈込・山作等，心得有るべし」と書かれている．庭園改修工事や樹木剪定，築山の樹林の維持管理が業務だったことになる．

　別荘なので屋敷番は20人必要だったのだろうが，別に「所々口々番」が85人もいたことは，庭掃除の係も含んでいたということだろう．花壇・菜園も係員の数の少なさからすると，小規模なものだったように思う．「水主同心」という役職は飲料水を確保する役というよりも，海辺につくられた屋敷だったために，船を利用することから置かれた係なのではないだろうか．江戸時代後期の『吏徴』には浜御殿の組織の一部について，「吟味役一人，筆頭役三人，世話役三人，御殿番二十六人，御掃除者一九人，物書役（不明）」とあるから，中期中頃以降にかなり組織体制の変更があったと考えられる．

5．まとめ

　庭作り役が主に庭園造営に関わり，庭園の維持管理にはまた別な係が設置されていたことがわかる．西の丸・三の丸の庭園の管理には，古くは御庭方という係があったが，西の丸御休息庭の者と山里庭の者という役職が生まれ，その指示で樹木の剪定や植木の買い上げが行われている．吉宗が設置した隠密を務めた御庭番は，庭つくりに民間の植木職人が入るようになっていたので，警護も行っている．江戸城内の全体の係としては，茶室の用意と掃除を行う露地の者と，書院庭園の掃除を担当する庭掃除の者が存在していた．江戸時代後期には，民間の植木屋が実際の作業を担当するという状況になり，役人はたんなる事務職になってしまっている．

　また，江戸幕府所属の庭園として大規模なものとしては，吹上花畑・浜御殿があり，奉行は世襲制で庭園管理の技術を修得することが必要とされていた．掃除之者や番人によって，築山・園池・植込・刈込・茶屋の日常管理が行われていたが，吹上花畑には花壇・苗木・薬園などの専門の係も存在していたことがわかる．

おわりに

　江戸幕府の組織は巨大で確固としたものだったという印象を持つが，庭園の面から見る限りではかなり変動があった．幕府は政権維持のために江戸城を大規模に造営することが必要とされたが，公的な面と将軍の私生活の場所としての利用から，庭園が何カ所もつくられている．そのために江戸時代前期なかば頃に，「庭作り」という役職が設けられた．こ

の庭作りという役職は享保7年（1722）頃まで，山本道匂は露地作り，鎌田庭雲は庭作り，芥川小野寺は花畑管理，木下道円・田沢宗雲は薬園管理というように，露地・庭園・花畑・薬園の係の総称だった．

しかし，治世が安定するにつれて組織体制が整備され，中期以降には小普請奉行の下で作庭に従事するように変化していき，庭作り役は世襲になって，露地は山本道匂，園池などがある庭園は鎌田庭雲が担当するように決められている．江戸時代末期になると，財政難のために縮小されて露地係だけに変わり，係員も絶えず変更されるようになり，明治維新で江戸幕府とともに消滅している．

一方，庭園の日常の維持管理には別の係があった．江戸城内には露地と庭園の掃除のために，露地の者と庭掃除の者が設置されていて，西の丸・三の丸の庭の管理には，御庭方という係が樹木の剪定や植木の買い上げを行ったりしている．吹上花畑や城外の浜御殿では，奉行は世襲制で庭園管理の技術を修得することが必要とされ，配下の者を使って築山・園池・植込・刈込の手入れなどをしている．

江戸時代初期に将軍の身の回りの者が庭園をつくる責任者となったということは，組織的には不完全のように見えるのだが，庭作り役も一緒に働いていて現場には活気があったように感じられる．中期・後期でも，庭作り役の中でも技術的にすぐれた人物は，地方の藩の庭園工事に出向いて指導を行ったり，作庭書をとおして民間に影響を与えるというように，江戸の庭園文化を広めている．

しかし，江戸幕府の庭園担当者は巨大な幕府の組織体制の一部であり，責任者は旗本・御家人から任命されたものだったために，技術を伝えるための世襲制は安定した社会の中では保守的な傾向を生みだしていった．役人は技術者ではなくたんなる事務職員になっていき，江戸時代後期には技術力の低下を補うために，民間の植木屋に実際の作業を担当させるという状況にいたっている．江戸時代初期の庭園は安土桃山時代の雄大さと豪華さをもっているが，中期・後期の庭園になると類型的なものになってしまったというのが，庭園史上では定説になっている．江戸幕府の庭園に関しての組織を見ても，同様のことが強く感じられる．

注

(注1) 井下清著『祖庭　長岡安平翁造庭遺稿』16〜17頁，文化生活研究会，大正15年（1926）
(注2) 横井時冬『園芸考』明治22年（1889）［復刻，堀口捨己・森蘊校註『日本庭園発達史（改題）』127頁，創元社，昭和15年（1940）］
(注3) 神宮司庁編『古事類苑』明治38年［復刻，『古事類苑（官位部三）』吉川弘文館，昭和53年］
(注4) 外山英策「山本道匂の築庭に就いて」『国華（452，第38編第7冊）』185〜188頁，昭和3年
(注5) 重森完途「職制下の作庭者」『日本庭園史大系月報（11）』社会思想社，昭和47年
(注6) 成島司直等編『徳川実紀』文化6〜嘉永2年（1809〜1849）［『新訂増補国史大系（38〜47）』（吉川弘文館，昭和57年）］

　　　　経済雑誌社編『続徳川実紀』明治38〜40年［『新訂増補国史大系（48〜52）』（吉川弘文館，昭和57年）］
(注7)　著者・年代不詳『職掌録』［『改訂史籍集覧（27）』近藤活版所，明治35年］
(注8)　向山篤『吏徴』弘化2年（1845）［『続々群書類従（7）』国書刊行会，明治40年］
(注9)　山県彦左衛門（豊寛）編『明良帯録』文化12年（1815）［『改定史籍集覧（11）』近藤活版所，明治34年］
(注10)　東京市『東京市史稿（皇城篇2）』304〜312・316〜320頁，博文館，明治45年
(注11)　森蘊『小堀遠州』364〜365頁，吉川弘文館，昭和42年
(注12)　深井雅海・藤実久美子編『江戸幕府役職武鑑編年集成（1〜30）』，東洋書林，平成6〜10年（1994〜1998）
(注13)　橋本博編『改訂増補大武鑑（上・中・下）』名著刊行会，昭和40年
(注14)　渡辺一郎編『徳川幕府大名旗本役職武鑑（1〜4）』柏書店，昭和42年
(注15)　松平正忠『東武実録』貞享元年（1648）［『内閣文庫所蔵史籍叢刊（38）』汲古書院，昭和59年］
(注16)　渡辺守重編『憲教類典』寛政年間（1789〜1800）［史籍研究会『内閣文庫所蔵史籍叢刊行（第38巻，憲教類典2）』汲古書店，昭和59年］
(注17)　安部猛・西村圭子編『戦国人名事典』810頁，新人物往来社，平成2年
(注18)　堺市役所『堺市史（4）』331頁，昭和5年［復刻，清水堂出版，昭和41年］
(注19)　山上宗二『山上宗二記』天正18年（1590）頃［林屋・横井・楢林編注『日本の茶書（1）』256頁，平凡社，昭和46年］
(注20)　堀田正敦編『寛政重修諸家譜』文化9年（1812）［続群書類従完成会『新訂寛政重修諸家譜（19）』382頁，昭和41年］
(注21)　戸田勝久「尾張国帰化明人曹数也と陳・張二氏」『歴史読本7819』190〜210頁，新人物往来社，昭和53年
(注22)　編者不明『御家人分限帳』享保10年（1725）［鈴木壽校訂『御家人分限帳』316頁，近藤出版社，昭和59年］
(注23)　長坂石酔作『庭造初段之伝』年代不明［「日本庭園史大系月報（13）」社会思想社，昭和47年］
(注24)　真竜斎著『庭園作法之奥伝』年代不明［「日本庭園史大系月報（9）」社会思想社，昭和47年］
(注25)　上田三平著・三浦三郎編『改訂増補　日本薬園史の研究』，渡辺書店，昭和47年
(注26)　小沢弘・丸山伸彦編『図説江戸図屏風をよむ』77頁，河出書房新社，平成5年
(注27)　重森三玲・完途『日本庭園史大系（32）』144頁，社会思想社，昭和50年
(注28)　常石英明『書画骨董人名大辞典』276頁，金園社，昭和50年
(注29)　重森三玲・完途『日本庭園史大系（4）』97・220頁，社会思想社，昭和49年
(注30)　養翠園発行のパンフレットによる．
(注31)　旧事諮問会編・進士慶幹校注『旧事諮問録（下）』212頁，岩波書店，昭和61年
(注32)　小松重男『旗本の経済学』125・131・104頁，新潮社，平成3年
(注33)　松平太郎『江戸時代制度の研究』大正8年［復刻，進士慶幹校訂『校訂江戸時代制度の研究』410頁，柏書房］
(注34)　前掲『旧事諮問録（下）』207頁
(注35)　荒川区役所『新修荒川区史（上）』89頁，昭和30年

シェーンブルン宮苑

岡崎文彬

ハプスブルク家の造景遺産

　ハプスブルク家の起源をグントゥラムまで遡るか，「鷹の城」を建てたラードボット伯および彼の義兄弟のヴェルナー司教を始祖とみるか，それともルドルフ（ルードルフ）一世が神聖ローマ皇帝に選ばれた1273年と定めるかなどによって，同家が崩壊するまでの年数は異なる．それはともかく，ハプスブルク家がヨーロッパきっての名門であることに変わりはない．最近，新聞・テレビ・出版物においてクローズアップされるハプスブルク家の来歴をここで紹介する必要はないとして，現存の造景文化にしぼれば マクシミリアン 一世（1459－1519，在位1493－1519没）以降の検証でこと足りるであろう．

　ごろ合わせもあるが，ラテン語でもドイツ語でも母音を五つ並べた「AEIOU」[注1]，すなわち「世界はすべてオーストリア（エスターライヒ）の支配」と豪語するフリードリヒ三世の願望を実現したのは，嫡子で父帝とおなじく，神聖ローマ皇帝となったマクシミリアン一世である．彼は父祖と同様に，「戦争は他国に任せておけ，幸いな汝オーストリアは結婚せよ[注2]」の家訓を遵守した．

　むろん，政略結婚はオーストリアの独占ではないが，ハプスブルクの版図が大きく膨れ上がったのは，まぎれもなく婚姻政策の賜物である．例えば，ブルゴーニュ（＝ブルグントはフランスの北東部とほぼ現在のベネルックスをあわせた当時の先進文化圏）のシャルル公には嫡男がなかったため，裕福かつ優雅なブルゴーニュ公国目当てに公女マリア（マリーア）に結婚を申し込んだ王侯・貴族は多数いた．シャルルが愛娘のマリアをマクシミリアンに嫁がせる決意をしたのは，ローマ時代の遺跡が残る古都トゥリーアで凛々しくも堂々たる彼をとくと見届けた結果である．

　フランドルの宮殿で夫マックス，息子のフィリップ，娘のマルガレーテとともに過ごすマリアは，幸福だった．だが，数年後に彼女は不慮の死をとげる．そのあと，貴賤結婚を承知のうえで，マクシミリアンが傭兵隊長からのし上がったスフォルツァ家のビアンカ・マリア（マリーア）を娶ったのは，自国を強大にする手段だったことは疑いない事実である．それにとどまらず，皇帝は令息と令嬢をスペイン王家のそれぞれと二重結婚させている．その結果，マクシミリアン一世の孫にあたるカール（カルル）五世――スペイン王としてはカルロス一世――の治世に，ハプスブルクは中米をも含め太陽が沈むことのない大国の宗家になる．ただ，ヨーロッパ中を東奔西走していたカール皇帝には，造園にまで情熱を注ぐ余

裕はなかった．

　アルアンブラの石榴門，カルロス五世壁泉および宮殿は，いずれも宮廷お抱えのペドロ・マチュカが皇帝の了解を得て，自らの構想で制作したものである．また，セビリアのアルカサルにもカルロスの名を付した東屋のほか，「狂うフアナの浴池」——フアナはマクシミリアンの令息フィリップ美公の公妃でカール五世の生母——と命名された立派な泉池があるが，それらはムデハル様式の造形であり，後年のオーストリア系ハプスブルク家の制作には，関わりのないものである．なお，それ以前にハプスブルク家が入手したブルゴーニュにもこれといった造園の跡はたどれない．したがって，カール五世が実弟フェルディナント一世（1503 – 58～64）に譲渡したオーストリアのハプスブルク家に話を移すことにしよう．

　1526年，フェルディナントはボヘミア（ベーメン）の王女アンナと結婚する．この場合も相手国の正嫡が戦死した結果，フェルディナント一世がボヘミア王兼ハンガリー王となった．その彼は，プラハのベルヴェデーレの創建者と目されている．

　ルネサンス様式のベルヴェデーレ宮からは，文字通り空堀を越えてプラハ城と大聖堂の尖塔が望まれる．ところが，「歌う泉」で有名な宮殿前の庭園は，建築にマッチした傑作とは評しがたく，しかも誰によって施工され，あるいは改修されたかも定かでない．

　時代は異なるものの，ついでにここでプラハ南方40余kmに位置するコノピシュチェ城にも触れておこう．樹林にかこまれた丘に建つ城の起源は，ハプスブルク家とは無縁のカール（カレル）四世時代に遡る．ただし，おびただしい鹿の角でうめつくされた現状の城は，16世紀の改築を経て1914年サライェボで凶弾に倒れ，それが第一次世界大戦の引き金となった皇太子フェルディナントが完成したもの．ところで広大な林苑の一隅に残るイタリア・ルネサンス式の装飾園は，何時の構築で築造主は誰なのか．いずれにしろ，ハプスブルクの造園として誇るに足るものではなく詮索を必要としない．さらにマリア・テレジア（マリーア・テレージア）が再建したブダの王宮の庭を初めとして，ハプスブルク統治下のクロアチア，スロベニア等にも，特筆に値する宮苑は生まれなかった．

　道草を食ったが，ここで対象をフェルディナント一世の令息でマクシミリアン二世の実弟にあたる，チロール大公フェルディナント（1529 – 95）に戻すことにしよう．

　チロールの州都インスブルックの近くにアンブラス城がある．それは大公が愛妻フィリッピーネ・ヴェルザーのために改築したもの．もっとも皇帝を初め，州議会もヴェルザー家が上流貴族でなく豪商にすぎなかったため，フィリッピーネを大公の正妃に認知しようとはしなかった．とはいえ，政略結婚を国是としたハプスブルクにも，いくつかの例外はある．同家を代表するマリア・テレジアの結婚相手として，バイエルンの王家との縁組，さらに後年仇敵になったプロイセンのフリードリヒ・ヴィルヘルム一世の皇太子——のちのフリードリヒ大王——が候補にのぼったこともある．ところが，本人は必ずしもハプスブルク家にふさわしいとも考えられない，幼なじみのロートリンゲンのフランツ公と恋愛結婚を

している．その女帝が後年，大公・大公妃を次々とかつてのライヴァル，ブルボン王家と縁組させた．とりわけルイ・ドゥ・ベリー（のちのルイ十六世）の凡庸さを承知のうえで，彼に末娘のマリーア・アントーニア〔マリー・アントワネット〕を娶せている．

　ともあれ，フェルディナント大公の説得でようやく公妃となったフィリッピーネのため古城は計画どおり改築されたが，特記したいのはそのさいに出現した愉楽園である．メリアンの版画のような庭景こそ見られなくなったものの，そこはオーストリア・ハプスブルクにとって最古の造園らしい造園だった[注3]．しかもアンブラス城の庭園は，マクシミリアン二世がウィーン（ヴィーン）郊外に"ノイゲボイデ"――既存の王宮に対する新王宮の呼称――を構築するよすがになったともささやかれるが，刺繡花壇を中心としたノイゲボイデは，つとに姿を消してしまった．

　上述以外にオーストリア・ハプスブルクには，これといった造園が生まれていないようである．もっとも，フランツ・ヨーゼフ一世統治下の19世紀後半，それまでウィーン市を取り巻いていた城壁が取り払われ，そのあとに環状道路（リンゲンシュトラーセ）が設けられた．中世以降のヨーロッパの諸都市にあまねく見られる現象ながら，ウィーンの環状道路沿いには目を見張るような数々の公共建造物と，それに花を添える国民公園（フォルクスガルテン）――淵源はフランツ一世時代ながら本格的な公園に蘇ったのは環状道路の開通後である――，モーツァルトの記念像を建てた王宮庭園（ブルクガルテン），ヨーハン・シュトラウスを初めとして著名作曲家等の像を散在させた市立公園（シュタットパルク），さらに建築・公園をむすぶ管理の行き届いた緑地と広場などが連なっている．近代ウィーンの声価を高めた環状道路に，フランツ・ヨーゼフの名君ぶりを垣間見る思いである．ただ，それらの公共緑地は，ハプスブルク一族のために築造された宮苑とは，理念も実態も異なるため本書の対象とはしない．ちなみに，1964年開催の国際造園展覧会を機会に築造され，それ以後にも拡張されたドナウ（ドーナウ）公園は，ハプスブルクとは無縁のオーストリア共和国が誇る現代造園である．

　さて敷地170 haの本題のシェーンブルン宮苑であるが，その実現には歴代の皇帝が腐心した．結局マリア・テレジア（1717～80）とフランツ一世・シュテファン・フォン・ロートリンゲン（1708－45～65）の統治下になってやっと実をむすぶが，この時代にはシェーンブルンのほかにもさまざまな造景が出現した．造園の視点からもマリア・テレジア女帝時代がまさしくハプスブルク家の頂点だった，と断言してよいであろう．

　女帝の跡を継承したヨーゼフ二世は，新しく宮苑を計画することなく，彼はそれまで宮廷の専用だったプラーターやアウガルテンを民衆に開放した．ウィーンを首都とするハプスブルク家にとり，賞賛に値する宮廷の庭として今に残るのは，シェーンブルンとラクセンブルクだけと断じても誤りではなかろう．

　ヨーゼフ二世，レオポルト（レーオポルト）二世らの妹にあたるマリア・カロリーナ並びにマリー・アントワネットが，スペイン王家の支配下にあったカゼルタとヴェルサイユに

それぞれ風景庭園を築造したことからも推察されるように[注4]，ヨーゼフ二世の統治時代には造園の寵児は風景庭園に移っていた．その頃からラクセンブルクの苑地も順次風景園に模様替えされるようになったのは時代の趨勢として，ラクセンブルクには今なお一部に，マリア・テレジア時代の整形園が保全されている．

　上記のほか，オイゲン公が造営したウィーン市内のベルヴェデーレ並びにマルヒフェルトのシュロスホーフは，彼の死後ハプスブルク家に購入されて宮廷のものとなる．特にシュロスホーフの庭園はマリア・テレジアの入手後，一部が改装された模様である．それにしても，市内の王宮(ホーフブルク)をも含め，それらとは比較にならないほど重要なのが，シェーンブルン宮苑であろう．ブルボン王朝の最盛期に築造された幾つかの造園中でも一際，光り輝いているのがヴェルサイユ宮苑であるのと同然である．

シェーンブルンの沿革

● 現在のシェーンブルンの地は，14世紀の初めから，ウィーンの森の一角にたたずむクロスターノイブルク教会の所領だった．教会にとって，水車が廻っていたそこの小作地はよい財源ともなっていたようであるが，1529年，トルコ軍の侵略で壊滅した．そのあとウィーン市長でもあったヘルマン・バイヤーが，敷地を入手し地名にのっとってカッターブルクと呼ぶ館を建てて居住する．

●「ハプスブルク家の造景」の項で述べたとおり，カール五世の弟フェルディナント一世はオーストリア・ハプスブルク家の継承者となり，ボヘミア王，ハンガリー王ともなった．以後，長期にわたり，オーストリア皇帝がチェコとハンガリーを統治するきっかけをつくったことになる．ところで，彼の跡を継いだマクシミリアン二世は1569年，現在のシェーンブルン宮苑の北東方のメードリング門付近にあったカッターブルクを，周辺の敷地ともども所有者と交渉して購入した．それ以降ハプスブルク家の解体まで，そこは同家の所領として存続する．ただし，1605年ハンガリーのボチュカウの率いる軍隊によって，マクシミリアンの建立した別荘は破壊されてしまった．

● マクシミリアン二世の跡を継いだルドルフ二世は，崩壊状態の館を改・増築して，狩猟館を造る．ところがプラハに定住した学芸好きのその兄に替わり皇帝となった実弟マティアス（1557－1612〜19）はシェーンブルンの森で狩猟に興じていた時，偶然こんこんと湧き出る泉を見つけた．美しい泉の意のシェーナー・ブルンネンが，シェーンブルンの命名の契機となったことは言うまでもない．

● 狩猟館ではなく，夏の居館を建てたのが二人の帝妃である．その一人はフェルディナント二世の未亡人であるエレオノーラ・フォン・マントゥア〔マントヴァ〕である．舞台を備えたイタリア式の館は，彼女の死後の1655年にフェルディナント三世の第三妃マリア・

エレオノーラ・ゴンザガに移り，彼女の改築した居館がはじめてシェーンブルンと呼称されることとなった．
● 1683年，首都ウィーンがトルコ軍に包囲された際，居館も焼き打ちにあい，影も形も無くなった．
● レオポルト（レーオポルト）一世皇帝（1640－56～1705）は，第三妃とのあいだに生まれた皇太子ヨーゼフのために，フィッシャー・フォン・エアラッハの第二案－フィッシャーの第一案はあまりにも豪華で財政的に実現が不可能だったと伝えられる－を基に1696年から夏の離宮の造営にとりかかった．ところが，スペイン継承戦争が勃発して案どおりの工事の進捗が望めなくなった．
● 離宮が実現したのは，ヨーゼフ一世皇帝（1678－1705～11）の時代である．ただし，皇帝は中央棟に住まっただけである．皇帝の死後，帝妃ヴィルヘルミーナ・アマーリアが1722年，やっと現状の形態に近い宮殿に仕上げた．
● ヨーゼフ一世の弟で狩猟狂だったカール六世（1685－1711～40）は，シェーンブルンから10kmばかり東のファヴォリーテン宮に起居していたので，シェーンブルン宮苑との関係はうすい．
● 23歳でハプスブルク家を継承しなければならなかったマリア・テレジアは，夫帝のフランツ一世・シュテファン・フォン・ロートリンゲンと共同の統治者となるが，現実に政治を行ったのは女帝である．その頃から離宮というよりは，実質的に王宮となったシェーンブルン宮殿の内部を，女帝は宮廷お抱えのパカッシーと建築家のヴァルガミーニに命じてロココ風に変更させる．なお，バロック様式の外観には，ほとんど手を入れなかったものの，本格的な宮苑は女帝時代に顕現する．
● フランツ・シュテファンの逝去後，母后との共同統治を始めた長男のヨーゼフ二世（1741－65～90）は，宮殿の西翼に居住する．プロイセンのフリードリヒ大王と意気投合した皇帝の政策は母后のそれとはかけ離れていたものの，ヨーゼフ二世が名君の一人であったことは否定できない事実である．
● 兄の跡を継いだ弟のレオポルト二世（1747－90～92）は，兄にもました進歩的な思想の持ち主だったようだが，わずか二年の統治で泉下の人となった．だが1765年以降トスカーナ大公でもあった芸術に明るいレオポルトは，数々の素晴らしい美術品をシェーンブルンに持ち込んだと伝えられる．
● 10年間放置されたシェーンブルンの主人公に収まったのは，フランツ二世（1768－92～1806－35）である．父帝のレオポルトに比べると凡庸なフランツ二世治世中の1806年に，神聖ローマ皇帝の制度は廃止される．実質的の支配者だったナポレオンが存続を許さなかったのであろう．もっとも江村がいみじくも記すとおり，廃止になるかなり以前から「神聖ローマ皇帝は子供の玩具か，老人の喜ぶ勲章のようなものにすぎず[注5]」，何の実益を

も伴わないものに成り下がっていた．ともあれ，1804年以降それまでのフランツ二世はオーストリア皇帝フランツ一世と呼称される．スペイン王のカルロス一世がカール五世－スペイン語でカルロス五世－と同一人である事実と同様である．1805年と1809年，二度にわたりシェーンブルン宮に起居したナポレオン一世はフランツの長女マリー・ルイーズ〔マリーア・ルイーザ〕と結婚する．二人のあいだに生まれた後年のライヒシュタット大公のローマ王（ナポレオン二世）は大ナポレオンの失脚後も政争の種になりかねないとの理由で，もっぱらシェーンブルン宮殿・宮苑内で育てられ1832年，21歳で夭逝した．横道へ逸れたが，フランツ一世はナポレオン時代が終わったあとの1817年，シェーンブルン宮殿の正面をヨーハン・アマンに命じて模様替えさせた．

●ナポレオンの失墜後，シェーンブルン宮殿は王政復活を目指したヨーロッパ各国の君主または全権を委ねられた代理人の会議場となる．「会議は踊る」の名句のように，会議は進まず，長期にわたり舞踏会や饗宴の場となったのである．

●フランツ一世の長男フェルディナント一世は，1848年の三月革命までシェーンブルンにあって政務をみる．彼の後継者たるべき弟のフランツ・カールは登位を断り，カールに代わって彼の長男のフランツ・ヨーゼフ（1830－48～1916）が，帝国の瓦解直前まで68年の長年月にわたり実質上，最後のオーストリア皇帝の座にあった．バイエルンのヴィッテルスバハ家の美女エリザベート（エリーザベト，愛称シシィ）と結婚したフランツ・ヨーゼフはシェーンブルン宮殿の内部を整備するにとどまらず，マリア・テレジアにならって旧体制時代の家具などをロココ調のものに取り替えた．1867年にオーストリア・ハンガリー二重帝国と呼称することを余儀無くされた皇帝は，第一次世界大戦中の1916年，シェーンブルン宮で八六歳の天寿を全うする．ただ一人の男児ルドルフがつとに情死し，そのあと後継者に選んだ甥のフェルディナントも暗殺されたため，甥の子のカール一世がフランツ・ヨーゼフの跡を継ぐが，大戦が終結した1918年11月8日，ハプスブルク家が崩壊し，オーストリアは共和国に生まれ変わった．それを機にシェーンブルンは国の管理下におかれる．

●すでに復旧されているため，惨状は写真で推察するだけだが，第二次世界大戦中シェーンブルンは270発を越える連合軍の爆撃で，大きな被害を受けた．その後オーストリアが四国に分割管理されたのは周知のことながら，シェーンブルン宮は1945～47にイギリスとロシア（ソ連）との司令部になった．

●1955年，国際条約によりオーストリアの独立が認められる．それ以来国賓の往来が頻繁で，その都度シェーンブルン宮殿が利用されたが，とりわけ1961年6月3日には，アメリカのケネディー大統領がソ連のフルシチョフ第一書記と会見し，また1969年5月5日にエリザベス二世が夫君とともにここを訪問したことが，語り草になっている．

宮殿と宮苑の計画となりたち

　前章でもふれたが，シェーンブルン一帯の所有者の変遷はともかく，ハプスブルク家が離宮の建設を決意してからの経緯だけを今少し詳述しておきたい．

　1683年，再度トルコ軍に略奪されたシェーンブルンの館は離宮ないし宮殿よりは，居館と呼ぶにふさわしいものだった．消滅した館を再建するより，それまでは考えられもしなかった豪華な離宮を新築しようと計画をたてたのは，レオポルト一世である．父帝のフェルディナント三世とスペインから輿入れしたマリア・アンナとの間には，四人の男児と一人の女児が生まれた．幼くして亡くなった二人の男児はともかく，父の跡を継ぐべき長男の皇太子は21歳で病死する．聖職者を目指した四男が兄に代わり，レオポルト一世として登位したのである．我が国にもみられるように，皇族が仏法の系統を継いだ門跡寺院は数え切れないほど多い．事実フェルディナントの第二妃マリア・レオポルディーナの生んだカール・ヨーゼフは司教になっている．

　皇帝レオポルト一世は名君とは評価できないものの，彼がルイ十四世に受け入れられなかったオイゲン公を登用したことは，ハプスブルクにとって大きな収穫だった．30年戦争が昔語りとなり，トルコの脅威もなくなったことが皇太子－のちのヨーゼフ一世－のためにシェーンブルンに本格的な離宮の建立を決意させる結果となったのであろう．設計者はローマに長く逗留したベルニーニの高弟で，オーストリアへ帰国後ウィーンの宮廷建築家兼皇太子の教育係を勤めたヨーハン・ベアンハルト・フィッシャー・フォン・エアラッハ（1656－1723）である．彼の案にみる宮殿は，現在グロリエッテの建つ丘の上に設けられ，斜面は何段ものテラスに切られている．宮殿前の最上段には噴水をあげる円形の泉水を配し，その周りには多人数を収容できるオープンスペースが用意された．この円形の最上段を支える擁壁の北側は壁龕で飾られる．泉水より一段低い左右のテラスは花壇で粉飾され，長大な第三テラスの両端にも泉水が配置される．しかも，それらの全体をささえるかのように長い擁壁が計画されているが，むろん単調を破るため，中央部を宮殿に向かって食い込ませている．なお，本場のイタリアの別荘をも凌ぐ大規模な七段のカスケードも考案されていた（図1）．設計図にはみえないが，宮殿背後の斜面はおおらかな林苑とするつもりだったらしい．眺望の視点では理想的な宮殿であり，宮苑そのものもヴェルサイユと肩を並べる絢爛豪華な設計である．ところが，この案はついに日の目をみることがなかった．

　宮内省とフィッシャー・フォン・エアラッハとのあいだに，経費についてのやりとりが無かったとは考えられない．オーストリア継承戦争の勃発は，フィッシャーの第一案からかなり後年のことである．ところが，ほとんどの文献には「宮廷の財政上の都合」と記されているだけである．計画中に途方もないインフレに見舞われたとも聞かないので，私に

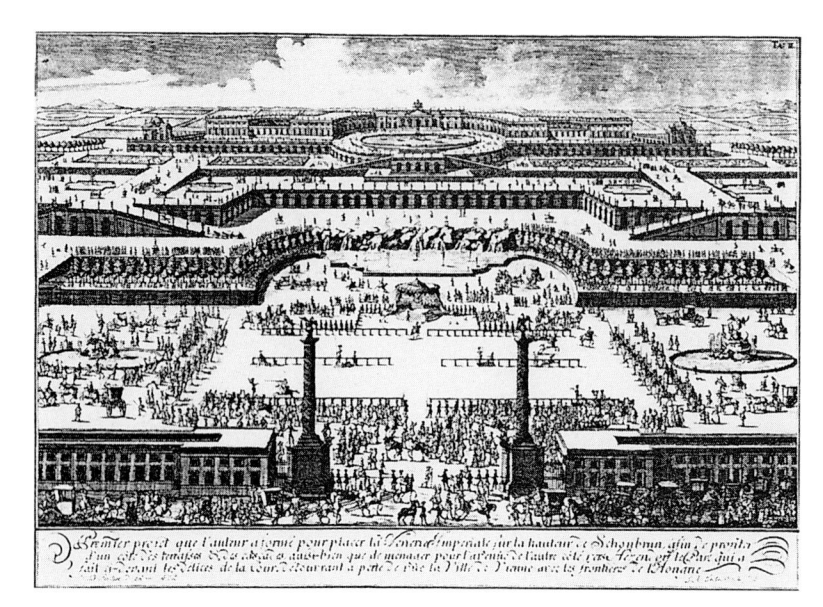

図1 フィッシャー・フォン・エアラッハのシェーンブルン宮殿・宮苑の第一案〔デルゼンバッハ版画〕

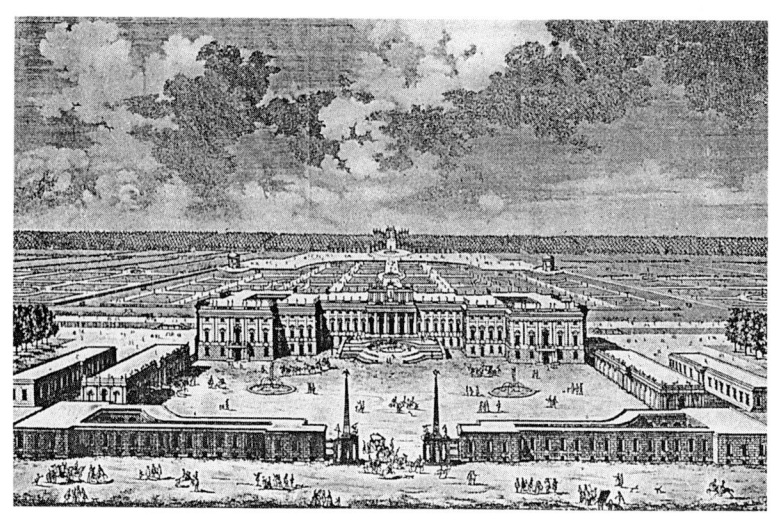

図2 フィッシャー・フォン・エアラッハのシェーンブルン宮殿・宮苑の第二案〔クラウス版画〕

は今もって何故フィッシャーの案が，ペーパープランに終わったかの謎がすっきり解けない．ともあれ，以後第一案と名づけられた計画は実現せず，フィッシャーはやむなく別の案をたてなければならなかった．第二案と呼ばれているものである（図2）．

第二案では，第一案とは逆に宮殿を現状と同様下部（北）に建てることになっている．宮殿からのウィーン展望は断念しなければならなかったが，宮殿に代わるカジノが丘上に計画された．現状のグロリエッテは第二案を踏まえて，マリア・テレジア時代に建てられたもの．第二案を基にしたクラウスの版画からも推測されるように，幾つもの区画からなる花壇を取り巻いてカナルが掘られ，その左右に東屋が計画されている．さらにカナルと上

段テラスに設けられる半円形劇場を支える擁壁とのあいだの空地は，様々な行事のためのものであろうが，その背後にはカジノへ登る苑路がつけられている．

　第一案に比べると格段に地味な第二案は，全面的に実行に移されるはずだった．ところが，意気軒昂だった肝心のヨーゼフ一世が1711年，天然痘にかかって33歳で死没した．その後未亡人となった帝妃の尽力によりどうにか両翼が整った宮殿はともかく，本格的な造園はカール六世を経て，長女のマリア・テレジアの時代まで持ち越されることになった．

宮殿の概要

　間近にクリーム色のシェーンブルン宮殿を俯瞰する並木道（シュロスアレー）を南に下がると，1918年まで，練兵場兼乗馬場だった宮殿通り（シュロスシュトラーセ）に出る．両者の交差点が現在の正門である．正門の左右には，高い石の基盤の上にオベリスクが聳えている（図3）．亜鉛と銅の合金で作られたオベリスクの先端の鷲像は，ナポレオンが彼のシンボルとして作らせたとの説がある．だが，フィッシャーの第一案，第二案ともに描かれているように，それはナポレオンとのかかわりがなく，以前からハプスブルク家の象徴として飾られていたものである．

　閲兵をはじめとして，各種の行事にも使われる前庭はドイツ語で「名誉の広場（エーレンホーフ）」と呼ばれる．その呼称はドイツに限らずヨーロッパ各国では，同様の前庭は同様の意の自国語で呼ばれる．実用のほか，宮殿の威厳を誇示するオープンスペースでもあろう．ここ，シェーンブルンで造景的に興味があるのは，前庭内に設置された東西の泉水である[注6]（図4）．右の群像はドナウ，イン，エンスを表象するツァウナーの作であり（図5）左はガリシアとロドメーリアンとの皇帝領合体を示唆するハーゲナウアーの制作である．フィッシャーの第二案には，宮殿前にも泉水が描かれているが，それ以外の現状は第二案に近いものになっている．宮殿の北面はイオニア式の柱で支えられたバロック様式の典型であり，リザリート（前面に突き出た装飾的部分）は階段によって前庭と繋がっている（図6）．

　ところで，前庭の北西隅に建つのが宮殿劇場である．それまで女官用の棟だった一部を1741〜49年パカッシーの設計で劇場に造りかえたもの．それから20年後に，

図3　シェーンブルンの正門前に建つ一対のオベリスク

宮殿の概要

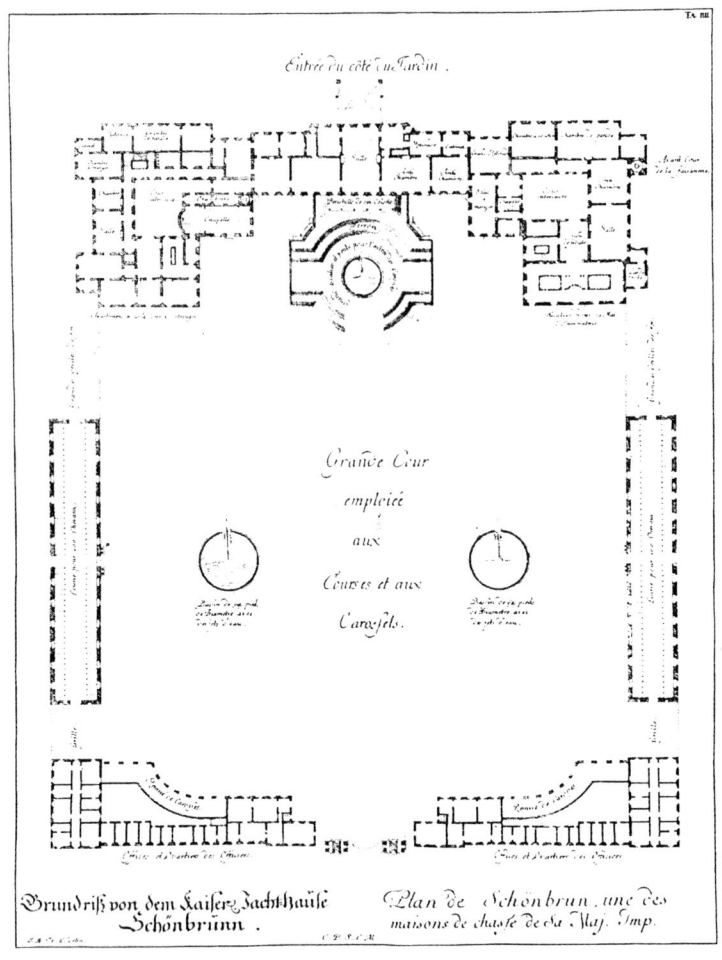

図4　1696年頃の前庭平面図
〔ヴェスターマン；ムゼウム〕

図5　前庭の西側に
　　　設置された泉水

図6　前庭から見たシェーンブルン宮殿

現状のような内部の飾り付けがホーエンベルクによって行われた．「観劇は不可欠，それなくしてこのような広大な宮殿で過ごすことはできない[注7]」とマリア・テレジアが言明した劇場は，彼女の治世はもちろんのこと，ナポレオン時代にもウィーン会議中も間断なく利用された．そこはまた幼少の皇族の歌と舞踏の練習と披露の場でもあった．ちなみに劇場の奥に設けられたかつての冬季乗馬練習場は1922年以降，宮廷馬車博物館として公開されている．第二次世界対戦後から今日にいたるまで，大部分が賃貸住宅に転用されていると聞く東棟は，もと車庫・厩舎並びに軍人・廷臣用の部屋だった．

ここで宮殿の玄関に触れておきたい．宮殿の地階（我が国の一階に相当）の部屋割りはフィッシャーの案には示されていない．ただし，1746年マリア・テレジアの改造の結果，以後の訪問者は馬車を降りて階段を登る必要はなく，車寄せから新しい玄関に入れるようになった．

礼拝堂（図7①）は宮殿の諸部屋に先立って竣工された．マリア・テレジアのもとで改修されたのは，北側の扉の移動，セレモニー室に通ずる礼拝堂の模様替え，ならびに合唱隊席の追加ぐらいなものであろう．

宮殿内のめぼしい部屋を紹介する前に，触れておきたいのは東西の地階（エアトゲショス）—我が国の一階に相当するが，本書では現地の称呼どおり地階と表記—である．まず東翼の地階である．マリア・テレジアの第五女（姉である三人は夭折または病身で実質的には次女）マリア・エリザベート（1743～1808）は24歳で天然痘を患って人相が変わった．そのため彼女はインスブルックの修道院に入るが，それまでは地階東翼の北の部屋に住まっていたのである．南の部屋は夫帝が亡くなったあと，暫くの間マリア・テレジアの夏季の住まいとなった．一階の室が蒸し暑かったためであろう[注8]．断言はできないが，地階西翼の南側の部屋は，エリザベートの妹のマリア・アマーリエに割り当てられていたのではないか．彼女は線描画のほか，銅板画の名手だったと伝えられている．確実視されるのは，ここが1880年代にフ

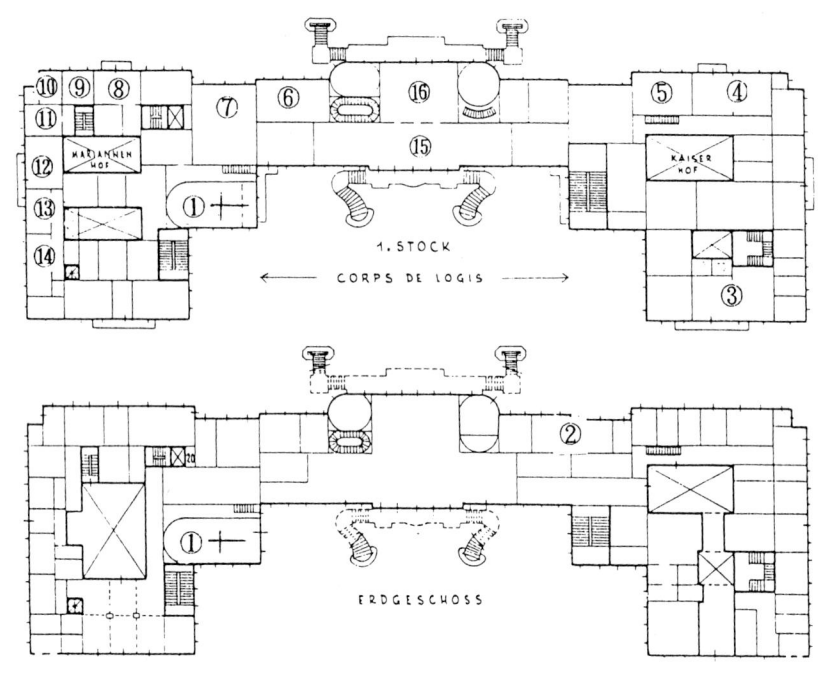

図7 宮殿の一階（上図）と地階（下図）の部屋割り〔グラーザー；シェーンブルンナー・クロニーク〕

ランツ・ヨーゼフ一世の娘ギーゼラ大公妃の居室になっていたことであり，その証拠に今なおそこは"ギーゼラの部屋"と呼ばれている（図7②）．

　宮殿の一階の部屋を見学するにあたり，否応なく踏むのが西翼の「青の階段」である．ただし，現在階段になっているところの一階は，当初は食堂だったと記載されている．

　宮殿の中央部が地階を含め四階であるのに対して，両翼の棟は三階建である．とはいえ地階の天井は高く，我が国の通常の住居では二階にも相当し一階は三階の感じである．

　オーストリアに限らず，ヨーロッパの城館で「高貴な階」ノーベルシュトックと言えば一階を意味する．優美な階段で難無く登れる一階からは眺望が楽しめ，安らかに過ごせるからだろう．

　多くの案内書ではシェーンブルン宮殿には1400以上もの部屋があると記載されている．総数2000と記した著書もある．

　前にもふれたが，前庭に面する東棟が戦後の住宅難から壁で仕切られ，シェーンブルン関係のほか政府機関の役人に安価で貸されていると伝え聞いた．もちろん，宮殿主翼の大広間をはじめとして観光の対象である歴史的に貴重な40余の部屋は，大切に管理・保全されている．そのなかでも，特に有名な幾つかの部屋を取り上げてみよう．

　西翼の北の二室は皇帝の間である（図7③）．そこはヨーゼフ二世の居室にあてられた後，フランツ・ヨーゼフ一世の執務室と夫妻の寝室ともなった．壁掛けはその後取り替えられたが，ルネサンス調の緑白ないし青白色の家具は当時のままである．なお，バロック調の

暖炉は1899年になって持ち込まれた．

　フィッシャーの第二案では西翼で西側に開く二室は，ヨーゼフ一世の未亡人ヴィルヘルミーナ・アマーリアの謁見室と寝室だったらしい．それをマリア・テレジア時代に子供達の部屋に分割した．マリア・テレジアには16人の子供がいたが，ヨーゼフ二世の跡を継いだ三男のレオポルト二世も母后と同様，16人の子宝に恵まれた．レオポルトの在位は二年にすぎなかったものの，シェーンブルンはつとに王宮に代わって御常御殿となっていた感が強い．当然のことながら高官，多人数の側近，女官，警備隊員，子供達の教育係，医師，音楽家，詩人それに数十人の料理人らを住まわせなければならなかったはず．巨大な宮殿のこれ以上の増築が困難とすれば，広い部屋が多数の居室に分割されるのは当然であろう．時に応じて変化する部屋の数を丹念に調べあげることもあるまい．

　宮苑に面する西翼の南側の真ん中はバルコニー室（バルコニーに通ずる部屋の意か）であり，時代による設備の変移が目まぐるしく，現状は1854年に変更されてからのもの（図7④）．マリア・テレジア夫妻が子供たちにかこまれたマイテンス派の絵はこの部屋に保存されている．バルコニー室の東隣は「鏡の広間」（シュピーゲルザール）である（図7⑤）．フィッシャーの案では，ヨーゼフ一世の寝室に当てられている．ところが1742年以降，この部屋は鏡の広間と呼ばれるようになった．余談ながら1762年，六歳のモーツアルトが皇帝一族と側近の前でピアノを演奏し天才ぶりを発揮したのはこの部屋だった．大抵の案内書には，最後に紹介する「大広間＝大ギャラリー」（グローセ・ガレリー）が，「鏡の間」と記されている．事実鏡もある大広間を，ヴェルサイユの「鏡の間」のオーストリア版と勘違いしたのであろうが，誤解である[注9]．

　一階の中央棟の東にレッセル室がある（図7⑥）．レッセルとはチェスの騎士のこと．もともと駒を意味するロスに由来するが，この部屋の壁が馬の絵で飾られているところからの命名であろう．伯父のヨーゼフ一世とともに狩猟中のマリア・テレジアも描かれている中央の大額面は，1752年ハミルトンが描き始めたので，そのためレッセル室は別名で「ハミルトンの部屋」とも呼ばれる．

　レッセル室の東隣が東西13メートル，南北14メートルの大部屋である．先述したのと逆にマリア・テレジアが，幾つもの部屋をぶち抜いて出来上がった広間である．セレモニー室と命名されているように，ハプスブルク一族の洗礼式・命名式場として使われた．オーストリアの歴史と家族の行事を精細に記録した女帝は，宮廷画家マルティン・ファン・マイテンスに行事の模様を描かせている．マイテンスの描いたマリア・テレジアの肖像画は，数ある彼女の肖像画中で最もポピュラーであるが，その画はセレモニー室の壁に掛けられている．また，1760年長男（のちのヨーゼフ二世）とパルマのイザベッラとの豪奢な結婚式を描いた大幅ものも，この部屋の壁に嵌め込まれている（図7⑦）．

　宮苑に面する東翼の部屋で注目したいのは，ヴュー＝ラック室（図7⑧）とその東隣のナポレオン室（図7⑨）並びに東隅の陶磁器室（図7⑩）である．

ヴィュー＝ラックとは「古い漆器」の意である．マリア・テレジアがダイヤモンドや貴金属にもまして，東洋渡来の漆器を好んだのは事実である．けれども，この部屋はかつての夫帝フランツ・シュテファンの私室であり，そこには彼の肖像画だけではなく，ヨーゼフ二世とレオポルト二世の肖像画も大切に保存されている．女帝が夫君の死後，親友の一人に「私はあらゆる男性のなかで最愛の人を失いました・・・，彼だけが私にとっての安らぎだったのです．今の私には何もないのです・・・」と惚気とも受け取れる手紙を書いている．漆器の家具や屏風で飾られたこの部屋が，マリア・テレジアにとってどれほど大切であったか，想像にあまりある．

フランス皇帝ナポレオン・ボナパルトはすでに述べたように1805年と1809年の二度にわたり，大本営としたシェーンブルン宮殿で自らも起居した．確認はされていないものの，いまもそこはナポレオン室として参観の焦点となっている．彼とマリー・ルイーズとのあいだに生まれた後年のライヒシュタット公は，父帝の失脚後母后とともにオーストリアに帰り父帝と同じこの部屋で育てられ，ここで亡くなった（図7⑨）．"フレンツヒェン"の愛称で呼ばれた五歳のナポレオン二世が右手に花輪を持つ肖像画を配置した後述の部屋とともに，観光客には人気がある．

東隅の陶磁器室（図7⑩）とその隣の東端の小部屋は，宮殿中でもユニークである．配置と装飾が皇帝一家独特のもので，この部屋においてハプスブルク一族の趣味と才能を窺うことができる．陶磁器室の配置は，ヨーゼフ二世妃イザベッラ・フォン・パルマに負うところが大きく，東アジアのモティーフである青色の絵はフランツ一世と彼の娘たちによって配列された．母后が，この部屋を家族の遊び場，読み書きの場としたのが頷かれる．壁にはラッカー塗り木製の美術品が所狭しと掛けられている．青白色で統一されているので，陶磁器室の名で呼ばれるのであろう．現実にはシャンデリア，腕状の壁付け灯，それに時計だけが，マイセンの陶器であるにすぎない．さらに親しみの持てるのは，皇帝一家が描いた細密画が飾られている東端の小部屋である．

皇太子苑を俯瞰する東翼の東側で見逃せないのが，100万室であろう（図7⑪，図8）．多数の鏡板が目を射る部屋は，宮殿内の魔の場所と称してよい．一七六七年マリア・テレジアがカリン材に鍍金したロココ調の鏡板を入手するため，100万グルデンを支払ったと伝えられる．1グルデンを戦前の我が国の2円と控え目に見積もっても，購入とコンスタンティノープルからの運賃に要した額としては驚きである．壁面に張られた鏡板は，ムガル帝国の宮廷生活を描いた細密画で埋められている．第二次大戦中はザルツブルクの塩山の坑道に移されていたが，1945年になってやっともとの部屋に里帰りした．100万室の北隣がゴブランの大部屋である（図7⑫）．17世紀に入って，ゴブラン工場は重要性を増し，壁掛けのつづれ織りが王侯・貴族の館には欠かせないものとなる．時流にのっとりマリア・テレジアも，1773年それまでの謁見室の一つをゴブラン広間に変えた．そこへオランダの民

衆生活を表す大きなブリュッセル産のつづれ織りが持ち込まれた．女帝は寝室が暑い夏季には，時折ベッドをこの部屋に運び込ませたという．上掲のつづれ織りのほか各所にゴブランの壁掛けがみられるこの部屋は，後年フランツ・ヨーゼフの両親の社交の場として利用された．

一階の東の室は好ましく利用度も高い．ゴブランの広間の北に続く朝食の間（図7⑬）も赤い室（図7⑭）も例外ではない．マリア・テレジア時代には控え室だった前者は夫帝フランツ一世の没後，図書館を経てゾフィー大公妃の朝食の間となった．ちなみにこの部屋には前述した5歳のライヒシュタット公の肖像画とデスマスクが安置されている．もっとも，デスマスクはコピーで本歌はパリへ持ち去られた．また，1769年以降クロークだった後者は今世紀のはじめ，洋服箪笥の置き場となったが，やがて壁面に真っ赤な緞帳が張られて「赤い室」と呼ばれることになった．

前庭の彼方にウィーン市街を望める，一際豪華な大広間（図7⑮，図9，図10）と，そこから通ずる小広間（クライネ・ガレリー）（図7⑯）はどうか．フィッシャー案に基づく大広間は，皇帝の大切な訪問客のための会見室であり，天井画はロートマイルの手で描かれた．ところがこの広間はマリア・テレジア統治の1740年代に，宮廷の建築家ニコラウス・パッカッシーによ

図8　百万室の壁面を飾る多数の細密画

図9　大広間から北に前庭と
　　　ウィーン市を望む

図10 シェーンブルン宮殿の中央に位置する大広間

図11 宮苑に面して双鷲の紋章を掲げたシェーンブルン宮殿の中央部

って改築される．隣接の幾つかの部屋を取り込み，矩形の大小二つの広間としたのである．なお，はじめ平板であった天井は，のちアーチ形に修正された．大広間は，「騎士の間」と呼称されることはあっても，すでに記したように「鏡の間」と呼ぶのは誤りである．この大広間の左右には，立派な控室がついている．シェーンブルン最大の大広間は長年月にわたり，舞踊の場となるほか，国賓クラスの訪問者に対する晩餐会場ともなった．大広間の天井のフレスコ画は1760年，グレゴリオ・グリエルミにより，戦争・平和・オーストリアの継承地の三区画に仕切って描かれた．第二次世界大戦で被災した天井画が修復されたのは当然ながら，それ以前にもあちこちに破損が目立つようになっていた．1777年の繕いのあと，1870年には抜本的な修復が行われている．大広間の小型版の小広間はカード遊びや余興に活用されたようである（図7⑯）．

　右に述べた部屋以外にも，小広間の東西には楕円形と円形の中国の間，ベルグルの間，マリー・アントワネットの間など，参観者の印象に残る幾つかの部屋が公開されている．

　最後に1817年フランツ一世が再改築した宮苑に面する宮殿の南側にふれておこう．

　合計38の柱間から成る南側は，北側にもましてシェーンブルン宮殿がバロック式の大建

図12 宮殿前のやや西から眺めた宮苑

築であることを実感させる．中央翼の頂点に配された双頭の鷲——本来は神聖ローマ皇帝の紋章がいつしかハプスブルクのシンボルになった——，その下のリザリートはベルヴェデーレの役をも果たしている（図11）．そこからは，宮苑の全貌が視野に収まるからである（図12）．現在，玉突き部屋に掛けられているフリッツ・ダルマンの油絵から分かるとおり，大公らを従えたフランツ・ヨーゼフ一世がマリア・テレジア勲章制定の百年記念祭に招いた武官から挨拶を受けたのも，ここ広間下の寄木張りの床だった．

宮苑の軌跡と現状

　フィッシャーの第一案はもとより，第二案の宮苑もほとんど実現しなかったことは，すでに「シェーンブルンの沿革」の末尾のところで述べた．ここではペーパープランでなく，マリア・テレジア時代以前にもある程度の造園が行われていたこと，女帝の統治下も一挙にではなく，宮苑が漸次整備された模様，並びに彼女の没後における宮苑の軌跡と現状を紹介する．宮苑にちりばめられた修景の幾つかの位置は，図13を参照されたい．なお，シェーンブルンでは愉楽園と密着した動・植物園にも触れておきたい．

　すでに記述したように，レオポルト一世がシェーンブルンに本格的な離宮を計画する以前にカッターブルクと命名された狩猟館が建っていた．しかもそこには小規模ながらもライラックを含む樹木の高生垣が作られ，外国産の植物が100槽も飾られていた．それに先立つ一七世紀のはじめ，ルドルフ二世の命令でカッターブルクの庭に当時としてはなお珍しかったカスタニエン（マロニエ）の若木が植え込まれたとの記録も残っている[注10]．

　また，バロック式庭園の築造も，マリア・テレジアの生まれる20数年前の1693年に始まっていた．造園に携わったのは，1686年から葡萄棚造りや果樹の生産に従事していたフランス人のジャン・トレーエであり，彼は造園技術をも身につけていたようである．造園に必要な樹木のうち，2万株ものブナの稚樹は営林署から調達したようだが，生垣にふさわしい幾つかの樹種の稚樹はパリから取り寄せたと記録されている[注11]．それらが後年になって最高12メートル，総延長30キロメートルに及ぶシェーンブルン宮苑特有の高生垣の基となったはずである．ちなみにベルヴェデーレに隣接するシュヴァルツェンベルクの築造に

携わったトレーエの年俸が，フィッシャーの七割－いまの邦貨で約1400万円か－だったのを高いとみるかどうか．

　ライフェンシュテュールの記載によれば，庭園は1703年にはなお未完成だったものの，宮殿前苑路の両側のボスケ，迷路並びに秘苑の計画は実現しつつあり，トルコ軍の侵略でめったぎりされた残余の敷地には，苑路の予定地を除いて一面に樹木が植えられていた[注12]．

　上掲はボスケ及び並木道のついた大面積の庭園が出現していたと記される1730年のキュッヒェルベッカーの報告とも合致する[注13]．1748年，ヘッツルの案に基づいて主軸苑路の左右に，菱形のボスケを設けられていた跡は今もたどることができる．したがって，「明るい並木道」の一筋南に通る「暗い並木道」の東西は，アドリアン・ファン・ステックホーフェンとヨーハン・フェルディナント・フォン・ホーエンベルクによって改修される以前に造園されていたことになる．上記の明るい並木道と暗い並木道は，宮殿前の苑路が広々と明るいのに対して，左右にボスケを擁する南の苑路が薄暗かったところからの命名

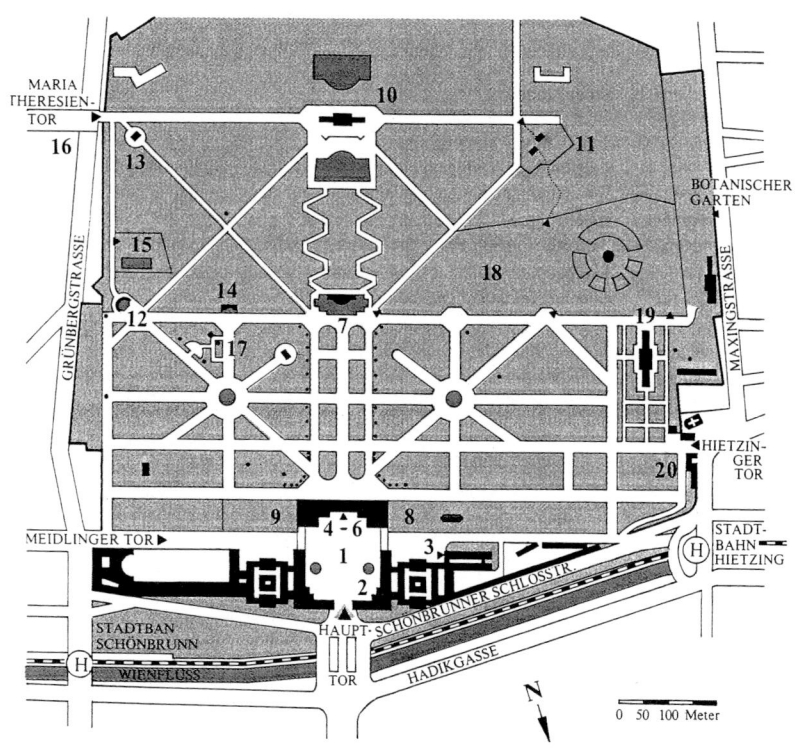

①宮殿の前庭　②宮殿劇場　③宮廷馬車博物館　④宮殿　⑤礼拝堂　⑥ベルグル室　⑦ネプチュンの泉水　⑧秘苑
⑨皇太子苑　⑩グロリエッテ　⑪チロールガルテン　⑫オベリスク　⑬小グロリエッテ　⑭ローマの廃墟　⑮公共浴場
⑯源泉記念碑　⑰シェーナー・ブルンネン　⑱動物舎　⑲パルメンハウス　⑳外務大臣の夏の別荘で現在は郵便局
図13　シェーンブルンの現況平面図〔ヴェスターマン：ムゼウム〕

図14　丘から見たシェーンブルン〔カナレット画〕

と考えられる．

　1769年，シェーンブルン宮苑をもとに制作したカナレットの版画では，フィッシャーの第二案のように宮殿前に大型の泉水が認められる（図14）．ところが，本格的な造園の始まった1772年には，それに代わって中央苑路の西側のボスケフランス語のボスケはドイツ語ではボスケット．庭園内の小杜の意であるが，そのなかが修景されるのが一般であるに星形の泉水が配置された．断定

図15　天を仰ぐニンフ像を配した星形泉水

はできないが，ほぼ同時にこれと対称の東側のボスケに円形の泉水が設置されたのではないか．右手をかざすニンフ像を配した前者（図15）も，うつむきかげんのニンフ像をあしらった後者（図16）も，ともにヴィルヘルム・バイヤーの制作であり，周りの飾り鉢はヨーハン・ハーゲナウアーの作である．むろん彼らが自身ですべてを彫ったわけではなく，多数の徒弟が協力したことは疑いない．当初はこれら二つの泉水のほか，南のボスケにも中央苑路を挟んで東西にそれぞれ泉水が計画されたらしいが，それらは実現しなかった．代わりにヴィルヘルミーナ・アマリア妃の構想になる宮殿西隣の秘苑に，二つの泉水が設置

されたのではなかろうか．

　それまでに完成をみたボスケや秘苑は抜本的に改修されなかったものの，南の丘にかかるまでの平坦地を新しい技法で造園することになった裏には，カウニッツ伯爵の提案があったことを見逃せない．1753年以降，宰相を勤めた彼はマリア・テレジアの信任が厚く，宮殿・宮苑の築造についてもカウニッツの進言が取り入れられたはずである．成長する並木の間伐，苑路の拡張，ホーエンベルクによる星形の並木道等は，カウニッツの要望によって実現した公算が大きい．カウニッツと親交のあったヴィンケルマンが刺殺される直前の1768年にシェーンブルンを訪れていることにも思いを馳せたい[注14]．

　宮殿の東西に位置する皇太子苑（図13⑨，図17）と秘苑（図13⑧，図18）には1771年，ボスの設計図に示されたような緑廊とベルグル派の画家たちが天井画を描いた東屋が設けられる．もっとも今も見られる秘苑の蔓薔薇は，後年にアントン・ウムラウフトが試植したものである．

　大部分のボスケは整形に設置され，それぞれの形におうじて扇形，メリーゴーラウンド形，迷路（迷苑）等と呼称された．ただし，迷路のボスケは，そこが悪用されるおそれがあるため，1892年に伐採されて今日に及んでいる[注15]（図19）．

　大部分の幅広い並木道には彫刻か工作物が配された．ただ，シェーンブルン宮苑の彼方に好ましい風景が視野に入るところでは，見通線を強調するため何も設置されなかった．

　宮苑外でも視野を遮るものがあれば，初めのうちは契約で処理されたが，後にはマリア・テレジアの土地台帳にしたがって地役権か使用権を設定し，建物の高さを制限した．騒音，悪臭を発する工場等の建設が許可されなかったことは言うまでもない．

　当初遠方まで制限の対象だった地

図16　うつむくニンフ像をモティーフにした円形泉水

図17　皇太子苑

域も，年とともに建造物が増えるにしたがって制限が緩和されるようになったのは時代の趨勢である．しかし共和国になった現在でも，シェーンブルンのすぐ近くでは建築に高度・建蔽率の網がかぶされている．

女帝の時代に戻れば，残された重要課題は丘上の展望台だった．フィッシャーの第二案にも見られるように収斂の場として，ここの丘では彫刻や小細工の建物では解決にならない．オーストリアの有名な近代詩人，ヴァインヘーバーの讃歌するグロリエッテ（図13⑩，図20）がぴったりである[注16]．

1759年8月，ベルリン郊外のクナースドルフでオーストリア・ロシアの連合軍が，プロイセン軍を撃破したとの報を女帝らが受けたのは，前庭に面するシェーンブルン宮殿のバルコニーだった[注17]．それを記念してのグロリエッテであるのか．

1773年のはじめ，マリア・テレジアは末娘のマリー・アントワネットあてに，ホーエンベルクの案のような建物は丘上に建てるべきではないとの手紙を送っている．ところが，同年の12月にはシェーンブルン宮苑は来年中には完成させなければならず，貯水池の上に柱廊建物――グロリエッテ――を建てることを決意している．カウニッツをはじめとして側近の慫慂を断りきれなかったのであろう．

事実1769年には丘上の地均しが始まっていた．一時，地均しは中断されていたものの，女帝の決断後からは熱心に仕事が続けられ，場合によっては爆薬で爆破しなければならなかった．ともあれ，両翼の柱廊を持つ中央建築の正面に刻まれているとおり，1775年にはグロリエッテは完成していた．

地階を持つ長大な基盤の上には，2本で一対のコリントス様式の大理石柱で支えられた柱廊が据えられている．全長64メートルの巨大柱廊建築である．すでに述べたように，マクシミリアン二世の"ノイゲボイデ"はつとに消滅したが，そこの柱がここグロリエッテに利用されている．なお，グロリエッテの南北に見る貯水池――図21はグロリエッテの屋上からみた北池，宮苑，ウィーン市――は当初の計画では地下水溝によって結ばれることになっていたが，それは実現せず，南側の池は後年になって加えられた．第二次大戦でグロリエッテの東翼が被爆で消亡してしまったものの，1948～50年に130

図18　秘苑の北東隅

宮苑の軌跡と現状　　　　　　　　　　　　　　　　　　　(109)

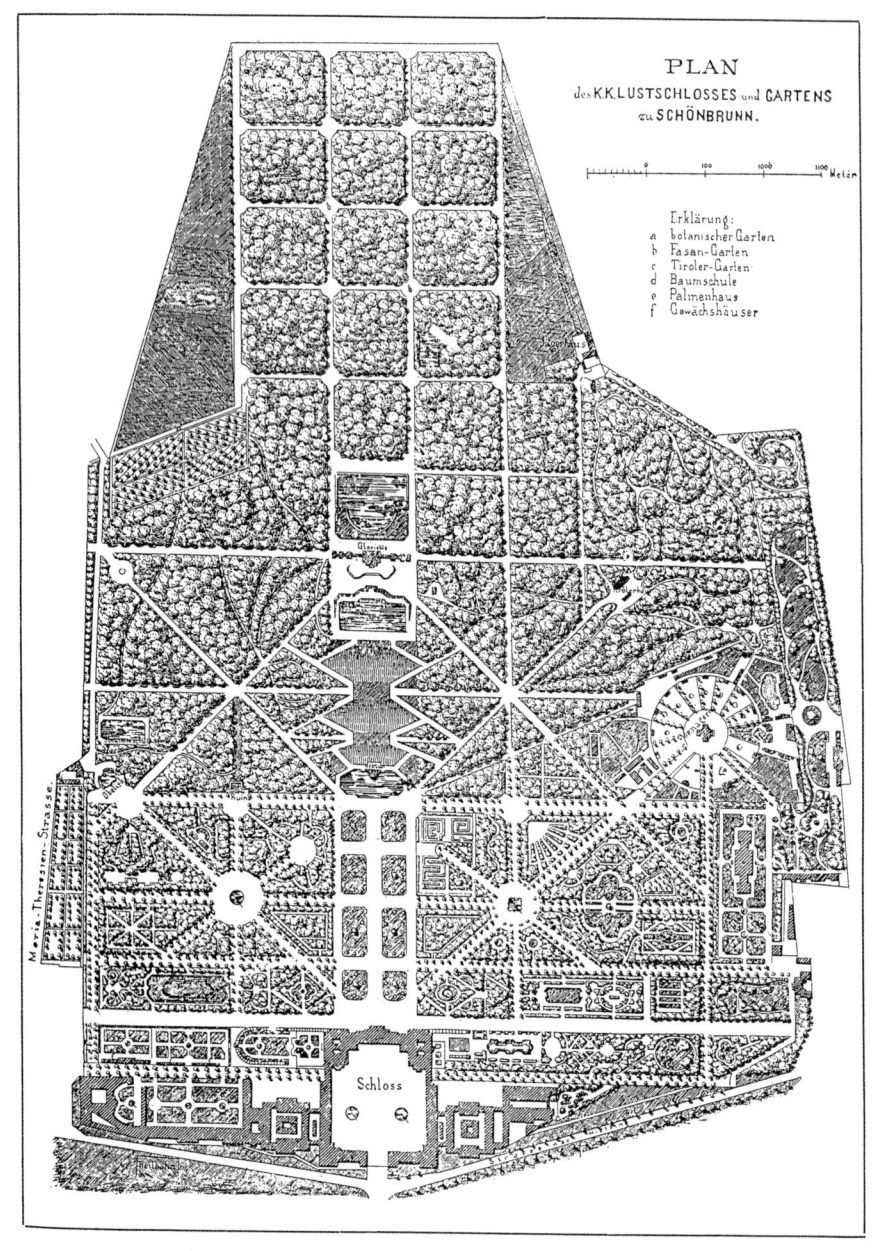

図19　無数のボスケを擁したシェーンブルン宮苑〔レヴィ石版刷〕

余万シリングを投じて復旧されて原状に戻った.
　平坦地の庭園では望めない眺望が，今も昔に変わりなくここシェーンブルンの丘からは満喫できる．戦前に撮った図22は丘からの展望である．宮苑はもとより，シュテファン聖堂をはじめとする市街とウィーンの森の眺望も，40年後に撮影した図21とほとんど変わって

いない．南に遠望する前アルプスも昔どおりである．

　当然のことながら，グロリエッテの竣工のあと北の平坦苑をむすぶ斜面をどう修景するかの問題が討議された．地均しが完了した1777年には，それまで丘上に置かれていた多数の彫刻は飾り紐ともどもジッグザックの道をつけた草生地の斜面へ移すとの案も出たが，それはホーエンベルクの意図した露壇式庭園にはそぐわず修景されずに今日に及んでいる．ゴタインが醜悪と決めつける斜面は[注18]，クローンフェルトに言わせればトルソ（未完成の彫刻）なのである．

　それには終章でも言及するとして，斜面の麓の中央——従って宮殿前の広大な苑路の突き当たり——には流水を泉池に落とすホーエンベルクの構想が実現される運びになった．ネプチューンの泉水（図13⑦）と呼ばれるこの雄渾な彫刻群は，バイヤーの高弟フランツ・アントン・ツァウナーが1781年に制作したもの．悍馬を制御するトリトンとニンフを見守る頂上の海王ネプチューンに跪くテティスが，トロヤへ赴く息子アキレスの船旅の安全を懇願する光景が見事な彫刻で活写されている（図23）．

　ネプチューンの泉水にほど近いボスケのなかに1758年，小さな洞窟ようのお堂が建てられた（図13⑰）．現存のお堂は後年，建築家のカネヴァーレによって建て替えられたものである．また，右手に抱えた壺から水を流す内部のエーゲリア像（図24）は，バイヤーの作．そこに流れる水こそが，かつて狩猟の際にマティアスが発見した泉であり，シェーンブルンの呼称の源泉である．冷たくて美味しい水は，初めのうちは皇帝一家の専用だったとも伝えられる．1683年まで，そこには女人像が建っており乳房から水が流れ出ていた．もっとも，像は4本のリンデンに囲まれ木の格子内に安置されていたた

図20　丘上に建つグロリエッテ

図21　グロリエッテの屋上からの展望

め傍には寄れなかったらしい．現在のお堂は誰でも出入りが自由で，大抵の訪問者はエーゲリア前に陣どっている番人に，チップをおいて冷水で喉を潤す．なお憩いの道の東端のマリア・テレジア門近くに，組合せ文字で彫ったマティアス皇帝の記念碑が安置されている．

エーゲリア泉水のすぐそばに，大理石の水盤に水を落とす天使噴水がある．1世紀前までは，今日の童子像に代わって海豚の頭像が置かれていたという[注19]．

清澄な冷水で喉をうるおしたあと，ホーエンベルクの着想によって出現したすぐ近くの堂々たる鳩舎（図25）にも立ち寄ってみたい．

ネプチューンの泉水の前の苑路は「憩いの並木道」と呼ばれている．その道を東に進むと右手（南側）にコリントス柱で支えられたローマの廃墟が現れる（図13⑭，図26）．

1776年，ホーエンベルクの素描に則り，エンリチ，ツェッヘリル，バイヤーが作り上げた．ローマ帝国の再現はハプスブルク家の夢だったのか，古代への憧憬を具象化したものに相違ない．ローマ帝国によって滅ぼされた，カルタゴの宮殿の廃墟をモティーフとした制作である．葦の生えた池のなかには神話にもとずく男女像が設けられ，半ば埋没状況の宮殿がその背後となっている．今でも，夏季には日時を指定して往年どおりに「廃墟の合間」と題した野外劇が演じらる．なお，バイヤーの制作した群像はモルダウとエルベの合流を表象したものと考えられている[注20]．風景庭園がフランスで流行し始めた頃である．この廃墟がそれと無関係とは思えない．

ローマの廃墟からさらに憩いの苑路を東に進むと，外壁の前にオベリスクが聳えたっている（図27）．ローマの廃墟を造景したホーエンベルクが，ヨーゼフ二世の要請で翌1777年に建立したものである．上

図22　シェーンブルンとウィーン市を撮影した1934年の写真は1974年撮影の図21はもとよりカナレットの描く宮苑・風景とも殆ど変わっていない

図23　ネプチューンの泉水

図24 シューンブルンの呼称の基となったシェーナー・ブルンネン

端に鷲像を掲げ下端が4匹の亀像で支えられるオベリスクには，ハプスブルク家の歴史が象形文字で刻まれている．また，基礎である洞窟の上部にバイヤーが設置した左右の彫刻群は，エンスとドナウとの合流を示唆したものと言われる（図28）．洞窟の形態は，当初の実態とやや異なるが，池のなかの葦は今も昔に変わりなく育っている．グロリエッテの下に掘られた二つの貯水池から水が補給されている証拠である．往年には水がオベリスクの上方にあった養魚池にも導かれていたが，それは1854年，近代的なプールに造り直された（図13⑮）．

ところで，ボースの設計図によりその頃すでにフレスコ画を描いた室内小洞窟，別名小グロリエッテ（現在はビュッフェ図13⑬）並びに優美な鳩舎が完成していたらしい．

シェーンブルン宮苑で目を見張るのは，数え切れないほど多数の大理石彫刻である．グロリエッテの丘の斜面に置かれた幾つかの彫刻についてはすでに言及したが，様々な彫刻が平坦な花壇，ボスケ，緑廊に林立している．ホーエンベルクの構想に基づき，バイヤー派の匠の制作したものが多いにしても，1773年以降はバイヤー派のほかの彫刻家も協力したらしい．バイヤー派だけではこなしきれないほどの要請があったのではないか．エーラーによると彫刻した個人名は一切記録されない，というよりは記録に残してはならなかったとのことだが，実際には誰の制作か分かっているものが圧倒的であるという．

高生垣沿いの彫刻では，据え変えられたものも少なくないが，時代による変貌がそれにもまして著しかったのは幅広いヴィスタに設けられた花壇ではあるまいか．フィッシャーの第二案からは後退しているものの，平坦の見通線上にはトレーエが砂利道と多彩な花壇を内包する幅広い芝生帯を設けていた．確たる年次はわ

図25 巨大な鳩舎

からないが，フランスのボワソーを想起させる刺繍花壇は，1710年にはほぼ完成していたと推定される．後年には，ある程度の刺繍花壇を残しつつ，区画された各花壇のあいだを白砂または色砂でかたどったことを，カナレットの版画によって知ることができる．

さらに芝生帯の扱いについて示唆を与えるのは，秘苑と皇太子苑である．宮殿の西の前者はフランツ・ヨーゼフ一世の治世に一部が風景園に移ったが，後者は今も濃密に修景されている．

1779年以降，一部を除き誰もが参観を許されるようになった上記の愉楽園のほか，シェーンブルンでは古くから外来の植物の栽培が盛んだった．1660年にミュラーが記載しているとおり，高木の外国樹種及び槽植えの柑橘が並んでいた．宮殿の建設中の17世紀末にも後年の皇太子苑の北にオレンジ園があり，ガラス温室に入れられた柑橘類のためスティームを送っていたようである．庭匠のヘッツルは保温のため，冬季には毎日48 m³ もの燃材が必要だったと記している[注21]．さらに，愉楽園に興味を示さなかったカール6世が，多数の外来植物を育てるため大小二つの温室を持っていたとの記録も残っている．もっとも200メートルに達する現在の温室は1755年，フランツ・シュテファンの希望で実現した．動植物の好きだったフランツは宮殿脇の温室では満足せず，ヒーツィング村から，そこに成育していた樹木ともども広い面積の林野を買い取った．宮苑の西側のボスケに隣接して設けられた大温室あたりの敷地である．彼は女帝の侍医であるスヴィーテンが推薦した，オランダの庭匠アドリアン・ファン・ステックホーフェンに命じて，1年以内に大温室を備えた外来植物園を造らせた．ステックホーフェンの大きな功績は，シェーンブルンの造園のほか，1755～59, 1783～88, 並びに1817～21年の

図26　ローマの廃墟

図27　マリア・テレジアを讃えるオベリスク

3回に及んでジャッカン，ボース，それに長年月のあいだシェーンブルンの動物園で働いていたファン・デル・スホットを北米・南米とアフリカに旅行させ，そこで未知な動植物を集めさせたことであろう[注22]．その結果1788年には温室の拡張と，三つもの硝子室を新しく建てなければならなくなった．1800年頃にはシェーンブルン植物園では800属，4000種もの外来植物を見ることができるようになった．

　ステックホーフェンの施設は，平面図を添えた1818年のマイヤーの報告書によって窺い知ることができる．大温室においてみられるように，シェーンブルンでも幾つもの温室に温水を送るパイプが完備されたのである．

　アール・ヌーヴォー様式＝ユーゲント・シュティールの典型としてしばしば話題に上る大温室(パルメンハウス)は1869年，ゼーゲンシュミットの設計によりグリッドルが施工したもので，1882年に完成した（図13⑲，図29）．温度差で三区に分けられた温室の総工費は330万グルデンだったとのことであるが，三つのアーチからなる114メートルの鉄枠の作成に200万余グルデンを要したというから驚きである．硝子宮殿はフランツ・ヨーゼフ皇帝の臨幸のもとに，1882年6月19日に竣工式を行った．なお，1883年には花壇と二つの泉水も修景された模様である．そのパルメンハウスも爆撃で焼亡し，1948〜52に500余万シリングを投じて復旧された．ちなみに，大温室は初め動物園の象舎に隣接していたのを1904〜05に現在地に移されたことを付言しておこう．

　大温室の南の高山植物園は1913年の造成であり，東のシーボルト博士記念碑は日本の宮内省から1873年に贈られたもの．また近くの薔薇園は1914年の創設である．

　ところがオランダ園の拡張は上記よりも古く，1788年にその頃末だ

図28　オベリスクを支える洞窟のクローズアップ

図29　アール・ヌーヴォー様式のパルメンハウスと庭園

クロスターノイブルクの領地だったのをハプスブルク家が買い取って築造したのである．花の美しい珍木だけを集めた樹木園が設けられ，現在日時計館の建つあたりに越冬のための温室も設置されたとのことである．1810年にラクセンブルクから移されたヨーゼフ二世の騎馬像から推しても，上掲はヨーゼフ二世の発想だった公算が大きい．

　グロリエッテ前の苑路の西方のチロール苑（現在は軽食堂，図13⑪），さらにそれより西――したがって往年の動物園の南方――に薬用植物，果樹のほか染色材料となる植物を集めた植物園が設けられたが，本書ではそれらの詳細に言及しないことにする．さらにグロリエットの南斜面の広大な「雉園（ファザーネンガルテン）」ならびにそれを仕切るかつての兵舎周辺は宮苑に無縁と断言できないものの，修景された宮苑の観点からみれば重要部分とは言えないであろう．

　他の宮苑に比べて特筆しなければならないのが，シェーンブルンの動物舎（メナジュリー）（図13⑱）である[注23]．王族が賓客に見せるメナジュリーには，平生はお目にかかれない猛獣が飼育されていた．だが，それは宮苑の一端に設けられるのが常識だった．古くはバビロンのライオンを筆頭のメナジュリー，近くはシェーンブルンがそれにみならったとも言われるヴェルサイユ宮苑がある．ゴタインは動物舎がヴェルサイユにそっくりと記しているが[注24]，愉楽園との位置関係は大きく異なっている．ヴェルサイユでは動物舎は，宮殿からかなりの距離の一隅に設けられた．動物好きの発想の具体化ではなく，王の権力を誇示するためのものである感が強い．ところがここシェーンブルン宮苑では事情を異にする．マクシミリアン二世の動物好きは有名ながら，本格的な動物の収集はフランツ・シュテファンの肝入りで行われた．珍しい動植物を捜し求めるため，専門家を南米やアフリカにも派遣する契機はフランツ一世の生物好きにある．マリア・テレジアが夫帝の意向に賛成したことは確かながら，政務を取り仕切り，多人数の子供の躾に多忙だった女帝自身が，動物飼育に積極的だったかどうか．ここでは動物園の現状にまで踏み込む暇はないが，そこへは宮苑の西側のマクシングシュトラーセの中央あたりからも入れるようになっている．切符を買って並木道を進めば，旧メナジュリーの中央に東屋が聳えている（図30）．周りを囲む13の動物舎は，ロートリンゲンの建築家ジャン・ニコラ・ドゥ・ジャドの設計により1752年に建てられたものである．その代償として東屋からの素晴

図30　動物舎内の東屋

らしい宮殿展望は期待できなくなった．ちなみに，マリア・テレジアは夫帝とともにしばしば東屋で朝食をとったとのことであるが，その頃はまだ動物臭が東屋内にまで伝わるほど，多種の動物が飼育されていなかったのであろう．シェーンブルン宮苑内でも動物に応じてメナジュリーは広げられたものの，増大する動物を収容しきれずついにウィーンの森の宮苑ラインツ——世界屈指の現在の動物園——にかなりの動物が移されたのではないだろうか．これらの動物園，植物園が，他国に先駆けて公開された博物館・美術館ともども大学を初めとして市民教育に大きく貢献したことは確かであり，ハプスブルク家がブルボン家やロマノフ家のような流血革命で終止符を打たずにすんだ一因であるような気もする．ちなみに日時計館のなかには蝶々舎まで設けられている．

　最後にシェーンブルン宮苑の給水事情の概要を披露しておこう[注25]．「シェーナー・ブルンネン」から憶測すると，宮苑の給水は容易であったと推察されるかもしれない．事実はそれと裏腹に，広大な苑地の給水は決して生易しいものではなかった．1563年，すでにウィーン市長を退職していたヘルマン・バイヤーの書簡にみるように，カッターブルクには2本のささやかな水道と揚水機はあったものの，皇室領ともなれば修景苑を維持・管理するには既存の水だけでは不十分である．事実宮廷はカッターブルク一帯を取得すると，1575年にドナウの上流からカッターブルクまで水道を引くことに踏み切り，そこに水車用小川を出現させた．この水道はのちラインツ川で分岐される．なお，1849年に放棄されるまでヒーツィング広場から秘苑の泉水に水を送り続けた水道は，宮殿前のリヒテアレーの下を東に流れマイドリング門を出たあたりで，ドナウの支流に流れ込んでいた．

　他面，1685年のトルコ軍の侵略後，エレオノーラ・マリーア皇太后は宮殿の補修だけではなく，水不足のためウィーン上方のペンツィングから水道を引いた．それにもかかわらず水不足で，ヒーツィングの教会の牧師が悩んでいた旨が記録されている．

　1698年，トレーエがパリから取り寄せた上掛け水車も効率からみて，水不足を解決するよすがとはならなかった．そのような状態のもとで宮苑に噴水をあげることは無理であり，1702〜06年にクロマツとカラマツで1キロ余の木管を作り上方から導水する案が出されたが，実行の責任者であるベンツの記録が曖昧でその実体は今もって明らかでない．マリア・テレジア時代に，ラインツ動物園に設けられた大貯水池からの導水，アルバート公爵の創設したアルベルティーナが水不足の緩和に貢献したことは確かながら，1898年，プレスバウムに巨大な貯水池が設けられたのを契機に人工の貯水池が各地に設けられ，宮苑にとどまらずウィーンの水不足の問題は一応解決されることとなった．むろん現在は動力でグロリエッテの南北の池に水をあげ，必要におうじてそこから水を落とす仕掛けになっている．

造園史上におけるシェーンブルン宮苑の位置づけ

　シェーンブルン宮苑はフランス式庭園の典型であると造園家は考え，私も今までそう信じて疑わなかった．幾つかの造園史書には外国，すなわちフランス以外のフランス式庭園の筆頭にシェーンブルン宮苑が取り上げられている．

　ところが，近年になって私の頭のすみに疑問が起きつつある．造園様式の大枠内で，シェーンブルン宮苑がフランス式庭園に位置づけられなければならぬとしても，それを典型とみるのは早計ではないかとの疑念である．シェーンブルン宮苑の端緒を開いたのは，園芸のほか造園にも明るかったフランス人ジャン・トレーエであり，本格的な造園はオランダの庭匠アドリアン・ファン・ステックホーフェンが，ヨーハン・フェルディナント・フォン・ホーエンベルクらの協力を得て実施した．彼らが，17世紀の後半から18世紀にかけて全欧に輩出したフランス式庭園を承知していたことは確実である．それだけではなくフィッシャーの案が実現しなかった経緯を知りながらも，なおシェーンブルン宮苑の造成にあたって，ヴェルサイユ宮苑と肩を並べるものを顕現したかったと推察される．

　だが，造園には建築にもまして築造主の意向が反映される．理由はともかく，フィッシャーの第一案はもとより，第二案もハプスブルク家ではすんなり受け入れられなかった．

　第二案をさらに修正して宮殿を建てたのは，発案者のレオポルト一世というよりは，ヨーゼフ一世とヴィルヘルミーナ・アマーリア妃である．

　かたやバロック建築の権威として一世を風靡した宮廷建築家フィッシャー・フォン・エアラッハの案が，マリア・テレジアの脳裏から離れなかったはずがない．

　オーストリアの英雄オイゲン公の宮殿を設計・施工したシュタイヤーマルク州出身のフィッシャーは，造園をも自らの設計で行った．オイゲン公はイタリアに4年間滞在して建築・造園をつぶさに学んだベルニーニの高弟フィッシャーにすべてを任せた．シェーンブルン宮とともに観光客が必見のベルヴェデーレ，チェコとの境に造られたシュロスホーフとニーダーヴァイデンの二つの館の庭には共通点がある．一言で表明すれば，フランス式庭園とイタリア・ルネサンスないしバロック式露壇庭園との混合である．中央ヴィスタの通し方をはじめ，左右対称のボスケの設定などにフランス式庭園の手法が窺われる反面，斜面を幾つかのテラスに分けるイタリアの技法がそこに採択されている．起伏の少ないウィーン市内に斜面を求めてベルヴェデーレを構築したことに対しては，他に適切な敷地がなかった結果との見解も成り立つ．ところが，その文字からも判断されるように，マルヒフェルトはほとんど平坦地である．それにもかかわらず，オイゲン公の意を考慮に入れたフィッシャーは，わざわざマルヒ川沿いの斜面を選んで二つの居城を築造した．彼がフランスを敵視したことのほか，文化的先進国はイタリアであるとのオイゲンの信念が揺るぎないも

のであることを，フィッシャーが承知していたためであろう．

　シェーンブルン宮殿・宮苑のためフィッシャーが作り上げた第一案は，むろんオイゲンの居城を凌ぐ大規模なものながら，根本理念にはベルヴェデーレやシュロスホーフに通ずるものがある．オイゲン公のベルヴェデーレとは異なり，市壁の外の郊外にはラクセンブルクのような大面積の平坦地が存在する．初めからフランス式庭園を理想像とみなしていたら，ハプスブルクでは丘陵地のシェーンブルンを離宮の対象の場として選ばなかったはずである．ハノーファーのグローサー・ガルテン，ミュンヒェンのシュライスハイム，ニンフェンブルク，マンハイム郊外のシュヴェッツィンゲンの宮苑，シュトゥットガルト近郊のルートヴィヒスブルク，ブリュール城の庭等々はいずれも平坦地に築かれたフランス式庭園である．上掲の視点からすれば，地元であるオーストリアのベルヴェデーレやシュロスホーフはもとより，ヴィルヘルムスヘーエ，グロース・セドリッツなどの庭園さらにブルボン王家出身のスペイン王フェリーペ五世が築造したラ・グランハ，ロマノフ王朝の第一人者，ピョートル大帝の造ったサンクト・ペテルブルク郊外のペテロドヴォレーツ宮苑などは，シェーンブルンなみの混合様式に位置づけられてよいのではないか．

　大胆不敵な独断を承知のうえで，私見を述べれば，上掲の造園がまさしく本場イタリア以外のバロック様式である．れっきとした造園史書では17世紀後半から18世紀にかけて輩出した宮苑をフランス式庭園と記している．それらが典雅・端正の理念に基づくものであり，必ずしも「バロック」の語にぴったりしていないためかも知れない．かたや宮殿や付属建築は躊躇なくバロック様式に位置づけられる．建築史家はもとより，彼らに準じて庭園をもバロック様式と決めつける造園史家も少なくないのである．

　現時点の管見では，それらの時代の庭園ないし宮苑をフランス式庭園とバロック庭園との二つに分けるのが至当である．もっとも，ルネサンスの延長線上にあるイタリアのバロック庭園と上記の混合様式とを，同じジャンルのものとみなすことは許されまい．混合様式はあくまでも，アルプスを越えた北の国々に花開いた庭園に限られている．

　カウニッツの外交政策もあって，マリア・テレジアは令息と令嬢を，積極的にブルボン王家の一族と縁組させた．ハプスブルク家しきたりの政略結婚であり，女帝が心中からフランス文化を評価していたかどうかは疑問である．事と次第で，使い分けのできない女帝ではない．なろうことなら，フィッシャーの第一案を復活させたかったマリア・テレジアであった可能性もある．だが，彼女の統治中も列強との駆け引き，既存の苑地等を勘案の末，現状の基となる造園がおし進められたのであろう．ただし，当時水の補給が確保できる見込みがたてば，グロリエッテとネプチュンの群像とのあいだの斜面はカスケードとなっていた公算が大きい．トルソーの評に代わって，伊仏混合様式の立派な宮苑が出現していた可能性もある．

　様式は後世の人々が作り上げるもの．既往の様式の混在そのものが，庭園の評価を高め

たり低めたりするものではなかろう.

　地割りに次いで取り上げたいのは秘苑の有無である．シェーンブルンには，宮殿の東に「皇太子苑」，西に「カンマーガルテン」が設けられている．便宜上，使い分けしているものの，ともに秘苑であることに違いはない．ちなみに19世紀の後半までシェーンブルンには迷路のボスケのあったことを銘記したい．それが秘苑と混同されてはならないからである．ルネサンス以降のイタリアの庭園に欠かせなかったものの一つにセグレト苑，すなわち館に接して設けられる秘苑がある．一般の客を招き入れる場ではなく，こじんまりした区画は家族ないし親しい客の来訪時に限って活用された．古代ローマのペリステュリウムの伝承かどうかは断定できないが，ボスケがその用を兼ねているとしてもフランス式庭園には秘苑と銘を打った場は設けられなかった．

　上掲にくらべると些事ながら，シェーンブルンの正門には2本のオベリスクが建っている．周知のとおりオベリスクは古代エジプトの記念碑である．柱面には帝王の業績を讃える象形文字が刻まれている．「宮殿の概要」のはじめに紹介したように，シェーンブルンの正門の両脇に建つオベリスクの先端を飾る鷲は，フィッシャーの第一案にも，第二案にも描かれている．したがって，ナポレオンの居住以前から存在したオベリスクを，フランス皇帝のシンボルとみなすことを余儀無くされただけのことであろう．その場かぎりで実害のない行為は，ハプスブルク家にとって痛痒ではなかった．

　それはともかく，憩いの並木道に面して建つオベリスクは，1777年，マリア・テレジアの功績を讃えてホーエンベルクが建立したものである．オリジナルのオベリスクではないものの，と言うよりはオリジナルのものでないことが，一入オベリスク賛美の念を高めている．

　すでに支配下にあったミラノ（ミラーノ）を核とするロンバルディーアのほか，フィレンツェを中心とするトスカーナはマリア・テレジア時代にハプスブルク家の領土となった．それらの地方の庭園にも認められるオベリスクは，ローマの庭園にはなくてならぬもの．ローマには合計16基のオベリスクがあるようだが，その半ばは庭園の点景として利用されている．後年シェーンブルン宮苑をも訪れたヴィンケルマンを三顧の礼で自宅に迎え入れたアルバーニ公は，強引な手を使ってまで庭園内にオベリスクを運び込んだ．それが権力の象徴だった証拠である．

　ところが，フランス式庭園ではオベリスクを目にしない．コンコルド広場のオベリスクは，エジプトからの贈り物であり，広大な広場にぴったりである．だが，ヴェルサイユ宮苑をはじめとして，諸外国のフランス式庭園にもオベリスクは飾られていない．あえて捜し求めれば，ヘルブルンの平面幾何学園の一端に小さな一対のオベリスクが配されているくらいのもので，ほとんどの参観者の記憶に残らない．

　庭の点景の一つとしてのオベリスクと言ってしまえばそれまでだが，上述のアルバーニ

荘のほか，ナポレオン以降，フランスのアカデミーになったローマのメディチ荘では庭のターミナルとしてオベリスクは無くてはならぬもの．また，第二次世界大戦中ムッソリーニの住居となっていたトルローニア荘でも，カサマツ林のなかのオベリスクが庭景を盛り上げている．

　平面的なフランス式庭園に何故，イタリアに先例のある立体的なオベリスクが持ち込まれなかったのか．理由が忖度できないだけではなく，その事実さえ俎上にあがったためしがない．花や樹木は風土と立地で制約を受ける．これに反して彫刻や飾り鉢などの人工品は，築造主にその意図があればどこの庭にも持ち込めるはず．古代エジプトのオリジナルのオベリスクはむりとしても，マリア・テレジア賛美のオベリスクのように新しくオベリスクを造ることは容易であろう．

　ハプスブルク家は当時の先進文化の場をフランスではなく，法王領，トスカーナなど現在のイタリアに見ていたのである．宮苑にふさわしい大規模の庭は，イタリアでは目にすることがなかった．シェーンブルン宮苑の築造にヴェルサイユが影響を及ぼしていることは確かながら，法王庁のローマ，トスカーナ共和国，ミラノ公国，ヴェネツィア共和国などのすぐれた文化がオーストリアで渇仰されていた証左の一つが，ここシェーンブルン宮苑であると考えてもよいではなかろうか．

注

(注1) Austriae est imperare orbi universo（ラテン語）Alles Erdreich ist Oesterreich unterthan（ドイツ語）
(注2) Bella gerant alii, tu felix Austria nube
(注3) Gothein,M.L.；Geschichte der Gartenkunst（I）S.86　1926
(注4) 岡崎文彬；世界の宮苑　19～26頁，100～111頁　1991
(注5) 江村洋；ハプスブルク家　131頁　1990
(注6) Schmitt,Friedrich；Schloss Schönbrunn S.9　1973
(注7) Langer,Friedrich；"Spektakel müssen sein" S.120 in "Museum"（Schloss Schönbrunn）．"Museum"は Westermann社の月刊ガイドブックであり執筆者は複数．
(注8) Glaser,Josef；Schönbrunner Chronik S.72　1990
(注9) ibid. S.81
(注10) Leitner；Monographie S.3
(注11) Pillich；Jean Trehet S.131ff.
(注12) Glaser；S.90
(注13) ibid. S.91
(注14) 岡崎文彬；シェーンブルンの宮園　造園雑誌　Vol.34　No.2　1970
(注15) Glaser；S.93
(注16) Ellmerer, Beate；Schloss Schönbrunn S.46　1993
(注17) Kronfeld, E. M.；Park und Garten von Schönbrunn S.7　1922　Kugler,Georg in "museum" S.28/29
　　　　1757年のコリンにおける戦勝後，ラウドン将軍麾下のオーストリア軍とゾルティコフ配下のロシア軍とがプロイセン

軍を破ったのは1759年8月12日，キンスキー伯爵らの伝書使が早馬を駆ってシェーンブルンに到着しのは同月16日だった．

(注18) Gothein ; S.251
(注19) Glaser ; S.95
(注20) Schmitt ; S.13
(注21) Glaser ; S.98
(注22) ibid. S.98〜99
(注23) Antonius,Otto ; Führer durch den Schönbrunner Tiergarten. (2.Aufl.)
(注24) Gothein ; S.254
(注25) Glaser ; S.104ff.

物見遊山から公園へ

白幡洋三郎

屋外の楽しみ

「日本の市民の最大の楽しみは，天気のよい祭日に妻子や親友といっしょに自然の中でのびのびと過ごすことである．」[注1]

1860年（万延元年）9月から翌年にかけて日本に滞在したプロイセンの遣日使節団による日本遠征記の一節である．「自然の中でのびのびと過ごす」日本の「市民」の楽しみを，彼らはドイツ語でLandpartieと表現した．これを日本語に訳すとすれば，もっともふさわしいのは「遊山」であろう[注2]．

1854年（安政元年）に結ばれた日米和親条約によって「開国」した日本に，西洋各国はつぎつぎ使節団を派遣した．また，貿易の成果を求めて商人たちが，そして未知の国の情報を求めて学者たちが日本を訪れはじめた．彼らが見た日本人はじつに優雅な都市生活をおくっていると見えた．なかでもオイレンブルク侯爵を団長とするプロイセンの遣日使節団一行の公式報告書には，日本の庶民の屋外生活の豊かさが巧みな筆致で描き出されている．

「非常に楽しく快かったのは，午後近郊を馬で散策するときだった．これほど優雅な地方を考えることはできないであろう．一歩一歩進むごとに，光景は移り変わっていく．丘陵の多い地勢で，そこを多くの谷間や低地が横切っている．…特に心地よい場所で，美しい眺めの所には茶店がある．日本人は涼しい木陰で茶や煙草を飲み，妻君や子供たちと自然を楽しむのである．」[注3]

図1 池上の風景
Die preussische Expedition nach Ost-Asien. Berlin, 1866. より

日本人は，生活を楽しんでいる．満ち足りて，自然の中でのびのびと．団長オイレンブルクらドイツ人たちからみて日本の都市民は，理想的な生活を営んでいると見えたようだ．この当時，外国人が日本国内を自由に出歩くことは許されていなかった．したがって，彼ら外国人が日本人の生活全般にわたって隅々まで見聞できたわけではない．しかしながら，日本人の暮らしぶりは，行動制限を受けている外国人でも目に

することができる屋外生活において，とくに豊かで優美であり，文化度の高いものだと彼らは評価した．ただしそこには，ヨーロッパに肩を並べるという意味での評価も含まれてはいた．冒頭に掲げた文章の前に，友人や隣人と日本人がどのように交際しているかを次のように記している．

「友人，隣人同志は，われわれの間と同様，たがいに仲よく付き合う．おたがいに招待し合い，遊山をし無邪気な談笑を楽しんでいる．」(注4)

オイレンブルクたちは，ヨーロッパで行われているような社交を念頭にして，日本の知人・友人・近所づきあいを観察したらしい．むろん彼らが見ていた日本の庶民の「社交」が，「社交界」という表現が似合うヨーロッパの上流に限った「社交」とは違うことも感じていたようだ．

ドイツ人たちが受けたのと同じような印象を，同じ時期に書き記していた者がいた．

「王子は，いわば，日本のリッチモンドでそこにはイギリスの「スター・アンド・ガーター・ホテル」に匹敵する有名な茶屋がある．ここは江戸の善良な市民達が，一日の遊楽や気晴らしに来る所で，たしかにこれ以上の娯楽場を探すのはむずかしいだろう．」(注5)

ちょうどプロイセンの使節団一行と同じ頃日本を訪れたスコットランド生まれの英国人ロバート・フォーチュンの言葉である．

ドイツ人も英国人も，郊外での散歩や気晴らしを都市民にとっての心からの楽しみとみて，それをいとも手軽に実現している日本の庶民生活に驚き，どこかうらやましい気持ちもいだいたであろう．しかもそれは他のアジアの地域では見られない，日本の「高い文化の可能性を証するもの」(下記引用文中に下線)と彼らは考えた．少し長いが，われわれにとっては心地よい，感動的な記述を次に引用しよう．冒頭に掲げた一節(注1)に続く文章である．

「(日本の市民は)墓地や神社の境内や美しい自然の中にある茶店にも行く．老人たちは愉快に談笑し，若い者は仲間同士で遊んだり，釣をしたり，小さな弓で的を射たりする．釣や弓は若い女性にも好まれている遊びである．ほかのアジア民族において，このような生活の喜びや享楽の余裕を探しても無駄であろう．なぜなら，シナはかつては確かに似たようなものであったが，今日ではまるで廃墟のようだからである．ほかのアジア人たちは，生活のためやむを得ず仕事をした後では，何時間もしゃがみ込んで煙草を吸い，蒟醤(きんま)を噛んだり，または完全に無感覚に空を眺めているのに反し，日本人の休息は常に活発なものなのである．歌の好きなわれわれの別当ですら厩舎で将棋を指している．活発なことを好むということは，確かに生活力，若々しい精神，さらには高い文化の可能性を証するものである．年齢により，また身分によりそれぞれの娯楽があり，その魅力は精神の沈静や弾力，熟練などを発達させることにあるのである．子供たちの感覚も，年端もいかぬうちからいろいろな玩具によって養われ，年のいった者も子供たちの遊びに熱心に加わっている．」(注6)

西洋人たちが羨望のまなざしでみつめた日本人の屋外で楽しみ．それは「物見遊山」と

総称してよいものだろう．郊外の丘陵や山麓で，今の言葉で言うピクニックを行うことや，神社や寺など参詣地や名所を訪れることなどをまとめていえば「物見遊山」になる．そんな楽しみを手軽に可能ならしめる場所が日本には十分に備わっていると外国人には見えた．

一方，日本人は，そんな装置を外国の都市に見出していた．オイレンブルクやフォーチュンが日本を訪れた同じ年に，幕府は日米修交通商条約批准書交換のため，使節団をアメリカに派遣している．5月4日，使節団の正使新見豊前守とともにニューヨークのセントラルパークを訪れた随行員の仙台藩士玉虫左太夫はその旅行記に次のように書きつけた．

「午後御奉行等セントラルパークと云ふ処に行く．此処はネーヨルク市街の中央にありて庭園を造営す．風景ありて頗る奇なり…」(注7)

図2　江戸近郊の茶店
Humbert, Aime : Le Japon Illustre. Paris, 1870. より

図3　茶店のある山道の風景
Humbert, Aime : Le Japon Illustre. Paris, 1870. より

また正使の直接の従臣である柳川當清は，ここを「花屋敷」と表現した．「午の中刻より花屋敷へ御出有，此処は広大にして凡十萬坪計，築山は峨々として草木繁茂し，泉は八方より流れ来て湖となり，是れ又広くして水面渺々(びょうびょう)たり，其の風景美にして述べがたし」(注8)

風景は「頗る奇」であり，その美しさは「述べがたし」と最大級の賛辞がここにはあらわれる．

彼らは，「庭園」「花屋敷」「築山」などという日本の造園用語を用いた．そしてそれが多大の営造費を使って人工的に作られた装置であることにも注目した．その後ヨーロッパにも派遣された幾組かの遣欧使節団や有名な岩倉使節団の一行もみな，西洋の都市に見られる公園に，いたく感激したのである．都市の中に意図してつくられた屋外レクリエーションの装置である公園．それはいわば「自然に」残されてきた日本の物見遊山の場所とは違い，人為や人知を感じさせる装置であると，幕府の役人の目には映ったのだろう．

このような装置は日本の都市に今はないもの，そして日本の都市にこれから必要なものと考えられても不思議ではない．それが公園であった．おそらく公園は，文明に必須の装置と受け取られた．

　日本の都市にも必要だと見なされたこの「文明の装置」は，用語としても概念としても，まったく開国以後の日本に生まれたものである．そんな装置をつくりだすには，新たな「思想」，新たな「技術」が必要だった．

　日本の近代に生まれた「新しい」装置．都市を形作り，都市民の生活を円滑に機能させるための装置の一つ．それが公園であろう．公園の誕生を一つの鏡として，そこに映し出される日本の近代「技術」の特徴と，その当時の新しい時代すなわち後に「近代」と総称されることになる時代の広い意味での「思想」を考えてみよう．

図4　ニューヨークのセントラルパーク中心部の風景
『特命全権大使・米欧回覧実記』1874 より

図5　パリのビュットショーモン公園
Alphand, A. : Promenades de Paris. Paris, 1867. より

日本における「公園」の誕生

　日本に「公園」が誕生したのは，その日付がはっきりと確定できる．それは明治6年1月15日である．この日，現在の内閣にあたる太政官が次のような布達を各府県あてに出した．この事実と，そのとき出された布達の文面は，日本の公園史研究の進展とともに広く知られるようになり，各所に引用されているが，ここでその文章を吟味，再読し，検討するために掲げておこう．

　「三府を始め，人民輻輳の地にして，古来の勝区，名人の旧跡など，是迄群集遊観の場所（東京に於ては金龍山浅草寺，東叡山寛永寺境内の類．京都に於ては八坂社，清水の境内，

嵐山の類, 総て社寺境内除地或は公有地の類.) 従前高外除地に属せる分は, 永く万人偕楽の地とし, 公園と相定め被る可きに付, 府県に於て右地所を択び, 其景況巨細取調べ, 図面相添え, 大蔵省へ伺出ず可き事.」[注9]

　この布達によって, 明治の新政府は, 今日の公園につながる都市施設を, 政府の仕事の領分として行うことを宣言した. もちろんこれは「公園」という概念をもとに, 政府が一定の土地を管理・運営することを始めたに過ぎない. 公園と同じような機能を持った都市施設がそれまでなかったことを意味するわけではなく, すでに存在している「群集遊観の場所」から候補地を選び, 政府の所轄として行政の対象にすると宣言したものである.

　したがって, この布達は直接的には都市の装置としての公園づくり, すなわち公園造成に直接むすびつくものではなかった. 制度上の「公園」, あるいは公園の「指定」は始まったといえるが, 技術の新しいフィールドとして公園づくりが誕生したことを意味しない.

　日本における「公園」の誕生が, このように一片の通達から始まったことは, やはり特筆すべきことである. その後の公園政策, ならびに日本人の公園観がきわめて強く行政的な観点に彩られることになる端緒はここにあったと言わねばなるまい. じっさい, 上記の太政官布達の文面を読めば, 公園に当たる土地は「古来の勝区」「名人の旧跡」であり, 総称するなら「群集遊観の場所」だと定義している. その土地の性格や機能は, 別に新しいものではなく, 従来から存在していたものであり, 庶民が集い利用することでつくりあげてきたものである. 新しいのは, その土地の意味づけであり, その土地に対する行政的措置の開始を宣言したことである. それまではいわば自然発生に任せられていた「群集遊観の場所」に行政の手を伸ばす, すなわち公共介入を行うとの宣言だったのである. そしてその目的は, 「永く万人偕楽の地」として存続させるためと説明されるものだった.

　たとえ「群集遊観」の地であり「万人偕楽」の地であっても, 一般の手に任せておけば, 賑わいもすれば寂れることもあり, 場合によっては消滅してしまったりする. 繁盛・衰退あるいは消滅という事態に対処するために公共介入を行うというわけだ.

　そしてこのことは, すでに「群集遊観」「万人偕楽」の地であるところに, 序列を付けることも意味した. 多くの人出で賑わい, 万人が楽しむ場所は, すでに一般民衆の評価を得ている場所である. 民衆の価値観がそこには働いている. しかしそれでは存続の保証ができない. 永続的な維持は, 公の評価を導入し, 公の手で保全することによってこそ可能であるとの考えである.

　日本における「公園」の誕生は, 自然発生的な庶民の「屋外での楽しみ」に対して公の評価, 公の価値観を対置することだった. 庶民の評価に対する公の評価, 庶民の価値観に対する公の価値観を対置する始まりの一つだった. のちに行われる国宝や文化財など, 国家的な価値観による美術品・工芸品などの序列付けも同じような意図によって始まったと考えてよい.

注目すべきは，明治6年の公園に関する太政官布達が視野に入れていたのは，維持・管理を含む保全であったことだ．公園のあらたな造成・創造はこの布達の精神にはなかった．

　とはいえ近代都市装置としての公園づくりは，この布告をさかのぼる数年前から日本人が実際に経験し始めていた．とくに横浜の山手公園の創設の際には，外国人たちの手によってそれまで見られなかったような施設配置や意匠を備えた公園がつくられるのを，日本人は目の当たりにしたのであった[注10]．

　さらにそれをさかのぼる幕末の時代から，外国人との各種折衝にあたる役人たちは公園なるものを意識させられていた．とくに横浜居留地の造成をめぐって西洋諸国（各国領事ら）と交渉を続けるうちに，幕府の役人たちの任務を引き継いだ明治政府（直接的には神奈川県および外務省）の役人・担当者たちは，西洋では公園なるものが都市に必要な装置として広く求められていることを強く印象づけられた．日本における公園の概念を考える際には，外国人とくに居留地に居住する西洋人によって認識させられたこと，そしてそこから強い刻印を受けている点に注意しなければならない．

公園造成体験の場としての居留地

　開国後，徐々に数を増しつつあった来日外国人は，条約により自由に居住地を選択できず，居留地住まいが定められていた．居留地は，各国の人間が住む，外国人の小社会を形成してゆくことになる．そこで居留地形成当初から，とくに西洋人たちは都市に必須の施設として競馬場，遊歩道，公園の設置要求をくりかえした．

　日本最大の居留地である横浜で，外国人側からそのような屋外レクリエーション施設の要求が初めて出されたのは文久2（1862）年である．そのうち最初に実現をみたのは，遊歩道であった．元治元（1864）年の暮れに開通した「遊歩道」は，外国人たちの馬での遠乗りに好んで利用された．

　屋外レクリエーション施設としてとくに有名だったのは慶応2（1866）年に完成した根岸の競馬場であった．しかし，これ以前に横浜では，つぎつぎ場所をかえて競馬が行われていた．根岸に落ち着くまで計5ヶ所を数える．乗馬は当時の居留地外国人に好まれたレクリエーションであり，また軍事調練の点からも必要だった．そこで乗馬ができる遊歩道や競馬場が強く要求され，また早く実現されたのである[注11]．

　公園が場所も指定して要求されるのは慶応元（1865）年のことである．外国人の側からかなり具体的な場所と設備の要求が出ていたと思われる文書が残されている．

　「外国にては，広野等絶景の地へ草木花物等を植え付け，四時の季候に応じ銘々趣向を設け，書見あるいは飲食を携え積鬱を散し労を慰め候事，各国之有候へ共，当地にはいまだ右様の所これなく，在留の者共兼々企望致居候処，北方村新道海手之方は眺望も宜く，殊

に場広にも有之候間，右場所遊楽の為め御貸渡相願度，尤春季より避暑の比（ママ，ころ）を専に慰候殊に候処，追々暖気にも趣候間，速に御許容有之度旨英公使より申立て，同国ならびに端孛（スイス・プロシャ）コンシュルよりも同様之義申立候間，尚承り候処，遊楽所之義は手軽に四阿屋様之もの補い，理外に建物等は不致，御国人打混し遊山致し候共，差し支えこれなく，地税も可差出旨申聞候…」(注12)

　居留地在住の外国人たちの要求に応える窓口となっていた神奈川奉行から外国奉行へ出された慶応元（1865）年2月の伺い文書である．英国公使ならびにスイス・プロイセンの領事から，外国での屋外レクリエーションの事情，それにかなう場所を横浜在住の外国人が希望していることなどが申し立てられたこと，そして場所を指定して貸し渡し願いが出されたことがわかる．外国側の要望の内容は，その他ちょっとした園亭（四阿）は建てたいが，それ以外の建物は建てないこと，日本人も混じってともに「遊山」することは差し支えない，となっており，地税は外国人側から支払うとも記されている．

　このとき英国公使らが記した文書には，屋外の楽しみを示す英語 picnic, outing, recreation やドイツ語 Landpartie などの表現があったのだろう．日本側はこれを「遊山」と訳したのである．それから100年後，オイレンブルク使節団の日本訪問記を訳した中井晶夫氏も同じ訳語を選択したように，彼ら外国人が望んだものは「遊山」と表現するほかないものであった．

　上掲の文書に挙げられた「北方村新道海手之方」とは，のち横浜の山手地区と呼ばれることになる一部である．江戸幕府の時代に出された先の要望は，いったん立ち消えになっていたようだ．明治政府になってから，再度同じ場所の貸与申請が出されたが，すでに別の用途に使われていたため，ここに近い寺院，妙香寺の寺地が公園用地として浮上した．そして明治3年，土地貸与の約束がなされ，外国人の手で公園として整備された．その間，神奈川県，外務省，太政官の間で，公園地として土地貸与をめぐって文書の往復があり，地券が正式に発行されたのは翌年である．すなわち明治4年5月「山手第二百三十番公園地券」によって居留外国人への土地貸与が正式に完了した．

　その後この地を，外国人はパブリック・ガーデン（Public Garden），日本人は山手公園と呼び，公園としての体裁が整えられたようだ．しかしそれは，外国人側の費用で，かつ外国人側のアイデアと技術で行われたと思われる．日本側が公園造成の方針と技術を発揮した様子を示す証拠は全くない．山手公園とほぼ同時に要求された公園（のちの横浜公園）にか

図6　横浜の山手公園
彩色写真（国際日本文化研究センター所蔵）より

んして，日本側（外務省）は各国公使にあてて
「元来外国人遊覧之為取設候事故此方於而者造営模様不案内」[注13]
という文書を送っている．外国人が楽しむための施設，すなわち公園については設計の経験がないと言っている．これは単にいいのがれだけではなく，実際日本側は，公園なるものの設計も施工も経験はなかった．さらにこの文書につづけて，絵図面をもって設計案を示してほしいと外国側にゲタをあずけている[注14]．

居留地で発行されていた写真入りの英字新聞 The Far East（明治4年）7月1日付け記事には，山手公園で開かれた第1回の花の展示会，フラワー・ショーが行われた時の写真が掲げられている（図）．

これを見ると，芝生や花壇・築山がみられ，バンド・ステージと思われる建物もみられる．日本側は，グランド・デザイン，いわば公園のコンセプトを提示することはできなかったが，築山を設けたり，適当な樹種を選んで植樹するなどの技術は示すことができた．

開国以来，西洋人が特に注目したものの一つに日本の造園術があった．江戸時代初期からはじまる大名屋敷の造営の経験を経て，日本の造園は大名庭園という回遊式の大庭園をつくりあげる技術をみがきあげていた．西洋の文化に一歩もひけをとらない文化的・技術的伝統として日本の造園術は存在していた．

しかしこの時期までに日本人が発達させたのは，植物を取り扱う園芸面でいえば，その芸術的側面，すなわち植木や草花を一本一本手入れするときの技術水準の高さであり，土地の取り扱い技術としての造園面では，庭を一つの鑑賞品とみて造形する時の「芸術度」の高さであった．したがって，園芸や造園の技術の高さが，パブリックな空間に投入されてできあがる「公園」というものについてはまだ具体的なイメージはなかったのである．

芸術面で日本の誇る造園術，園芸術は，居留外国人の公園要求によって，パブリックな空間への対応という新たな課題，すなわち社会的要求に取り組まざるを得なくなったのである．

横浜公園の造成にみられる東西の技術接触

横浜公園は，港崎町と呼ばれた遊郭の焼跡を周囲の湿地とともに埋め立てて，土盛りをした上にできた公園である．港崎町遊郭が焼失したのは1866年11月，横浜居留地内の肉屋から出火して，居留地のほとんどを焼いた「豚屋火事」によってであった．

横浜公園が誕生するには幕末に締結された二つの条約が関係している．一つは，1864年12月19日に調印された「横浜居留地覚書」である．その第5条には，港崎町の周囲の湿地を埋め立てること，その工事完成後に港崎町遊郭を居留地から離れた別の場所に移転させること，そしてもしこれらの工事以前に遊郭が焼失したなら，再建はしないこと，がうた

図7　横浜の山手公園
The Far East. 1871年7月1日号より

図8　山手公園のバンドステージ（1871年6月）
The Far East. 1871年7月1日号より

われていた．

「豚屋火事」，すなわち1866年11月の横浜大火の翌月，居留地外国人と幕府のあいだで「横浜居留地改造及競馬場墓地等約書」が締結され，調印された．これが横浜公園誕生の直接のきっかけとなった第2の条約である．その第1条において，旧港崎町の土地を「外国並に日本彼我において用ふべき公けの遊園」となすことが明記された．

しかしながら，横浜公園は，ただちに生まれたわけではない．具体的な設計の要求があらわれるのは明治3年（1870）のことである．英・独・米・蘭の各国公使から公園工事にとりかかるよう要望書が外務省宛につぎつぎ寄せられたのがそれである．

その時すでに灯台寮にお雇い外国人としてやってきたイギリス人R. H. ブラントンが神奈川県の依頼により横浜公園の設計図面を描いていた．彼は数種の図面を描いたが，いずれも実現には至らなかったようだ．その背景には次にのべるように造園費についての思惑がいりみだれていたことと，当事者たちの公園観がさまざまに異なっていたことがある．

横浜公園造成をめぐっては，当事者である日本の外務省，神奈川県，大蔵省，そして外国人側のアメリカ，イギリスの計五者の考え方の違いがあった．

まず外務省は先に示した文面（注13参照）のように，日本には外国人用の公園設計の経験がないことを理由に，各国から絵図面で指示してほしいと外国側にゲタをあずけている．

イギリスは，公園にクリケット場を建設することを最優先の要求としている．明治4年中に古い芝生を自分たちの手で取り除き，翌明治5年6月には新しい芝生の植付けを完了した．そしてその費用の半額を交渉によって日本

側に負担させた．

　これに対してアメリカは，明治4年に公使デロングが外務省に於て，イギリス主導で計画されているクリケット用芝生地に反対の意見を述べている．「図面を見ると，公園内に広く芝生を植付けてクリケット場をつくる計画のようだが，この遊びは英国人がするもので，彼らだけの都合である」という趣旨の反論である．アメリカは公園創設そのものに反対したのではない．球技のためなら公園の中央に円形の芝生を設ければよいと述べている．

　この件については翌明治5年2月，アメリカの代理公使シェパードが出した条件を各国代表が受け入れて解決した．その条件とは，英国が計画した芝生地を認めるが，英国人達の組織する「横浜クリケット・クラブ」が「最上の芝生」を植付け，管理せよ，との案である．しかもクリケット以外の娯楽に使いたいと申し出があったときは，同クラブが検討して許可を出すかどうか判断する，というものであった．

　神奈川県は，常に日本対外国，あるいは外国人内での争いの渦中にあり，さまざまな調整努力を余儀なくされている．各国の希望を調整するため，ブラントンに図面の描き直しを何度か依頼したらしい．

　大蔵省は，外国人からの要求をいかに値切るかということ，そしてもし要求が出なければ知らぬふりを決め込むことが基本的態度であった[注15]．

　以上のような五者の姿勢の中からうかびあがってくるのは公園についての思い，理解度の違いである．外国人達は各国それぞれ内容が少しずつ相違するとはいえ，公園が居留地という社会，各国人が住む「国際」都市に必要な装置であるという点では一致している．各国の要望が Public Garden（日本側の当初の翻訳語としては「公けの遊園」）で統一されていることにもそれはあらわれている．

　西洋の都市に公園が姿を見せはじめるのは，1840年代の終わり頃である．実際に広まりはじめるのは50年代であるから，横浜の居留地社会で公園が話題になる1860年代後半には，まだ20年程度の経験しかなかった，ともいえる．しかしながら西洋各国の領事館員や居留民は，公園は都市につきものであること，自分たちの生活に公園が欠かせない装置であることについては，ほとんど見解が一致していたと思われる．彼らはそれぞれ理想の公園イメージをすでに確固としてもっていたのである．

　それと比較すると日本側は，「公園」なるものについての考えを全く持ち合わせていなかった．外国人との折衝の中で，少しずつ公園のイメージを獲得しつつあったが，それを消化はしていなかった．日本側から具体的な公園像を示す発言も，図面も全く提出されなかったのがその証拠である．外国側への対応は，大蔵省を筆頭にして，いつも費用の点のみに限られていたことも傍証となろう．

　しかし日本側は，外国人からの公園要求に対して，技術的対応は迅速に行うことができたといってもよいだろう．

明治5年6月に，神奈川県は公園造成費の概算をおこなった．概算はブラントンの図面にもとづいて行い，総額5万50円余をはじき出した．この金額を目安として「其筋の者へ広く入札」させたという．

　このときの日本側の対応は，公園というものがいかなる考えによってつくられ，どのような姿をもつべきかについては，何の意見ももっていなかったところから出てくる．つまり，公園についてのプランはない．しかし外国側の考えと図面にもとづいて，どのように造成してゆくかについては，材料，費用などすぐに対応できたという点が特徴である．

　公園の周囲を取り囲む柵の建築費，石積みなどの工事費，そして花壇をつくって樹木・草花を植え付ける費用等について，すぐに計算しその額を提示している．また植え付けるべき植物の種類，寸法，本数などについても詳しい計画を立てている．

　これらはすべて横浜近郊の植木屋などの業者によってつくりあげられたものと考えられる．とにかくグランドデザインがあれば，これに対処する個々の技術は十分にみがかれていた．植栽案では花木30数種，草花については百種類もの名が挙げられているが，そのような対応が可能であったのも，日本の園芸・造園術の伝統の厚みによる[注16]．

　このように，公園がなぜ必要か，公園はどのような機能を備えるべきか，といった考えは全くもちあわせていないにもかかわらず，目標を指示され，何とか作れ，と命令されればすぐに対応できるほどに当時の日本の造園術の水準は高かったのである．

土着の公園・外来の公園

　さきに述べた明治6年の太政官布達に応じてただちに反応したのは東京府である．数カ月後には「金龍山浅草寺，三縁山増上寺，東叡山寛永寺，富岡八幡社，飛鳥山」の5カ所を公園と決定した．しかしその決定に至るまでにおこなわれた協議文書の中には興味深い表現がみられる．

　「公園と称し，永く人民観来の地と相定候筋は，其の装置は外国人にも恥じざる様に致したし…」「右遊観場，西洋風に致し，雅麗に取り立候而は，最上の事に候得共…」[注17]

　ここにみられるのは，「公園」と称する装置は，「西洋風」や「外国人」を基準においてできあがるものだという意識である．用語としては上記のように「遊観場」が用いられたり，また他の文書中には「遊園」や「公の庭園」「遊歩場」などと書かれており，「公園」という表現はまだ完全には定着していない．しかし「公園」は「西洋風」や「外国人」を座標軸とすることで，日本の伝統的な屋外装置との違いを表現する用語として徐々に広まっていった．

　ところで明治新政府の東京に誕生した5つの公園は，すべて旧幕・江戸時代の行楽地，物見遊山の場所である．のちに「浅草公園，芝公園，上野公園，深川公園，飛鳥山公園」と

名付けられることになるが，とくに改造をしたわけでもなかった．公園とは，伝統的な物見遊山の装置という古い皮袋に入った新しい酒であったといえよう．

　5カ所の公園のうち，上野と飛鳥山は花見の名所であり，浅草，芝，富が岡八幡は社寺境内を地盤とした盛り場である．いずれも庶民の支持があったとはいえ，まず為政者側や社寺の運営主体が民衆支配や参詣客獲得を目的に仕掛けた装置という側面を見逃すことはできない．庶民の側からは都市およびその近郊にある物見遊山の場所であったが，明治の新政府，東京府の役人からみれば「公園」に読み替えのきく都市施設であった．

　たしかに飛鳥山は，都市民の屋外レクリエーションの場として，かつて為政者が意図的につくりだしたものである．18世紀初頭，享保の頃に将軍吉宗の指示により桜の植栽がはじまった．そして吉宗は同じ頃に，のちにやはり花見の名所となる御殿山や隅田川沿いの向島へ桜を植えさせた．江戸の市民を筆頭とした都市の大衆化に応じた公園づくり，花見公園の造成を吉宗の江戸幕府は意図的に行っていたのである．日本ではすでに18世紀の初頭に土着の公園は花開いていたと言ってよい．上野の山は，それに先だってすでに寛永寺の手で整備され，庶民の公園というべき役割を十分に演じていた．

　明治の新政府が直面していたのは，西洋人の要求する「公園」である．そこでは乗馬，クリケット，テニス，散歩などのスポーツと社交が行われる．日本人がそれまで慣れ親しんできた物見遊山とは違う内容をもつ屋外レクリエーションの受け皿が求められたのである．そこで為政者がとった方策は，従来の物見遊山の場所から，西洋人の要求にかなうものを「公園」と名付けて選び出すことであった．日本における最初の公園政策は，この読みかえの作業であったといえよう．公園の創出とは，じつに西洋人のいう「公園」の内容を，日本的に理解するプロセスそのものであった．

　土着の公園としての物見遊山の場所なら，いつでもつくりだせる技術は持っている．しかしそれが本当に公園であるかどうか，西洋人が公園であると認めてくれる装置であるのかどうか．そのような不安のなかで手探りのように行われた「移植」の作業の中から日本の近代公園が生まれていった．

　日本に「近代都市」が生まれるなかで，物見遊山の場所は西洋起源の公園というライバルとしのぎをけずった．庶民の側は，伝統的公園としての物見遊山を好み，しかも同時に外来の公園もハイカラであるとして愛した．だが，近代化を目指す為政者の側は，ほとんど一方的に外来の公園に軍配を上げ，支援した．近代日本の都市装置は，いくつかの異なる方向をもった改造の意図からできあがっていったのである．

　本論文に，私は「物見遊山から公園へ」という表題をつけた．もとより「物見遊山」という古くさい日本の習慣が，先進的な西洋文化である「公園」へと「改良」「発展」してゆく，といった発展史，進歩史を述べようとしたわけではない．そうではなくて，どうして開国後の日本は「物見遊山」ではなく，「公園」に強い関心を示したのだろうか．とくに，

どうして為政者は「物見遊山」の保全に向かうよりは「公園」の創設に力を注いだのか，問うてみたいと思ったのである．

　西洋の公園は，都市の中に意図的に造成された屋外レクリエーションの装置である．人の手で整えられているとはいえ，おおむね既存の自然のなかから選ばれ，「自然に」残されてきた日本の物見遊山の場所とは違う．西洋の公園は人為や人知を感じさせる装置であると，日本人とくに明治政府の役人は理解したと思われる．そんな都市装置は日本の都市にはない，日本に欠如している．そして日本の都市に必要なものだ．役人たちがそう考えたとしてまったく不思議ではない．公園は文明に必須の装置，日本が文明化するためには欠かすことができない装置と受け取られたのである．

　物見遊山は日本人の生活のなかから生まれ，土着の伝統文化として育ったものである．物見遊山の地は，「日本の公園」だった．一方「西洋の公園」は，西洋人の生活のなかから生まれたものであり，とくに近代の西洋人の願望が結晶化したものであった．物見遊山は日本という地域に必然的に生まれた生活文化であり，公園は西洋という地域に必然的に生まれた生活文化であると言ってよいだろう．ところが，少なくとも幕末・明治初期には，それぞれの必然性を超えて，西洋人は「日本の公園」（物見遊山）を高く評価し，日本人は「西洋の公園」を高く評価した．

　西洋人による「日本の公園」評価は，大きな流れとして，19世紀末期に盛んになったガーデン・シティー（田園都市）運動につながっていると考えられる．もちろん，それは大づかみの傾向として言えるものであり，その歴史と背景について詳しい分析が必要であることは言うまでもない．他方，日本人による西洋評価は，熱心な公園づくりにつながった．

　日本の都市行政のなかでは，明治6年の太政官布達にみられたような伝統的な物見遊山の場所への関心は拡大せず，西洋をモデルにした公園づくりこそが，その後の大事な目標となっていったのである．

注

注1) 『オイレンブルク日本遠征記　上』（中井晶夫訳，新異国叢書12），雄松堂，1969，p196．

注2) ドイツ語のLandpartieは，ふつう「（田舎への）遠足」「ピクニック」などと訳される．オイレンブルクが何を指してこの言葉を使ったかを考えると，幕末のこの時期，日本人の行動のうち「遊山」以外にない．本文ではLandpartieenと複数で使われている．中井晶夫氏がこれを「遊山」と訳されたのはじつに適切である．

注3) 前掲『オイレンブルク日本遠征記　上』p118．

注4) 前掲 p196．なお，ここで利用した『オイレンブルク日本遠征記』の原著は，4巻本の "Die Preussische Expedition nach Ost-Asien. nach amtlichen Quellen." (in 4 Baende), Berlin, 1864-66, Verlag der koeniglichen Geheimen Ober-Hofdruckerei．である．このうち，日本についての記述がある第1巻は1864年，第2巻は1866年に出版されている．2001年に以下の出版元から4巻本の復刻版が出た．Ganesha Publishing, London / Edition Synapse, Tokyo, 2001.

重要な言葉である Landpartieen が現れる原文の前後（注1，注4に引用した箇所）を以下に記しておく．

Freunde und Nachbarn leben wie bei uns in geselligem Verkehr mit einander ; man ladet einander ein, macht

Landpartieen und ergoetzt sich in unbefangener Unterhaltung. Die groesste Lust des japanischen Buergers ist, den schoenen Festtag mit Frau und Kind und guten Freunden in der freien Natur zuzubringen ; (Bd.2, S.35)

注5) ロバート・フォーチュン『幕末日本探訪記　江戸と北京』(三宅馨訳)講談社学術文庫，1997，p127. 原著タイトル，引用箇所原文を以下に記す． Robert Fortune, "Yedo and Peking ; A Narrative of a Journey to the Capitals of Japan and China." London, John Murray, 1863. ［以下，引用個所の原文］ "Ogee is the Richmond of Japan, and its celebrated tea-house is a sort of "Star and Garter "Hotel". Here the good citizens of Yedo come out for a day's pleasure and recreation, and certainly it would be difficult to find a spot more lovely or more enjoyable." (p.115)

注6)『オイレンブルク日本遠征記　上』p196 - 7.

注7) 玉虫左太夫「航米日録」,『西洋見聞集』(日本思想大系66)，岩波書店，1974，pp.135 - 6. 玉虫左太夫のこの旅行記の別のところで，セントラルパークを「山河の形勢を造り花草・樹木を植ゆ，頗る絶景なり」と記している．(p.140) なお，カタカナをひらがなにする，送りがなを付けるなど，読みやすいように原文に手を入れた．以下幕末・明治の文献については，同様の扱いをしている．

注8) 柳川當清「航海日記」,『遣外使節日記纂輯　第1』，日本史籍跡協会，1914，p.321

注9) 独立行政法人・国立公文書館蔵『太政類典』第2編　地処門　第115巻.

注10) 外国人居留地の公園造成にあたって，日本側役人たちがどのような体験をし，西洋文化として公園をどのように認識したかについては，拙著『近代都市公園史の研究－欧化の系譜』思文閣出版，1995.参照

注11)『近代都市公園史の研究－欧化の系譜』p175 - 177参照

注12)「横浜競馬場遊楽所設置一件」『続通信全覧』類輯之部・地処門(『横浜市史　資料編3』横浜市編，1964，211ページ所収)

注13) 明治3年8月17日付各国公使宛外務省書簡(外務省外交資料館所蔵「横浜公園造営並保存一件」3門12類1項(43)所収)

注14) 同上書簡

注15) 以上，横浜公園誕生の経緯についての詳細は『近代都市公園史の研究－欧化の系譜』p265 - 8参照

注16) 前掲書 p268 - 76参照

注17)『東京市史稿　遊園篇　第4』東京市編，1932，p.491 - 2所収

東京緑地計画―成案の成立と実現―

田中正大

はじめに

　東京緑地計画は昭和7年10月に設立された東京緑地計画協議会が7年ちかい年月をかけて立案したものである．区域は東京都市計画区域をはるかにこえて，東京府全部と神奈川県，埼玉県，千葉県の一部を含む広大なものであり，委員は内務省，都市計画東京地方委員会，東京市，東京府，警視庁，学識経験者の外に，神奈川県，埼玉県，千葉県，東京鉄道局，東部防衛司令部から構成された．

　東京緑地計画に関しては，いくつかの先人の著述があるが，いろいろ気にかかることがあり，いつか深く立ち入らねばならないテーマではないかと考えていた[注1]．

　本論では東京緑地計画の成案までの過程とその意味を詳細にたどると共に，成案ができあがった後，その実現化としての防空緑地計画の推移も述べた．ことに成案後の都市計画決定，事業決定については，新しい資料にめぐまれて，従来の空白を埋めることができた．とかく防空緑地計画のめざましい展開によって彼方へ押しやられそうな成案の輪郭がよりはっきりしてきたように思われる．

　計画・設計は成案であり，防空緑地計画は，その実施案であるという筋を見失うことのないように努めた．防空緑地計画は成案の一部変更という形がとられていたことを明らかにしたつもりである．

　昭和14年に成立した成案は，実施段階に入った7年目終戦となった．実現はむしろ，戦後にもちこされたのが多いのだが，主として終戦までを扱った．

　したがって，成案ができるまでのおよそ7年間と，実施段階の約7年間に何が変更され何ができたかを明らかにしようとしたのである．

　本論に入るに先だって，東京緑地計画は最初1年間で仕上げるつもりであったことに触れたい．

　東京緑地計画は発案当時，1年間で仕上げる予定の計画であった．この証拠を二つあげておく．

　東京緑地計画協議会は昭和7年10月10日に設立されたのだが，その準備は内務省で8月15日から始まっていた．都市計画課長，飯沼一省の司会で4回開かれ，10月10日，各委員宛に，都市計画東京地方委員会会長，内務次官潮恵之輔から通牒が出された[注2]．

　通牒の終りの部分に次のように書かれていた．

「調査ハ約一ヶ年ヲ以テ完了ノ予定ニ有之，…」協議会開催の都度，日時，協議案を通知したい，というものであった．

また，昭和8年1月25日の第1回総会[注3]で，会議が終わりそうになった時，提案者の西村輝一は，緑地計画の完成は1ヶ年でやりたいので，資料の調整はなるべく早くしてほしいと要望していたのである．1年が6年3ヶ月に延びたことは，簡単なことではないであろう．当事者の怠慢によって遅れたのではなくて，時勢の後押しが予定をはるかに上回っていたからである．

なお，先の通牒には，「東京緑地計画協議事項細目案」が添付されていた．ここに「環状緑地帯」の言葉がみられないことを特記しておきたい．

本論では，昭和14年4月22日，都市計画東京地方委員会会長，内務次官館哲二から内務大臣木戸幸一に提出した「東京緑地計画に関する報告」，いわゆる東京緑地計画の成案を中心にして述べていくことにする．防空緑地計画については，成案との関係（成案の継承）のみにとどめた．なお，公開緑地，共用緑地，遊園地は紙数の関係でカットした．

東京緑地計画の成立

1. 景園地の計画

景園地とは，東京緑地計画で使われた言葉である．景園地とは何なのか．東京緑地計画で，景園地はどのように位置付けられていたのだろうか．景園地は「東京緑地計画協議会決定事項集録」の緑地の分類表には「緑地ニ準ズルモノ」として位置づけられていることはよく知られている．しかし，東京市の『東京市と緑地計画』（昭和11.3）や，東京府の『東京緑地計画概要』（昭和13.4）の緑地の分類表の中には，景園地はみられない．

『東京緑地計画概要』には「緑地の分類」や「緑地ノ基準」にも，景園地は出てこない．この概要の中に全く出てこないかというと，そうでもない．実は「計画案作成分担表」（p.33）に，僅かに顔を出しているのである．この分担表の大公園は次の三つに分けている．一つは普通公園，二つは運動公園，三つは自然公園・景園地となっている．景園地は自然公園と並列され，大公園の一つとして位置付けられているのである．この文書は，もちろん東京府独自でつくったものでなく，昭和8年12月22日の第2回東京緑地計画協議会総会で提示されたものである．景園地はこの段階では，自然公園と同格に扱われていたことがわかるのである．

景園地は行楽道路と共に昭和10年12月23日の第3回総会で審議，決定された．東京緑地計画がまず取り組んだのは，景園地と行楽道路であって，成案のでき上がる以前に施行されたのは景園地である．いまでも実績が目に見える形でのこり，継承されているのも，こ

の景園地なのである．景園地という文字は消えたけれど，現在の自然公園のなかにみることができる．

ちょうど昭和10年に出版された本に，『大東京と郊外の行楽』というのがある．この付録が「日帰りハイキング地案内」というもので，東京府，埼玉，千葉，神奈川，山梨，栃木，茨城の各県にわたって，ハイキングコース52が記されている．これらのコースは東京鉄道局の調査によるとしていた．鉄道局の運輸課長が東京緑地計画協議会の臨時委員になっていたことが想起される．大正から昭和にかけての都市の拡大は，郊外電車の発達を促し，郊外電車は都市周辺の自然へと人々を向かわせたのである．都市民のハイキング熱に火がついたのであった．近郊の風景地が風致地区に指定されたり，国立公園が指定されるのもこの頃である．

1-1. 景園地計画

東京市や各府県の調査が昭和9年3月ごろに出揃い，これを基に幹事会では原案にとりかかった．景園地候補地の実地協議も終った昭和9年12月19日，各府県担当者の打合せ会があり，原案が説明された．

景園地計画案を持ち帰った各府県では，翌10年になって，独自の組織をつくって審議していく．東京緑地計画に各府県が参加したのは，この景園地と行楽道路が各府県にわたって計画された時である．東京府観光保勝委員会，東京市緑地計画調査委員会，東京緑地計画千葉予備計画協議会，東京緑地計画埼玉予備計画協議会，神奈川公園委員会である．

原案を持ち帰って，ちょうど1年が経った昭和10年12月23日の第3回総会にて，行楽道路と共に決定された．昭和8年1月に開催された第1回総会で，千葉県の委員が発言していたが，千葉県ではこの頃，県立自然公園を準備中であった．他の府県でも同じような問題をかかえていて，単に東京市民に他から協力してやるという立場でなく，自県の問題として全力を投入したのであった．

決定された景園地は，東京府12，神奈川県8，埼玉県14，千葉県3すべて37ヵ所，289143haであった[注4]．神奈川県が少ないのは，県西部の丹沢山地と箱根山地を区域から除いたためである．箱根は国立公園に指定されることが予想されていた．他の機関で計画するので，東京緑地計画からはずされたのである．

東京緑地計画の区域は，山手線の主要駅より1時間，片道1円で到達できる範囲とされたが，埼玉県の秩父，千葉県の外房総まで含めたので，1時間，1円の条件をはるかにこえたものとなった．特に東京府であっても大島が含まれたことは特記するに値しよう．大島へは竹芝桟橋を夜に出航し，翌朝大島に上陸するのが普通であったからである．昭和8年東京湾汽船会社が大島の未開発だった東海岸の泉津村に自然動物園を計画し，地元の土地提供を受け，昭和10年自然動物園（都立大島公園の前身）が完成していた．航路の開拓によって，

大島は身近な行楽地になろうとしていたのである．

東京市民の行楽の範囲が，東京緑地計画の区域となっていたのである．

1-2. 景園地計画の特徴
1）境界をこえての計画

東京府指定の景園地の内の二つは埼玉県内まで，一つは山梨県内まで及び，埼玉県の景園地の内，一つは茨城県内，一つは群馬県まで含まれていた．これは国立公園の指定でも同じだが，一円の風景地をまとめて指定したためである．

川の左岸と右岸が一つの景園地として指定された．南多摩景園地と滝山景園地は，多摩丘陵が多摩川に接した景勝地だが，この区域は丘陵の部分だけでなくて，多摩川とその対岸まで指定された．例えば，滝山景園地の丘陵地は南多摩郡に属しているのだが，区域は多摩川をこえた左岸の西多摩郡や北多摩郡の平地部分も含まれた．（現・都立滝山自然公園は左岸は含まれていない）

境界（行政上，地形上）をこえての計画という点では自然公園でも同様であって，小合溜自然公園（現・水元公園）は東京府葛飾区のほかに川の対岸の埼玉県北葛飾郡，南埼玉郡の地域も含んでいた．また，大泉自然公園は白子川をはさんで東京市板橋区と埼玉県北足立郡にまたがった278 haの区域となっている．それぞれ現在でも公園名と管理者は違っても，伝統は守られている．

2）武蔵野を計画する

なかには海抜2000 m級の山をかかえる日原景園地や奥秩父景園地もあるにはあるが，大部分の景園地は低山や丘陵が占めている．そして，海岸地が少ないのに対し，武蔵野を取り入れた景園地が多いのが特色である．

武蔵野景園地	4800 ha	東京府	埼玉県
南武蔵野 〃	5580 ha	東京府	
入間 〃	2450 ha	埼玉県	
霞ヶ関 〃	3400 ha	埼玉県	
相模原 〃	4570 ha	神奈川県	

昭和10年の時代に，東京府，埼玉県，神奈川県に，これほどの広がりの平野部分に自然公園の候補地が残っていたということは，驚くべきことである．これらは，武蔵野の面影が残るとして指定されたのである．

先述した東京鉄道局調査によるハイキングコースの中に，「武蔵野ハイキング」というコースが六つもあることから，当時の武蔵野に平原（雑木林と畑と農家）の多かった状況を知ることができる．この六つの内，二つのコースは，武蔵野景園地と南武蔵野景園地の中を通

っている．

　この武蔵野景園地を当時の地形図に当たってみると，ほとんどが雑木林のつらなりである．西は西多摩郡霞村（現・青梅市東部）から東は埼玉県北足立郡志木（現・志木市）まで，東西32km幅員約2kmほどの帯で，狭山丘陵の南を西から東へのびていた．埼玉県では平林寺のある野火止から荒川に接しようとしていた．特に狭山丘陵の西のあたりは，昭和12年4月の幹事会で，砂川，霞，武蔵野という三つの自然公園を計画していたところである．

　畑と入りまじった広大な雑木林が，東京のごく近郊にあったということは，わが国の他の都市ではみられないことであろう．大阪にも名古屋にも横浜にもみられない．大阪のまわりには水田の広がりはあっても，畑や平地林としての雑木林はみられない．林といえば傾斜のある山か，平地では小さな鎮守の森くらいであろうと思われる．こんなことが，東京緑地計画の背景にあったことを見逃してはならない．

　景園地は，戦後昭和25年から国立公園，国定公園，府県立自然公園として指定されていくのだが，千葉県の県立高宕山，県立養老渓谷奥清澄自然公園だけは，成案成立以前の昭和10年8月の指定であった．

　自然公園の候補地として計画された景園地37カ所のうち，24カ所が現在自然公園に指定されている．消えていったのは，平野部分に計画された景園地であった．

2．行楽道路の計画

　最も初期の案は散歩道路であった[注5]．審議の中で，慰楽のための自動車専用道路をつくったらどうかとの強い意見もあり，自動車も含めた行楽道路となった．自動車と人の両方が通る道ということで，歩車兼用道路としていたのである．将来の車社会までも視野に入れていたふしもある．

　行楽道路には都市と景園地，景勝地を結ぶための歩車兼用道路と，人が専ら歩く遊歩道にわかれている．歩車兼用道路は，東京市の山手線主要駅近辺から四方に出る放射線が11路線と，東京市をとりまく環状線が2本ある．

　放射線で長いのは奥多摩への5号線（125 km）と奥秩父への6号線（118 km）であった．5号線は武蔵野，狭山，下奥多摩，上奥多摩景園地を結び，6号線は武蔵野，入間，飯能，武甲，奥秩父景園地をつないだ．景園地がないのに放射線でつないだのは10号線であって，目的地は成田である．成田不動尊への道であった．

　環状線の一つは20 km圏を結び，もう一つの道は40 km圏を結んだ大環状線で，横浜市を発して，町田—八王子—埼玉県の豊岡—川越—大宮—千葉県の野田—手賀沼景園地を貫いて千葉市に達する193 kmの路線である（現在の国道16号線）[注6]．

　核になったもう一つは横浜である．横浜を起点とする放射線は5本あって，三浦半島南端，相模原，津久井，多摩景園地へ通じていた．

東京，横浜の他にも行楽道路の起点になった都市は，川崎，鎌倉，藤沢，平塚，秦野，大宮，千葉などである．景園地は東京市民のためばかりでなくて，それぞれの府県民のニーズをも考慮していたことがわかる．

歩車兼用道路はすべて88路線2771kmであった．主として国道，府県道，都市計画街路より選定したという．

遊歩道路の計画は，東京府だけで，68路線857kmが決定された．68路線は大島や三多摩郡（南多摩，西多摩，北多摩）内に計画された．三多摩といっても，詳しくみていくと，西多摩36路線，南多摩11路線の2郡で70％をしめて，北多摩郡は3路線にすぎない．北多摩郡というと，東京市に接した平坦部（現・武蔵野市，小金井市など）だが，ほとんどで遊歩道は計画されなかった．この時，東京府が計画したのは，東京市内から遠く離れた山間部や島であったことがわかる．

東京市が遊歩道路を計画し，追加されるのは，昭和14年4月12日の第4回総会の時である．玉川上水，石神井川，呑川等川沿いの24路線256kmが決定され，遊歩道路はすべて92路線1113kmとなる．追加されたのは，新しく東京市に編入された世田谷，杉並，板橋などの周辺の区内においてであった．景園地のないところに計画したのが特徴である．現在の緑道に似ているのは，この計画である．

2-1. 保健道路計画とは何か

保健道路という言葉は，しばしば見られるようになるのだが，「東京緑地計画協議会決定事項集録」（『公園緑地』3-2・3所収 S.14.3）のなかにこの言葉は出てこない．成案の中に「保健道路」が出てこないのは何故だろうか．

昭和13年10月，京城（ソウル）で開催された第6回全国都市問題会議の時，「過大都市防止対策としての環状緑地帯」と題して都市計画東京地方委員会が報告した．環状緑地帯の初登場だが，この同じ会議で，同委員会は「東京保健道路計画」も報告していたのである．冒頭に「保健道路の使命」というのがあって，「一国国民の体格の優劣 体力の強弱如何は，国運の消長，国家の存立にも関する重大問題である」とあるように，単なるレクリエーションのための道路，散歩するための道路ではなく，国家の強い要請があったのである．壮丁検査の成績をみると，大都市特に東京市民の体位低下が著しい，これは国家の重大問題である，というものである．壮丁とは兵役に召集された若い男のこと．壮丁検査とは徴兵検査である．

発表された路線は川筋に沿ったもの，樹林地を通るもの等15路線，延長合計244km，幅員は一定でなく12m以上のものが多く，道路の中央を幅員2m以上の歩行者専用道路，両側に1m以上の緑地帯を設け，なおその外側に幅員3～4mの歩道を設ける余地を残すというものである．また，途中に107カ所の広場をつくろうとした．烏山二子線と武蔵多磨線

には「馬事国防」のために乗馬道を併置，なかでも馬事公苑[注7]に連絡する路線は，幅員6mの専用乗馬道とする．総面積は約94.4ha，事業総額約2190万円というものであった．

　自動車等の交通を一切禁止し，歩行専用の道路というのであるから，細長い営造物の公園の造成と同じであった．国家の強い要請があったと思うからこそ，できた計画であったと思う．

　この東京保健道路計画を発表した『都市問題』(27－4)には，10枚の写真が掲載されている．なかでも図3の野川線と，図6と図7の白子川線[注8]は横長のパノラマ式の写真のため折り畳んで収められた．保健道路にかける提案者の力の入れようが分かるというものである．

　「東京緑地計画協議会決定事項集録」の中に，「保健道路」が出てこないことは前に述べた．ただし，これを収録した『公園緑地』3巻2・3号の中に保健道路の言葉が全く出てこないかというと，そうでもない．石川栄耀の「東京緑道計画解説」という論文である．

　この論文は，決定集録の収められた雑誌に掲載されているのだが，行楽道路が最終的に決定をみた第4回総会（S.14.4.12）のあとで書かれたものでなくて，それ以前に書かれていたものであることに注意したい．石川氏は，東京緑道計画の言葉を使って，既に第3回総会で決定をみた歩車兼用道路2771km，遊歩道路858km（ママ）を記したあと，続いて「保健道路」を新しく計画していることを述べている．東京市域内の郊外にあたる部分に，幅員12m，244kmの徒歩専用道をつくるというものである．石川氏が「続いて我々が計画している保健道路」というのは，昭和13年10月の全国都市問題会議で報告した保健道路と同じであるらしい．前に述べた東京市追加の24路線の遊歩道路というのは，都市計画東京地方委員会や石川栄耀のいう保健道路（15路線）に対応するものである．都市計画東京地方委員の保健道路15路線244km，幅員12～51mという提案は，東京緑地計画協議会第4回総会ではそのまま採用されず，従来通りの幅員3mの「遊歩道路」として，24路線256km追加と決まったのである．東京市内の範囲に限定し，路線をふやして，延長距離はほぼ同じ256kmとなった．

　「保健道路」は成案では採用されなかったわけだが，この言葉はそれ以降しきりに使われるようになるから，事情は複雑になる．「遊歩道路」の言葉には，散歩とかハイキングとかのイメージが湧く．「保健道路」には，国民の体位向上という使命を帯びたニュアンスがあった．日中戦争が長引き太平洋戦争に突入するようになると，遊歩道路でなく，保健道路が受け入れられるようになっていく．公園でなくて，「防空公園」，緑地ではなくて「防空緑地」の言葉が通用したのとよく似ている．「保健道路」と「防空緑地」の背景は同じであると考えると理解しやすい．

　新聞は「保健道路」を報道したし，東京市もこの言葉を使って計画していた．東京市総務局都市計画課長，天利新次郎は「大東京と公園緑地の将来」[注9]の中で，淀橋・小金井間

保健道路　幅員25m，面積40ha，飛鳥山・石神井間保健道路　面積33haの2本の「保健道路」を計画していると述べている．

都市計画東京地方委員会が発表した玉川上水線，（淀橋区角筈三丁目—北多摩郡小平村上鈴木　延長22.25km　幅員22〜51km）と石神井川線（王子区王子—北多摩郡武蔵野町原山　延長21.6km　幅員12〜20m）の2本の「保健道路」を実現しようとしているのである．

昭和15年，東京市は成案の「遊歩道路」を計画したのではなく，成案にはみられなかった「保健道路」を計画しようとしていたのである．保健道路とは単なる散歩道ではない，幅員12〜51m，いくつかの広場をもった物凄い計画なのである．両方とも昭和17年4月，都市計画決定された．一つは玉川上水線，一つは石神井線として，呑川線，千川上水線と共に決定告示されたのである．単なる机上のプランではなかった．

3．大公園の計画

普通公園として，大手町8，目黒32，小石川16，後楽園28，荒川口29，羽田（未定），池上18，洗足15，砧56，祖師谷60，深大寺58，善福寺47，石神井62，練馬47，赤塚41，西新井18，渕江19，篠崎33，穴守28，19ヵ所615ha＋α．

運動公園として，芝浦15，品川（未定），淀橋17，野方29，中野13，猿江14，枝川70，駒沢58，二子18，羽根木20，高井戸33，和田堀96，鷺宮30，板橋66，江北38，花畑16，奥戸51，鹿骨24，宇喜田18，19ヵ所626ha＋α．

自然公園として，大泉278，小合溜162，2ヵ所440haという3種の大公園の計画は，東京緑地計画の中核をなすものである．東京緑地計画は，一名環状緑地帯計画ともいわれることがあるが，現在の東京の公園緑地からいって，大公園の計画の方がはるかに関連が深い．

公園は大公園と小公園に分けられたのだが，大公園は10ha以上と定義された．然るに，成案では10haぐらいの公園は少なく，50ha以上のもの11ヵ所に及んでいて，平均は42ha，普通公園と運動公園だけでも平均33haである．かなりの広さではないかと思う．東京市区改正設計の日比谷公園は18ha，震災復興公園で東京の三つの大公園の平均は9.6haであった．このことを考え合わすと，普通・運動公園38ヵ所の平均が33haであったということは，見逃すことの出来ない広さではないかと思う．

3−1．昭和12年4月の計画から成案へ

大公園の計画にとりかかってから約1年たった昭和12年4月の東京緑地計画協議会の幹事会決定という文書がある．普通公園，運動公園，自然公園の計画調書と図面である[注10]．成案のできるちょうど2年前のこの計画では，普通公園，運動公園，自然公園は表1のようであった．成案と対比してみよう．

昭和12年4月の計画では，普通公園16ヵ所316ha，運動公園19ヵ所524ha，自然公園

表1

	普通公園				運動公園				自然公園		
	S.12.4		ha	成案 S.14.4	S.12.4		ha	成案	S.12.4	ha	成案
1	大手町		10	同左 8	芝浦		15	同左 15	大泉	99	同左 278
2	目黒		25	〃 32	品川		33	〃 —	小合溜	99	〃 162
3	小石川		15	〃 16	淀橋		10	〃 17	浅間山	155	
4	後楽園		10	〃 28	野方		15	〃 29	東村山	75	
5	荒川□		15	〃 29	池袋		10	中野 13	砂川	212	
6	羽田		20	—	猿江		15	同左 14	霞	195	
7	池上		10	〃 18	枝川		33	〃 70	武蔵野	80	
8	砧		33	〃 56	駒沢		66	〃 58			
9	祖師谷		28	〃 60	二子		15	〃 18			
10	深大寺		33	〃 58	羽根木		15	〃 20			
11	善福寺		18	〃 47	高井戸		16	〃 33			
12	石神井		28	〃 62	和田堀		76	〃 96			
13	練馬		16	〃 47	鷺宮		20	〃 30			
14	赤塚		15	〃 41	板橋		66	〃 66			
15	渕江		20	〃 19	江北		33	〃 38			
16	篠崎		20	〃 33	大谷田		16	花畑 16			
17				洗足 15	奥戸		40	同左 51			
18				西新井 18	鹿骨		15	〃 24			
19				穴守 28	宇喜田		15	〃 18			
	16箇		316	19箇 615	19箇		524	19箇 626	7箇	915	2箇 440

表2

種別		S.12.4	13.3.1	13.10.10	14.1.18	14.4.12
普通公園	箇	16	18	18	18	19
平均面積	ha	20	33	33	—	32
運動公園	箇	19	18	18	18	19
平均面積	ha	28	45	45	—	33
自然公園	箇	7	2	2	2	2
平均面積	ha	131	—	219	—	220
資料		東京緑地計画協議会幹事会	同左幹事会 13.2.28	全国都市問題会議	高橋登一講演	東京緑地計画成案
		「東京緑地協議会資料」	「朝日新聞」	「都市問題」27-4	『東京都市計画に関する講演録』	「公園緑地」3-23

7カ所915ha計1755haであった．そして普通・運動公園35箇の平均は24haであった．昭和14年4月の成案では一つ平均で10haも拡張したことになる．計画は年と共に縮小していくことが多い中で，これほどの面積を確保しようとしたのは一体何だったのだろうか．他の資料もあるので，2年間を表2にまとめた．

五つのデータを比べてみると，平均の面積が逐次広くなったのではなくて，昭和13年3月のデータで一挙に拡大されて，あとは変化が少ないことがわかるであろう．昭和12年4月から13年3月までに何かがあったことが歴然としたわけだ．

年表を繰ってみて誰でも気づくのは，昭和12年7月7日の日中戦争である．日中戦争が公園緑地事業に一つの画期をつくったことについては，多くの人が指摘している[注11]．防空の観点から公園・緑地が緊急に求められてきたのである．

　昭和12年と昭和14年の計画の比較で変わったのは，普通公園と運動公園の面積が拡張されたというばかりではなかった．自然公園のウエイトが小さくなったことである．昭和12年の計画では自然公園は七つ915 haであって，大公園全体に占める割合は52％であった．昭和14年4月の成案では，自然公園は二つ440 ha，全体の35％となっている．

　市街から遠く離れた自然公園（例，浅間山・東村山）を広くとって，1人当たりの公園面積をふやすという考え方は，東京市が昭和7年に市域を拡大した時から公園計画の一貫した流れであった．市街の内や近くに公園をつくることはほとんど不可能と考えられていたからである．

　これに対して，市民の公園は身近な市域内に求めようとする地道な考えが生まれてきたのは，昭和13年の初期からである．成案の二つの自然公園（大泉・小合溜）は現在でいうと，都市公園の中の風致公園の性格がつよい．また普通・運動公園と同じく営造物公園と考えられていた．位置は23区およびその地つづきであった．

　昭和12年4月の計画では，池袋公園（10 ha）があった．池袋駅の北側1.5 km，板橋駅と下板橋駅にはさまれた土地に計画された．ここだけがオープンスペースとして残っていたのだ．しかし，これも既に昭和12年の地形図では家屋が侵入しはじめていた．昭和14年4月の成案をまたずに断念し，西方の「中野」に移したのである．豊島区内に代替地がみつからなかったようで，現在，豊島区は東京都で公園の最も少ないことで知られている．

3-2. 成案環七通りに沿って

　「東京緑地計画（環状緑地帯・大公園・行楽道路）計画図」『公園緑地』（3・2・3 S.14.3）には，環七通りが点線で図示されている．この環七通りは昭和7年の市域拡張で新たに市に加わった大田，目黒，世田谷，杉並，板橋，王子，足立，葛飾，江戸川区を結ぶ環状の道路である．東京緑地計画の大公園の計画は，この環七を一つの足掛かりにしたのである．環七通りを基準にした大公園の配置は次のようである．

　環七通りに沿ったものとして，池上18，洗足15，駒沢58，羽根木20，和田堀96，中野13，鷺宮30，板橋66，江北38，西新井18，花畑16，奥戸51，鹿骨24，宇喜多18の14カ所481 haがある．

　環七通りの外側には，羽田（未定），二子18，砧56，祖師谷60，高井戸33，善福寺47，練馬47，石神井62，赤塚41，淵江19，篠崎33，穴守28，深大寺58，大泉278，小合溜162の15カ所942 ha＋αがあった．

　環七通りの内側に計画されたのは，大手町8，後楽園28，小石川16，目黒32，淀橋17，

野方29, 荒川口29, 猿江14, 枝川70, 芝浦15, 品川（未定）の11カ所258 ha + α である.

この分け方によっても, 環七通りの内側よりも外側に計画された公園が, 圧倒的に多いことがわかる.

東京緑地計画が始まった昭和7年, 東京市に編入された地域には, 王子区の飛鳥山公園を除いては, 小さい公園が三つあるだけであった. 新市区に公園をつくるのが東京市の熱望だったので, この要請に応えた形となった.

旧市域の公園は決して充分ではなかったが, 土地獲得の困難から[注12], 旧市域内の計画は目立たないものとなった. 旧市域内の既存の公園緑地は, 他市と比較してかなり恵まれた状況にあった.

先の成案の計画図によれば, 上野公園61 ha, 芝公園52 ha, 日比谷公園16 ha, 隅田公園19 haが図示され, 既存の大公園を考慮したことを示している. 昭和12年4月の計画図では, 宮城外苑, 明治神宮, 代々木練兵場, 駒沢練兵場, 戸山ヶ原射撃場, 青山墓地, 雑司ヶ谷墓地, 染井墓地, 谷中墓地が色付けされて, 計画の条件に入っていたことを知ることができる. 特に明治神宮外苑48 haは, 中央競技場として品川, 枝川, 駒沢, 和田堀, 板橋, 江北, 奥戸の七つの地方総合競技場に対して, 核として位置付けがされていた.

宮城, 新宿御苑, 赤坂離宮, 浜離宮の広大な皇室用地も緑地として考えられていたと思われる. 山手線に沿った西側に大公園の計画がみられないのは, 明治神宮内外苑, 新宿御苑, 代々木練兵場, 戸山ヶ原射撃場, 白金御料地を考慮したためであろう.

以上の既存の公園緑地は環七通りの内側にあった. 今回は主としてその外側に計画されたのである. 40カ所の大公園が現在の東京の大公園の多くをしめていることからも, これらの公園がどのような条件のところに立地したのか, 調べてみたい.

3-3. 大公園の立地条件
1) 風致地区より選定

東京における風致地区は, 大正15年の明治神宮内外苑の参道を初めとして, 昭和5年洗足, 善福寺, 石神井, 江戸川, 多摩陵, ついで昭和8年に多摩川, 和田堀, 野方, 大泉が指定されていた. 明治神宮, 多摩陵は皇室に関係したもの, 他はすべて自然景観のよいところで, 池があったり, 川べりであったりで, 武蔵野の中でも潤いのある情趣をたたえたところとして知られていた.

東京の郊外の景観は山の風景でもなく, 水田の風景でもない. 畑と平地林の風景であって, いわゆる武蔵野特有のものである. 山はないけれど単なる平原でもなく, ゆるやかな起伏のある丘陵と平原の連なりである. 関東ローム層ということもあってか, 川は土地を刻み, 複雑な谷戸（やと）をつくったところも多い. ここは湧水地となり, 景観にアクセントをあたえている. 風致地区はこのあたりに設定されているのである.

計画当時の1万分の1の地形図をみていると，コンターラインの曲線がゆったりと描かれ，人工で改変しない以前の地球の肌をみせてくれる．東京緑地計画時代の昭和7～14年はこのような時代であった．大公園は皇室関係の二つを除いた八つの風致地区にはすべて大公園が計画された．洗足，善福寺，石神井，野方，和田堀，砧，大泉，小合溜である．砧公園は多摩川風致地区内，小合溜公園は江戸川風致地区内に，他の六つの大公園はそれぞれ同名の風致地区内に計画された．

2）史蹟など歴史的景観

名の知られた神社，仏閣，城址等だが，この中に人が植栽した桜堤や公園も含めたい（表3）．この中で今では理解しにくいのは穴守だと思う．この辺は江戸時代から明治・大正にかけて，多摩川のデルタに発達した水郷風景として，また，東京湾の展望所として絵の題材になったところである．稲荷の鳥居だけが，羽田飛行場の一角に残されている．宇喜田，鹿骨は江戸川区の水田地帯で，平凡な田園風景だが，当時寄付されたばかりの行船公園と大杉公園が拠点になったと思われる．

3）跡地・転用

現在ある施設を他に移して，跡地を公園にするもの，および，施設をあまり考えずに公園に転用するものである（表4）．

この中で中野と大手町について触れておきたい．中野は陸軍通信隊の作業場で，幅約30m，長さ約2.5kmという細長いもので，市街地の中にそこだけが空地の帯をなしていた．後に杉並公園（6.28ha）として事業決定もされながら，戦後市街化されてしまった．大手町は，大手門の向いの土地と竹平町に分かれて計画された．計画当時は宮内省の帝室林野局らの官庁があった．日比谷公園16ha，宮城外苑41haにつづいた公園として計画された．大手町は昭和17年ごろ都市計画決定もないまま廃止された．

4）埋立地に計画

埋立地に東京市のもの，京浜運河のものがあった．羽田，荒川口，芝浦，枝川，品川の公園は埋立計画地に計画された．埋立地の利用計画は変遷したようで，現在，港湾局の水上公園として造成されている．戦時に都市計画決定していたのは，羽田，荒川口，枝川の三つ．羽田は事業決定もされながら，飛行場拡張のために廃止された．

5）風致地区に準ずるもの

風致地区でないにしても，川をとりこんだり，地形に

表3

西新井 —西新井大師	篠 崎 —篠崎堤・桜ニテ有名
深大寺 —深大寺	奥 戸 —中川沿岸・風景地
池 上 —池上本門寺	宇喜田 —行船公園
穴 守 —穴守稲荷隣接地	鹿 骨 —大杉公園
赤 塚 —赤塚城址	

表4

転用	跡地
練馬—遊園地	淀橋—浄水場
二子— 〃	目黒—林業試験場
小石川—植物園	猿江—貯木場
駒沢—ゴルフ場	中野—陸軍電信隊
	大手町—官庁
	後楽園—造兵廠跡

起伏があって平凡でない地形が多い（表5）．

羽根木については説明する必要がある．『東京緑地計画調査彙報』の公開緑地として「六郎山」の名で出ているのだ．俗に根津山といわれ，根津嘉一郎（東武線創設者）の持山である．「全山濶葉或ハ針葉樹鬱蒼トシテ人家ニ遠ク　野趣ニ富ム．地ハ西南方ニ低ク眼界開ケリ．」と記されている[注13]．

表5

祖師谷 ―仙川・釣鐘池	高井戸 ―玉川上水と神田上水
板　橋 ―石神井川と丘	江　北 ―荒川放水路，熊谷堤
花　畑 ―綾瀬川	鷺　宮 ―妙正寺川
羽根木 ―台地端部	

現在は小田急線梅ヶ丘駅近くの羽根木公園の土地だが，昭和12年の1万分の1の地形図をみると，台地の端部で南と西に急な斜面がある．斜面は樹林地，台上は畑，台の下は北沢用水が東へ流れている．昔は集落の採草地だったと思われるが，根津氏が所有してからも，集約的な土地利用をせず，そのまま保全されていたようである．

鷺宮は鷺宮駅の周辺，妙正寺川があっても，高低差のほとんどない水田と畑地．他の公園との距離を考えると，この辺に一つ公園が必要であった．いわゆる，誘致距離からである．これは後に西の妙心寺公園に移されるが，ここも小公園しかつくられていない．人口が多くて，最も必要な位置には，公園がつくれないという典型のような例となっている．

この辺の中野区と杉並区は，現在，東京23区で目立って公園の少ない地域になっている．野方23 ha，鷺宮30 ha，中野13 haが完全に実現しておれば，もっと住みやすい町になっていたに違いない．

4．小公園の計画

大公園が東京市域全部35区を対象にしたのに対し，小公園は震災復興計画で公園が竣工したばかりの，八つの区（深川，本所，浅草，下谷，神田，日本橋，京橋，麹町）を除いた27区だけに限った計画であった．

行政区の1区を1小公園区とし，すべて27の小公園区ができた．小公園区ごとに，児童公園（少年公園・幼年公園・幼児公園）と近隣公園が計画された．

配分にあたっては，鉄道軌道，幹線道路，地域制，人口粗密，既存緑地や誘致区域が考慮されたと記している．

児童公園の計画は次のようになっている．
少年公園
　　面積　　（中庸度）　　0.8 ha　164箇　164 ha
　　誘致距離　　　　　　600 m～800 m

幼年公園
   面積　　　（中庸度）　　0.5 ha　183箇　92 ha
   誘致距離　　　　　　　500 m
幼児公園
   面積　　　（中庸度）　　0.2 ha　146箇　29 ha
   誘致距離　　　　　　　250 m
総計　　　　　　　　　　　　493箇　285 ha

　近隣公園は中庸度5 ha，誘致距離中庸度1 kmだが，人口密度等を考慮して近隣公園区は145箇にわけた．このうち47区は既存の公園や大公園の計画があるので除き，残り98区について一つずつ近隣公園を計画，すべて98カ所389.6 haとなった．一つ平均4 haである．近隣公園の面積と誘致距離は現在の標準のほぼ2倍である．近隣公園区145区の広さは人口密度の大きいところで狭く，密度の小さいところでは広くとられている．

　98区の飽和人口460万人としての計画なので，単純計算すれば，一つの近隣公園区の人口は4.7万人となる．この近隣公園区は現在の近隣公園でなく，地区公園の範囲にやや似ているようにみえる．

　児童公園493カ所284.7 ha，近隣公園98カ所389.6 haの合計591カ所674 haが小公園の計画であった．

5．成案は1人当たり1坪の計画

　東京緑地計画の公園緑地の1人当たりの面積は1坪強とした．この値は通説4坪に甚だ及ばないものの，環状緑地帯，行楽道路で不足の面積を補うものと考えたのである．

　東京市の人口は昭和14年では，約650万人位と思われるが，10年後の昭和24年には約900万人に達していると推定した．そして，この900万人を飽和人口としている．毎年20万人以上も増加し続けるとの予想であって，かなり大きく見積もったもので，いかに当時の人口増に危機感をいだいていたかが察せられる．（H.7.11現在，799万人，旧東京市域）

　東京緑地計画の区域は埼玉，神奈川，千葉にまたがった広範囲のものであったが，1人当たりの公園緑地を考えるとき，東京市（現・23区）900万人を対象にしたもので，東京府（多摩地区）は含まれていなかった．

　1人当たり1坪強という数字はどこから出たのだろうか．決定事項集録には，
     既設公園　　　約140万坪　　（462 ha）
     計画大公園　　約500万坪　　（1650 ha）
     〃　小公園　　約200万坪　　（660 ha）
     公開緑地　　　約100万坪　　（330 ha）

　　　　計　　　　　　　940万坪

とあって，飽和人口900万とすれば1人当たり1.04坪になる，というのである．ただ，公開緑地100万坪はどこどこをいっているのか明示されていないし，既設公園140万坪の根拠は何か，よくわからない．

　1人当たりの公園緑地を考えるとき，緑地は狭く限定されていても，公開緑地もカウントに入っていた．東京緑地計画では1人当たり4坪を理想の姿としながら，現実として1坪をとりあえずの目標としていたのである．

　「土地獲得の容易」を考えざるを得なかったために，小公園区によって1人当たりの公園面積に大差のある計画となった．$4 m^2$以上の区として芝，小石川，杉並，板橋，葛飾がある反面，$1 m^2$にも満たない区としては，麻布，四谷，蒲田，渋谷，豊島，滝野川，王子，向島があった．

　この計画は今から50年以上前の計画でありながら，計画人口として飽和人口900万をとっている．現在の東京人口は799万人（同区域・23区）である．この計画を現状と比較してみるのは興味深い[注14]．

　現在，公園が少ないとして知られている豊島区と中野区をみると，豊島区は初めの池袋公園10 haを断念してから，大公園の計画はなく，1人当たり$0.9 m^2$が計画であった．現在は計画面積32.4 haの半分が達成している．それでも1人当たりの面積が$0.61 m^2$となっているのは，人口が減っているからである．（昭和40年に37万人，平成6年は25万人）

　中野区の場合は計画81 haに対し現在は30 ha，成案が1人当たり$2.4 m^2$に対し，現在$0.96 m^2$である．成案の大公園がつくられなかったことについては先述した．

　中野区の西に接しているのが杉並区である．現在人口は，予想した飽和人口にほぼ等しいが，1人当たり公園面積は$1.59 m^2$と他区に比較しても落ち込んでいる．ここも成案の大公園，善福寺47，高井戸33，和田堀96，計176 haのうち開園されたのは僅か40 haぐらいしかないというのが，公園の少ない理由であろう．成案では$4.7 m^2$と最大の計画であった．成案当時は緑豊かな田園がのこり，大公園が可能と考えられていたのである．

　特異なのは江戸川区である．公園の計画109.7 haに対し，現在670 haが開園，1人当たり$11.4 m^2$に達している．現在人口は飽和人口の1.5倍になろうとしていることを考えると，いかに公園の増設が著しいかがわかる．これは埋立地に広大な公園をつくっているからである．内陸の区では不可能なことであろう．ほぼ成案に近い数値に達しているのは，世田谷区である．成案の$3.6 m^2$に対し，現在は$2.87 m^2$．飽和人口785,912人に対し，現在773,894人と似ているのは驚きである．

　昭和14年の成案の公園緑地面積は，1人当たり1坪を目標としていたことについて述べてきた．昭和20年の敗戦まで変わらなかったのだろうか．昭和17年，2坪になることについては，後述する．

6. 環状緑地帯の計画

　東京緑地計画は一名環状緑地帯計画ともいわれることがある．東京緑地計画の著しい特色と思われているからである．1924年（大正13年）アムステルダムで開催された国際都市計画会議において，環状緑地帯が提案され反響をよんだ．

　東京緑地計画は国際都市計画会議から8年たった昭和7年に始まったが，先に述べたように，1年間で計画を仕上げる積りであり，この計画の初期には，環状緑地帯は入っていなかったことについては，先述した通りである．

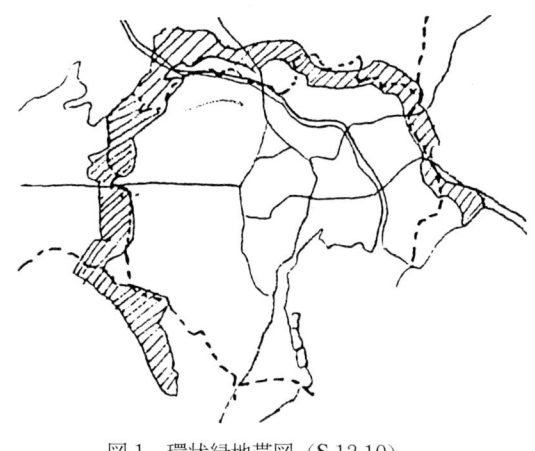

図1　環状緑地帯図（S.13.10）

6-1. 環状景園地とは何か

　会合日誌によれば，環状緑地帯の語が出るのは，昭和13年11月11日の打合せであり，幹事会にいたっては昭和14年2月15日に初見である．実に成案が決定する2カ月前である．協議会で提案し検討されたのは，初め環状緑地帯ではなくて，環状景園地であった．今では死語であろうが，実は，会合日誌には，昭和12年11月26日の打合せ会に顔を出してから，昭和14年2月15日に廃止されるまで，約1年3カ月の間，環状景園地の語は9回も出てくる．また，昭和13年3月1日の東京朝日新聞にも，東京緑地計画協議会の幹事会で普通・運動・自然公園の38カ所と共に「帝都環状景園地計画案」の決定を報じていた．当時の他の新聞にも，環状景園地はしばしば見られる言葉である．

　環状景園地とは何なのか．景園地とか環状緑地帯と，どう違うのだろうか．

　昭和13年10月10日京城（ソウル）にて，第6回全国都市問題会議が行なわれた．「皇居遥拝，護国の英霊への感謝と皇軍の武運長久のため黙祷を捧げ・・・」という儀式？の後始まった会議であった．日中戦争が勃発して1年がたっていたのだ．

　この会議で発表された都市計画東京地方委員会のテーマが，環状景園地と環状緑地帯の関係を知る有力な手掛かりとなるものであった．第1日，都市計画東京地方委員会技師太田謙吉は，「東京緑地計画」と題して，昭和7年以来の東京緑地計画協議会の計画を報告した．今回は特に第4回東京緑地計画協議会総会に提案しようとしているものについて説明した．この中に「景園地追加案（環状景園地）」があった．

　風致保有と区域内に自然公園等を選定する趣旨で広大な面積の景園地を決定したが，今回「更に右の趣旨に加うるに，市街地の過大化防止，帝都防備等特別の使命をも加味せし

め…」と追加した理由を説明した．幅員は約2km，地積は3565万坪に及ぶ，と具体的な数字まで上げた．これまでに決定された37カ所の景園地は1府3県に散在したものだが，追加された景園地は，幅2kmで東京市域の境に沿って環状にとりまいていた．

然るに，都市計画東京地方委員会では，これとは別に，「過大都市防止対策としての環状緑地帯」の発表をおこなう．「環状緑地帯」が初めて公の席に姿を表わしてきたのである．発表は「東京緑地計画」が口頭と誌上発表したに対し，こちらは口頭発表なく，誌上のみの発表のようだ．この環状緑地帯と環状景園地は，どんな関係があるかと思うのだが「はしがき」の中に「曩に東京緑地計画の一部として採用した環状緑地帯（ママ）を，さらに主題の観点から検討して得た試案である」とある．さきに採用した環状緑地帯というのは，環状景園地のことをいっているのである．（誤植かもしれない）

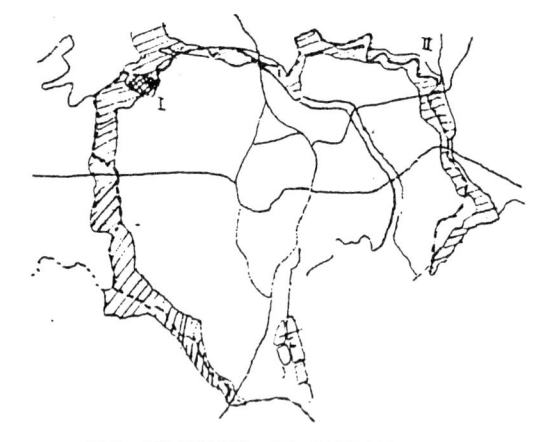

図2　環状景園地の図（S.13.10）

諸外国の例をみるに，過大都市防止は今日においては議論の時代から実践の時代に入っている，との認識があった．議論はともかく，実践には莫大な費用が伴う．したがって，この発表には財政計画として事業費概算1億4235万円，財源としては低利資金，普通公債，都市計画特別税をあてるとした．経費の試算は，木村三郎氏がつくったものという．（「造園雑誌」57－2 H.5.11）環状緑地帯は地域制でなく，営造物と考えられていた，と強調しておられる．太田謙吉氏とは別個に環状緑地帯の調査・研究をしていたことがわかる．

都市計画東京地方委員会が，第6回全国都市問題会議に，一方で「環状景園地」を発表し，一方で「環状緑地帯」を発表していたことは，この時代の急激な流れを感じさせるものである．「環状景園地」は昭和12年11月以来約1カ年の調査研究の成果の公表であり，「環状緑地帯」の発表は，今こそ，1926年アムステルダムの国際都市会議で決定された，グリーンベルトの実現のチャンスだとの考えがあったと思う．次回の全国都市問題会議までは待っておられないという気持ちである．

この環状景園地と環状緑地帯は，前者は面積3565万坪に対し，後者は4350万坪と先述したように別個のものである．ともに計画図が発表されている．図1，図2参照[注15]．
環状景園地は，『都市計画の基本問題』下巻にのせた説明文には，過大都市防止の言葉なく，「この景園地は今尚相当に武蔵野特有の景趣を保有し…」と書いているとおり，東京市界に残っている自然の景趣を残したいという強い思いがあったことを知る．江戸川の川口と

旧江戸川の川口の間の海岸線を環状景園地に含めたのは，その表われである（図2）．やはり，景園地計画の追加案にふさわしい内容をもっていたのである．

両方に共通していて，後の環状緑地帯と著しく違っているのは，いずれも楔状緑地帯がないことである．楔状緑地帯は，昭和14年4月の第4回総会の時の成案が初めである．

6-2. 環状景園地から環状緑地帯へ

景園地追加案としての環状景園地の発表は，東京緑地計画協議会がやってきた東京緑地計画の中間報告であった．一方，環状緑地帯の発表は，都市計画東京地方委員会の試案であって，東京緑地計画協議会で検討されたものではなかった．

二つが同時に発表されたのは，昭和13年10月だが，それからいくばくも経たないうちに，環状景園地は廃止され，環状緑地帯となった．（会合日誌には，S.14.2.15廃止）何れ環状緑地帯にするのであれば，初めから環状景園地とせずに，環状緑地帯としなかったのだろうか．環状景園地が昭和12年になって出されてきたことについて，石田頼房氏は次のように述べておられる．

東京緑地計画で，初期に検討されたものが公園，景園地と行楽道路という，いわば「塊」と「線」であった．市街地拡大の抑制の理念あるいは，防空空地的理念による市街地連担阻止が加味されて，はじめて「環状景園地」という方向が出てきた．「防空」は，この時期（特に1937年以後）の都市計画における基本理念とさへなっていた．」[注16]1937年（昭和12年）というと防空法公布，日中戦争の勃発した年だが，この頃から「面」としての規制がなされるようになったというのである．

昭和12年以降というのは，御指摘のように「防空」が都市計画の理念になった年である．それでも環状緑地帯ではなく，環状景園地であったのは何故か．

景園地と緑地の違いであると思う．景園地というのは，この区域内に自然公園を選ぶために計画された土地であり，買収を対象とした土地ではなかった．37ヶ所，289143haという膨大な面積を決めたのは，買収するつもりがなかったからだ．一方，緑地は永続的な空地と考えたのが，東京緑地計画（成案）である．

昭和12年，環状緑地帯ではなくて，環状景園地としたのは，広大な土地を買収するのは，きわめて困難だと思われていたからだと思う．昭和13年10月になって，環状緑地帯を提案したのは，世論が支持してくれる状勢になったとの判断があったからではないだろうか．東京市の周辺に4,350万坪の緑地帯を確保するのに，1億5,000万円の費用も受け入れる時勢になっていたとの読みがあったと思う．

昭和13年，世の中は大きくかわっていた．4月1日，国家総動員法が公布されたのである．国防のためには議会をへずに，物的，人的資源の運用を政府に委任するという，統制の集大成といわれた法律である．防空を目的とする緑地にとって，追い風になっていたの

だ．（議会が軍部に屈服したといわれた．政府の独裁権強化）環状緑地帯（1.5億の予算）の提案は，この法律の6カ月後に発表された．世論の動きをみての発表であった．

　昭和14年3月のある座談会で，川上事務官は地方計画の説明の中で，過大都市防止，地方分散，緑地保存が地方計画，国土計画の問題になっている，と述べた後，「結局，国土全体をどう導いて行ったら宜いかという大きな問題になりますので，云はば土地の総動員法とも云うべき，土地利用についての総合的統制の制度の実現を期する」[注17]との考えを述べていた．この総動員法というのは，昭和13年4月の国家総動員法を指しているのである．事務官はこのような法律を土地利用にも及ぼすことを期待していたのだ．当時の都市計画が，この法律に強い関心をいだいていたことがわかる．

　昭和13年10月の第6回全国都市問題会議は環状緑地帯にとって重要な会議である．開会式直後に行なわれた内務省計画局長　松村光磨の講演は「現下都市計画の緊急問題」というものであった．この中の「大都市の発展の統制と地方計画」を読んでいると，過大都市を防止するために，環状緑地帯を確保しなければならないという強い意志が感じられる．モスクワ，ベルリン，ロンドンは最近広大な環状緑地獲得に多大の経費を投じている．この計画は一日早ければそれだけの利益がある，急がなければならない，といっている．ここに見逃すことのできない言葉がある．そのまま引用したい．「大都市の周辺にある田畑，山林等をその儘，緑地として保存する為，民有地に権利の制限を行ふことを主張する論者もあるけれども，今日我国の情勢では殆んど実現困難なことであろうと思われる．」だから，国または公共団体が買上げなければならない，というのである．成案の環状緑地帯は地域制でなく，営造物緑地を考えていたというのは，この理由による．

　なお，結語でものべているように，当時のドイツの都市改造が，わが国の都市計画家に強い刺激をあたえていたことも無視できないであろう．

6-3．環状緑地帯（成案）の成立

　第4回の総会（S.14.4.12）で決定した成案の環状緑地帯は，東京市の周辺をとりかこんだもので，神奈川県川崎市，埼玉県南部，千葉県西部の一部をとりこんだ，総計13,623 haの地域であった．S.13.10に提案した環状緑地帯より5％減じたものとなった．なお，多摩川，江戸川，荒川，荒川放水路の河川敷（水面）もふくまれていた．決定事項には，幅員2 km，延長距離72 kmとしている．

　緑地帯は一定の幅をもった緑の帯だが，この幅員は重要である．膨張する都市を阻止するという目的を持っているからである．現在のサラリーマンは，都心から30 km～50 kmからも電車で通勤している人が多い．1時間を越えることも決して例外ではなくなった（ただし，東京の場合）．こうした我々からみると，幅員2 kmの緑の帯で，都市の膨張が止められるという発想は，大変理解が難しい．

計画した人達は，どのように考えていたのだろうか．先にあげた「過大都市防止策としての環状緑地帯」には二つの理由を上げた．
1. 工場従業員の通勤距離・・・専売局が行なった工場従業員の通勤距離調査によれば，60％の従業員が徒歩通勤しているという．仮に，緑地帯の外縁に沿って大工場が設置されたとしよう．この従業員は2km以上の徒歩は嫌うであろうから，緑地帯の内側に居住することはない．
2. 近隣地計画・・・緑地帯の外縁に集落ができたとしても，近隣地計画の半径が1km程度なので，2kmの緑地があれば集落はつながることはない．

　この二つの理由で幅2kmとしたというのである．工場従事者の徒歩通勤を主とした計画だったというのは意外な思いがする[注18]．徒歩通勤者が逐次自転車や電車通勤にかわるであろうこと，工場従事者でない通勤者が年々増えていくことを，どう考えたのだろうか．当時は郊外電車が発達し，現在の路線は昭和初年にはほとんど出揃っていた．景園地計画はこの電車の発達によって考えられた計画であった（片道1時間，1円）．1～2kmの緑地帯で過大都市を阻止するというのは，かなり無理な計画であったような気がする．ただ，過大都市の防止は困難でも，家屋の連担防止は有効だったと思う．

　この環状緑地帯構想は反響をよんで，直ちに成案になった．幅員1～2kmで都市膨張が阻止できるかどうか，という議論はなかったようである．武蔵野の風趣をのこす，結核のために新鮮な空気がほしい，緑地で青少年の訓練をする，防空に役立つ等などの効用が信じられていた．なによりも防空という大義名分が実現をいそがせた．幅員が狭いか，広いかの議論は，どうでもよかった．何しろ環状緑地帯の計画は緊急に求められていたのである．これが世界の大都市の趨勢でもあった．

6－4. 三つの環状緑地帯計画図

　環状緑地帯の計画図は，前述した全国都市問題会議で提案した計画図を除くと，昭和14年4月の成案を含めて3種知られている．昭和14年の成案，昭和15年の図，それに昭和17年の計画図である．

　1）最もよく知られている計画図は成案のもので，『公園緑地』3巻2・3号に掲載（図3）されている．昭和14年4月12日の第4回総会での決定である．環状緑地帯といっても東京市域境界辺をとりまくものと，その環状の帯から中心に向かって突出した楔状緑地帯の両方からできている．緑地帯における川のウエイトは大きく，西南部はほぼ多摩川の河川敷となり，東部は江戸川の河川敷となる．ただ，江戸川の場合，千葉県の松戸町，市川市も含まれていた．環状の内部にくいこんだのは，楔状緑地だけでなくて，新しく完成していた荒川放水路が22kmの長さでのびていた（幅員455m～582m）．楔状緑地は西部に3本，東部に2本あった．環状緑地帯の幅員は2kmを越えることはほとんどなく，大部分は1km～

1.5 km であった（図3参照）．

2）次の環状緑地帯は，高橋登一「帝都の緑地計画」『都市公論』23巻8号（S.15.8）に掲載された昭和15年の計画図（図4）である．環状緑地帯の西部が著しく変わった．成案では東京市と北多摩郡の境界辺りを通っていたものが，著しく西方にひろがって，現・武蔵野市をこえて，現・小金井〜小平市の線になっている．楔状緑地は成案と同じだが，西の三つは環状緑地帯が西へ移ったため，不安定な形になっている．

改訂の理由は簡単である．成案（S.14.4）のあと，昭和15年3月になって，砧，神代，小金井，舎人，水元，篠崎の六つの大緑地を都市計画決定したからでる．六つの大緑地は環状緑地帯の実現の第一歩と考えられながら，いくつかの大緑地は，成案の環状緑地帯の中に入っていなかったのである．神代大緑地と小金井大緑地をとりこむために，西方に大きく膨張した．また，舎人緑地をとりこむため，このあたりの緑地帯を市境界より足立区内部に移動している（図4参照）．

3）昭和17年の計画図である．『公園緑地』6巻2号（S.17.2）に掲載されている（図5）．この図は高橋登一「東京緑地計画の将来」に付せられたもの．ここでは環状部も楔状部も変わった．先ず環状部では，西部は小金井緑地をとりこむために西に移動したことは，昭和15年のままで，その移った跡地に環状緑地を復活した．したがって，このあたりは二重の帯となった．この他，北東部の埼玉県との境界あたりは，幅員2〜4 kmとした．成案の約2倍である．大体西部，北部の陸続きでの帯を拡張し，そのかわり，河川で境している部分はむしろ削った．都市膨張阻止を現実的に考えたためだと思われる．

楔状緑地も大きく変わった．石神井川線と神

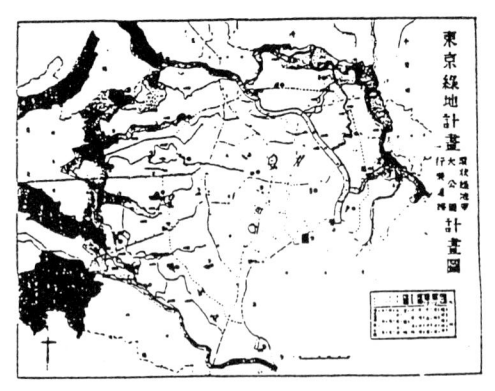

図3　東京緑地計画・大公園
　　　行楽道路・環状緑地帯計画図（S.14.4）

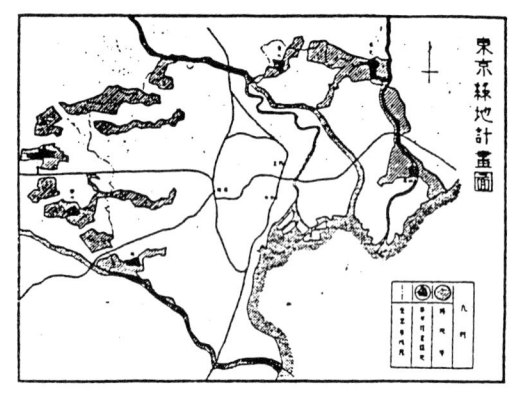

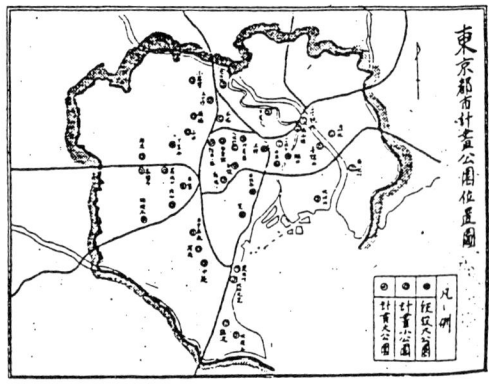

図4　東京緑地計画図（上）東京都市公園位置図（下）
　　　（S.15.8）

田上水線の中間に新たに妙正寺川の沿線を加えた．もう一つは，東南部に江戸川と荒川放水路を結ぶ線を加えた．この楔状緑地帯に関係すると思われる文書が，放射緑地帯試案調書[注19]である．この調書にかかれている放射緑地帯は，多摩川，砧―弦巻，神田川上水，妙正寺川，石神井川，舎人―鹿浜，水元―小菅，西篠崎―奥戸，小松川の9本としている．多摩川と舎人―鹿浜の2本も楔状緑地としている．

放射緑地帯9本の総面積1014万坪（3346 ha）となり，以前とは一段と拡張されている[注20]．この理由について，東京市民に1人当たり1坪の公園を提供するには，約500万坪不足している．これを放射緑地帯の中に「保健緑地」を500万坪設定して補足したい，というのである．図5参照成案（S.14.4）と昭和17年のものを，対比してみよう．

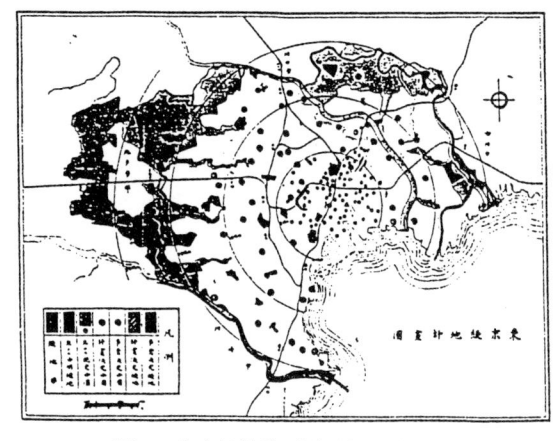

図5 東京緑地計画図（S.17.2）

昭和14年（成案）[注21]
  総面積 4120万坪
  内訳 1790〃   道路，河川，農家集落，住宅
      1880〃   普通緑地（公園，運動場，学校園等）
       450〃   生産緑地（小作）

昭和17年
  総面積 7000万坪
  内訳 2000〃   道路，河川，農家集落，住宅
      1000〃   普通緑地（防空，公園，訓練等）
      4000〃   生産緑地

昭和17年の環状緑地帯が70％も拡張しているのは，生産緑地を450万坪から4,000万坪にふやしたからである．昭和14年の生産緑地がすべて買収して小作させる考えであったに対し，昭和17年の生産緑地は，防空法による「空地」指定によって建築物を規制することや，地方計画法による「緑地地区」指定で，農耕地，山林を保全しようと考えていたのである．

この地域制で農地を保存というのは，先に（昭和13.10）松村局長がほとんど実現困難と

言っていたものであった．時勢はかわっていたのである．昭和18年3月になると，防空空地帯が指定されるが，この土台になったのは昭和14年の成案ではなく昭和17年の環状緑地帯計画図であった[注22]．

楔状緑地は成案と昭和17年の図は大きく変わったことは先述した通りだが，外放射空地帯は昭和17年の楔状緑地の数と形状がそっくりなのである．昭和15年に環状緑地帯を改変した動機は，六大防空緑地の都市計画決定であったが，昭和17年の改変は，同年1月31日の14カ所の防空中緑地の都市計画決定であった．野方緑地と善福寺緑地をふくめようとして，新たに妙正寺川沿いの楔状緑地帯を加えたのは，その表われである．

東京緑地計画の実現

昭和7年10月（東京市が6倍に拡張した月）東京緑地計画協議会を設立し，7年の歳月を費やし，昭和14年4月，内務大臣に報告された．これが東京緑地計画の成案である．公園計画は何年たっても，ほとんど実現されずに終った東京市区改正設計のようなものもあったが，この東京緑地計画は，時代の要請にのって実施段階に入っていく．

東京市が防空公園として，都市計画決定されるは昭和13年8月26日の告示であり，東品川，荏原，西巣鴨，板橋，南千住の五つの小公園であった．これらの公園で特記すべきことは，単に計画決定されたばかりでなく，同日付けで事業決定されたことであった．財源は起債と国庫補助に求められた．今まで，名古屋市や大阪市で公園が都市計画決定されたことはあったが，事業決定は先送りされていたことを思い起こしてほしい．

東京市は，昭和11年の公園計画で，適当な時期に都市計画公園事業にしなければ実現はおぼつかない，と書いていた．それから2年たった昭和13年8月，待望の都市計画事業が実現したのである．当時，都市計画課長林茂は「東京市防空公園事業に就いて」の題目で，このあたりの事情を詳しく書いている[注23]．

この五つの公園が我が国の防空公園のはしりで，次年度から国庫補助の制度ができて全国の都市で防空公園がつくられていく．公園がレクリエーションでなく，防空の面からしか事業化されなかったことは残念なことであった．成案の成立は昭和14年4月だから，以上の防空公園のはなしは，実は成案以前のことであった．しかし，これらは成案の小公園と位置付けられているものであり，荏原公園2.64 haにいたっては，大公園（目黒公園32 ha）の一部として位置付けられていることは後に述べたい．

景園地にもいえることだが，成案が決定される前から実施に入っていたのである．成案が時代に後押しされていたことがわかる．成案が成立する僅か数ヶ月前に提案された環状緑地帯は，驚嘆すべき速度で実現されていく．成案は14年4月12日決定．その2週間後に開かれた東京府紀元二六〇〇年記念審議会で記念事業として環状緑地帯が提案され，山口

久太郎委員の説得力のある提案理由が効を奏して，昭和15年1月23日第3回審議会にて，七つの大緑地746 haが予算2,150万円とともに可決された[注24].

　壮大な計画だが，東京府紀元二六〇〇年事業審議会では，七つの大緑地だけでは満足していたわけではなかった．これは環状緑地帯の一部にすぎず，別途に緑地帯を計画し，政府と協力して完成されたい，との希望条件をつけているのである．環状緑地帯は市民から強い支持を得ていたことがわかる．

　東京府は2月8日，臨時府議会を招集して可決．これをうけて都市計画東京地方委員会では，大泉緑地を除いた六つの大緑地，砧81，神代71，小金井91，舎人101，水元169，篠崎124計637 haを計画決定ならびに事業決定，15年3月30日に告示された．同日，防空の観点から都市計画法が改正され緑地が導入された．六つの大緑地は法的根拠を得て，直ちに買収されていった．

　環状緑地帯は，東京緑地計画協議会で決定した昭和14年4月から1年後に既に防空大緑地として買収がはじまっていたのである．このスピードは，通常ではついていけない位だ．次の東京府議会の記録はそれをまざまざと見せてくれる．昭和15年11月30日にひらかれた府議会での吉川末次郎の質問である．吉川は2年前の13年12月の府議会で環状緑地帯計画について質問したことがあった．都市計画東京地方委員会では都市の周囲に幅員2 kmの環状緑地帯をつくろうとの計画があるが知事の見解を聞きたいというものであった．その時，知事や土木部長は非常に巨額の経費のいる大きな問題で，各国にもあまり例がない．学術的な研究報告にすぎず，実現性に乏しい空想的な計画ではないか，との答弁をしていたのである[注25]．

　吉川が2回目に質問した15年11月の時点では既に大緑地が府議会で決定してから9ヶ月が経ち買収がはじまっていた．岡田知事はこの間のことを「2年前ト今日トハ変ッテイルト思ウ．非常ナ変リ方デアルノデハナイカト思フノデアリマス．」と苦しい答弁をしているのである．

　吉川氏は「新体制」「戦時体制ノ強化」「高度国防国家建設」の言葉をちりばめているのだが，緑地帯は革新的な新体制の産物としての認識があった．この2年の激変ぶりは，東西ドイツの合体，ソ連の崩壊を経験した我々にはよく理解できることである．

1. 第一次大緑地計画（防空大緑地）

　東京府紀元二千六百年記念事業審議会で決まった大緑地は七つであった．予算は2,150万円である．そのまま東京府議会で可決された．七つの大緑地というのは，砧，神代，小金井，大泉，舎人，水元，篠崎であった．神代といい，舎人といい記念事業らしい名となっているが，審議会の創作したものでなく，地名をとったものである．水元も水元小合町という地名からとられている．

まず，七つの大緑地と東京緑地計画（成案）との関係を調べてみたい．砧（砧），神代（深大寺），大泉（大泉自然公園），水元（小合溜自然公園），篠崎（篠崎）．これら五つの緑地は（）内の公園名で成案にあったものである．小金井と舎人の二つは該当するものが見当たらない．舎人は成案の西新井公園の北の水田地帯に，小金井は環状緑地帯のはるか西にきめられた．この二つは東京府紀元二千六百年記念事業審議会で初めて登場してきたのである．

表6

成案	2600審議会	都市計画決定	
14.4.12	15.1.23	15.3.30	18.2.17
砧　　56ha	砧　　66	砧　　81	
深大寺58	神代　66	神代　71	
	小金井86	小金井91	
大泉　278	大泉　198		練馬83 S19.5.4廃止
	舎人　99	舎人　101	
小合溜162	水元　99	水元　169	
篠崎　33	篠崎　132	篠崎　124	

七つの大緑地のうち，大泉については，この位置に陸軍飛行場を建設するということで除かれ，六つが昭和15年3月30日都市計画決定された．六大緑地として知られる，砧，神代，小金井，舎人，水元，篠崎である．

成案から都市計画決定まで，名称と面積の異動があるので表6にしてみたい．

都市計画決定の時，大泉を削った代わり一つ一つを拡張した．大泉は後に練馬と変えて決定している．練馬大緑地については，次項で述べる．

1-1. 練馬大緑地（幻の大緑地）

大泉大緑地は東京府議会で予算とともに議決しながら，昭和15年3月30日の都市計画並事業決定から削除され，六つの大緑地になったことは，前に述べた．理由は，この場所に陸軍が飛行場を予定しているということであった．これはよく知られていることだが，都市計画の方で，この方面の大緑地を諦めたのだろうか．飛行場ができれば，大緑地はこの辺になくてもよい，と考えたのだろうか．決してそうではなかった．水谷駿一は「大緑地誌稿」（『公園緑地』4—4 S.15.4）の中で，「頭書計画の大泉は，その位置を変更せざるべからざる時に遭遇したるを以て，本都市計画並同事業決定に一応削除し，至急他に適当の計画地を調査中である」と書いているのである．陸軍の飛行場とは関係なく，大緑地としての土地を探していたのである．

大泉緑地は練馬緑地と名をかえて，都市計画東京地方委員会の議をへて，都市計画決定されていく．

《内務省十七東国一九三号》
昭和15年3月内務省告示第一四七号東京都市計画緑地及事業並其ノ執行年度割中，都市計画東京地方委員会ノ議ヲ経テ，左ノ通変更ニ付御認可相成度　右閣議ヲ請フ昭和18年1月27日

内務大臣　　　　湯沢三千男
内閣総理大臣　　東條英機殿
第一ニ左ノ緑地ヲ加フ
練馬　　板橋区地内　　　83ヘクタール
　次に事業執行年度割があって，理由書には，

一朝有事ノ際ハ防空，避難ニ供シ平時ニ於テハ市民ノ保健，訓練等ニ資スル為，曩（さき）ニ都心ヨリ20粁圏内ニ於テ地籍20万坪乃至50万坪ノ緑地6箇所ヲ東京都市計画並事業トシテ決定シ・・・（略）

表7

	15.3.30	18.1.23	18.2.17	18.8.4	19.5.4
砧	81ha				
神代	71			87	
小金井	91	92			
舎人	101				
水元	169				
篠崎	124				154
練馬			83		0
計	637	638	721	737	684
備考	当初 637ha　敗戦時 684ha すべて都市計画決定と同時に事業決定された				

　この練馬緑地は上板橋緑地や駒沢緑地のような防空中緑地ではなくて，六つの防空大緑地の追加であることをいっているのである．
　練馬緑地は，昭和18年2月17日東京都市計画緑地として計画並事業決定される．位置は練馬土支田1丁目と練馬田柄2丁目を北辺とし，練馬高松町1丁目，2丁目を南辺とする地域である．大泉よりやや南東で練馬にあり練馬緑地と改称された．大泉にかわる土地を至急調査中といいながら，都市計画決定までに3年もかかったことが，事態を複雑にしていった．
　練馬緑地が計画決定した昭和18年，陸軍は飛行場建設にとりかかるのである．しかも場所は大泉ではなく，練馬緑地と同じところであるらしいのだ．昭和18年の春のある日，土支田，田柄地区の地主500名が板橋区役所（当時練馬区なし）に呼び出され，飛行場建設用地に協力するように要請された．そして，8月末日までにすべての農家は立ち退き，10月には成増飛行場は完成していたのである[注26]．成増飛行場は敗戦で米軍に接収されて，グランドハイツとなり，昭和47,48年に返還，一部が光が丘公園61haになっている．現在光が丘公園の南に凧の尻尾のようにのびている細長い地域は成増飛行場の滑走路に当る．
　大緑地の推移を表7にしてみよう．

2. 第二次緑地計画

　第一次の計画が，環状緑地帯内に都市計画決定したのに対し，第二次は一層内部ほぼ環状7号線に沿って決定された．穴守12ha，池上21ha，洗足13ha，駒沢46ha，和田堀65ha，野方15ha，上板橋60ha，浮間30ha，西新井11ha，奥戸33ha，宇喜田20ha，高井戸36ha，善福寺38ha，石神井58ha，計14箇所457.8haである．環状7号線の内側には僅かに野方，宇喜田だけで，むしろ高井戸，石神井等は環状8号線に沿っていた．
　第一次の六つはすべて事業化されたに対し，今回は上板橋，駒沢だけが事業決定されて

いる．14の緑地は東京市のまわりをとりまくように配置され，成案の大公園計画の根幹をなした．郊外の風致地区がすべて緑地に決定されたのも今回の特色である．平均面積は第一次大緑地計画の106 haに対し，第二次緑地計画は33 haであった．防空中緑地といわれた．

14ヵ所の緑地が都市計画決定されたのは昭和17年1月31日であった．第一次計画とあわせると，20ヵ所1095 haが都市計画決定を済ませ，大半のものが事業に入っていたのである．緑地として決定された14ヵ所は，成案では大公園（普通公園，運動公園）として計画されていたものだが，浮間緑地だけは追加である．ここは荒川の河川で蛇行の湾曲部にあたり，河跡湖になろうとしていたところであった．水面を含む30 haの決定である．

成案での大公園の配置では市域の北部は赤塚公園（板橋区）と江北公園（足立区）があったが，間隔は10 kmをこえていた．ここだけが著しく空いていた．丁度この場所に荒川が流れていたので，大公園の必要を認めなかったのであろう．今回この中間に浮間緑地を決定したのだが，現在この周辺が市街化していることを思うと，適切な処置であったといえる（H9，浮間公園11.7 ha開園）．

成案の板橋公園は上板橋緑地に改められたが，場所がかわったわけではなく，上板橋町の名からの改名であろう．面積は成案とほぼ似ているが，穴守，野方，和田堀は大きく減らした．それでも和田堀緑地65 haは大緑地を除くと最大の面積であった．（H9，16.9 ha開園）

2-1. 1人当り2坪にアップ

第二次緑地計画によって，14緑地が都市計画決定を終えたあと，次の構想については当時，東京緑地計画協議会の委員であった高橋登一と太田謙吉の文から知ることができる．

都心部には市区改正事業や帝都復興事業等により大小公園が相当に分布している．また，市の外周部には六つの大緑地と14箇の緑地が着々と造成計画がすすんでいる．その中間地帯が最も急激な発展をとげた区域で，ここに大公園を実現したい，というものであった．第二次緑地計画よりもなお一層都市の内部にくいこむので，土一升，金一升の密住区域で押していく事業であるので，相当困難が伴うと書いていた．

高橋登一は，都市計画東京地方委員会事務官として「熱烈な操舵振り」[注29]を発揮して，東京緑地計画を推進した人といわれるが，「東京緑地計画の将来」という論文があり，昭和17年2月の『公園緑地』6—2に収められている（図5参照）．

将来の計画については，公園緑地の面積は1人当たり少なくとも2坪程度を必要とする，としているのである．成案に比較すると，丁度2倍となっている．一挙2倍に目標をあげたのは，世の中がそれを可能にするような状況になってきたことを察知したからである．

この論文は次の言葉で始まっている．

「最近公園緑地に対する一般の認識が，漸く道路や鉄道に対すると同程度迄に進んできたことは，誠に欣快に堪えない．その実現の容易になったことは，十年前と比較して隔世の感

がある.」10年前というと昭和7年,東京緑地計画が始まった年である.道路や鉄道と同程度に進んだというのは,公園緑地に金を出す世の中になってきたことを示している.
1人2坪の計算は次のようになっている.

既設公園及び都市計画決定公園緑地　　　　458.3万坪
大公園増設計画　　　　　　　　15箇　150
小公園増設計画　　　　　　　545箇　174.6
緑地　　　　　　　　　　　　　　　　700
　　　　　　　　　計 1482.9万坪

　これを東京市人口750万人とすると,1人当たり公園緑地面積は約2坪($6.6 m^2$)となる.成案と比較すると,先ず人口を750万人としたことが注目される.成案は900万人であった.当時の人口は685万人だったが,1割増しの「750万人程度に喰い止むること」ができるとした,と書いている.国土計画,地方計画の研究に基づいたものという.
　緑地の700万坪は買収と学校や民営緑地の造成に期待したとある.都市計画東京地方委員会の責任で「東京都市計画公園緑地展望」というのが,同誌に掲載されている.ここに「一人当たり2坪の目標」としているので,この数値は都市計画東京地方委員会で合意されたものであったことがわかる.
　昭和14年の成案は公園緑地面積は1人当たり1坪,昭和17年になって,1人当たり2坪にアップしたのである.時勢は動いていたのだ.

3. 東京緑地計画協議会の組織がえ

　東京緑地計画協議会は昭和14年4月,成案を内務大臣に報告したあと,解散したのだろうか,存続したのだろうか.
　成案ができあがった後も,解散することなく,同じ組織で成案の実現化をはかっていた.昭和15年3月,六つの大緑地637haの都市計画決定(同事業決定),昭和17年1月には14個の緑地458haの都市計画決定を終えた.合計1,095haの緑地が都市計画決定され,大半は既に事業化しつつあった.これは,成案の大公園1,681haの65％にあたる.大きな成果といわねばならない.成案より3年もたっていない.これで東京緑地計画の見通しはついたと考えたに相異なく,東京緑地計画協議会の組織を縮小して,計画の文字を削り東京緑地協議会と呼ぶことになったのである.
　第1回東京緑地協議会は昭和17年6月9日に開かれた.委員会名簿には内務次官の名はなく,内務省国土局長新井善太郎の下に,内務省国土計画課長川上和吉がいた.新しく委員となったのは大東京緑地協会主事,同技師の2人と東部軍参謀であった.以前に臨時委

員だった参謀が委員に入ったわけだが，他の神奈川，埼玉，千葉県，東京鉄道局の臨時委員は除かれた．また，学識経験者もいない，実行の組織になった[注27]．

大東京緑地協会というのは，石坂泰三，藤山愛一郎，渋沢正雄等，大企業のトップの人たちが設立実行委員となって，昭和16年5月設立された財団法人の組織である．この中でも原動力になったのは渋沢正雄（日本製鉄）で，郊外の武蔵野の樹林地が工場，住宅で昔の俤が失われていくのを惜しんでいたという[注28]．

各企業では従業員の厚生施設を郊外に求める時期でもあり，武蔵野の景観を保全したいという願いとが重なって，大東京緑地協会は東京緑地計画の一員となっていたのである．技術系では，北村徳太郎，木村英夫，太田謙吉，水谷駿一，井下清，石川栄耀，田中清彦，事務官としては，都市計画東京地方委員会高橋登一と内務省水上鏡一がいた．
昭和7年12月の第1回幹事会から名が出ているのは，北村徳太郎，井下清，田中清彦，水谷駿一であり，石川栄耀は昭和8年9月よりの参加である．特に北村徳太郎は東京緑地計画協議会を提唱し，色々と組織や内容を立案したといわれる[注29]．

4．東京緑地計画の見直し

組織がえした東京緑地協議会は成案の見直しに入った．先述のように，40カ所の大公園計画の大半が都市計画決定を終え，あとの見通しを立てようとしたのである．組織がえした第1回の東京緑地協議会は，昭和17年6月9日ひらかれた．初回のこともあって，成案のその後の処理状況を整理した．大公園と小公園を別々に示すと次の通りである（表8）．

成案の大公園で計画決定した四つというのは，羽根木，目黒，中野，後楽園だが，羽根木以外は，荏原（2.6 ha），杉並（8.3 ha），礫川（2.6 ha）と名称をかえて一部を決定したもので，実質としては大公園とはいい難い．

羽根木は昭和15年すでに19.83 ha計画決定していたので，大公園として数えると，追加の2カ所をいれて，大公園は21カ所（公園として1，緑地として20）が決定されていた．

小公園の方は48カ所99 haが計画決定，76カ所129 haが計画中であった．末松四郎氏の『東京の公園通誌』下 P.26に小公園122カ所279 ha（S.22現在）とあるので，計画中の76カ所は，敗戦までにほぼ全部，都市計画決定したと思われる．未計画の467カ所はほとんどそのまま戦後にもちこされた．

表8

大公園		都市計画決定				※
個	ha	公園		緑地		荏原(目黒)，杉並(中野)
						礫川(後楽園)，羽根木
成案 40	1681	※4	33.3	18	973.6	浮間，小金井
追加 2				2	120.5	

小公園		都市計画決		計画中		未計画
個	ha	公園				
成案591	674.3	48	99.1	76	129.1	467	446.1

（注30）

翌18年になると，ガダルカナル島撤退，アッツ島玉砕と，敗色が日増しに濃くなっていったのだが，小公園の計画決定，事業決定は急ピッチでふやしていたのである．小公園を近隣公園と児童公園，街園に分けるのが成案であったが，ここでは防空公園と児童公園に分けている．既に都市計画決定した48カ所の内訳は，防空公園20カ所（82.3 ha），児童公園28カ所（16.8 ha）であった．防空公園の計画面積は平均して4 haである．児童公園の平均は0.6 haで成案の基準にかなり近い．昭和13年8月初めて都市計画決定した防空公園・東品川ら5公園は平均2 haであったことに注意したい．東京緑地計画は年がたつにつれて，たとえ数が減ったとしても計画面積がふえていくのが特色である．

近く都市計画決定する見込になっていたのは，防空公園18カ所（平均5 ha），児童公園58カ所（平均0.6 ha）であり，前者は東京市防衛局が予算企画中，後者は都市計画課が予算成立済みであった．

4－1. 曲り角

それから約半年後の昭和17年6月17日の東京緑地協議会では，「近く決定セントスルモノ」と「将来決定セントスルモノ」とに分けた．

「近く決定セントスルモノ」としては，荒川口，祖師谷，赤塚，芝浦，枝川，鷺宮，大泉，三鷹台，国府台，江北，井ノ頭の11カ所であった．
この6月17日の協議会の決定は，半年前に高橋，太田の両委員が考えていたことと，大きな隔たりがあることを知る．半年前すなわち，第二次緑地計画が終った直後には，中間地帯（密集地帯）に大公園をつくることを目標としていた．しかし，6月17日の会議で，「近ク決定」の荒川口ら11カ所は，目標とした中間地帯のものは一つもなかった．しかも，この中で比較的市街地に近い鷺宮は計画決定不可能とみたのであろう．より市街化されていない西方2 kmの妙正寺に移されている．

11カ所のうち三鷹台64 ha，国府台50 ha，井ノ頭61 haは成案になかったもので，今回追加したものである．井ノ頭，三鷹台はともに北多摩郡[注31]，国府台は千葉県である．都心，中間地帯（密集地帯）の理想は見事にふきとんで，東京市外や府外に土地を求めようとしたのである．「土地獲得ノ容易」という現実的なものに転換したと思われる．なお，大泉277 haは，「近ク決定」と考えられていたことに注意したい．

昭和14年3月，成案が決まろうとしていた直前の座談会で，佐野利器は，環状緑地も結構だけれど，市の中心にも沢山の大小公園を造っていただきたい，と発言していた．小公園はともかく，市街地に大公園の計画を断念したのは，17年6月17日の会議であった．

この日の決定でもう一つ興味のあるのは，大公園と緑地に分けて都市計画決定しようとしていたことである．「大公園」としては，目黒，小石川，後楽園，練馬，淀橋，猿江，二子，江北，井ノ頭の九つ．この練馬は豊島園を含む47 haの地域であり，大緑地としての練

馬とは別である．「緑地」として決定しようとしていたのは，荒川口，羽田，祖師谷，赤塚，芝浦，品川，枝川，鷺宮，大泉，三鷹台，国府台の11ヵ所である．庭園，植物園，遊園地，樹林地であった所は公園に，埋立地や広々とした樹林地を含めた田園風景地が緑地に選ばれたようにみえる．大公園9，緑地11の割合となっている．公園に選ばれた九つの内，江北，恩賜井ノ頭の二つの他は，敗戦までついに都市計画決定されずに終った．結果として広い面積は圧倒的に緑地が占めるようになったのである．

5．第三次緑地計画

昭和17年6月17日の東京緑地協議会で，「近ク決定セントスルモノ」を11ヵ所選んだことは既に述べた．次の会議で再検討を加えた後，18年8月4日都市計画決定されたのである．

これが祖師谷52.89，井ノ頭46.94，妙正寺35.70，赤塚32.72，東渕江29.09，荒川口15.20，枝川23.14の七つの緑地と江北23.47，井ノ頭恩賜37.68の二つの大公園である．環七通りを基準にして配置をみると，東渕江，江北はその線上，荒川口，枝川は内側（埋立地），他の祖師谷，赤塚等は環八通りか，やや外側にあった．次は土一升，金一升の市街地に食い込むという目標は果たされなかった．

これが第三次緑地計画である．成案から都市計画決定までの経緯を表9に示す．

ここで大変紛らわしいのが，井ノ頭緑地と井ノ頭恩賜公園である．成案には井ノ頭公園はなかった．昭和17年6月17日の会議で，61haの大公園として追加されたもので，その後の特別委員会で85haに拡張され，18年2月16日の東京緑地協議会では85haの緑地として計画されていた．

表9

成案 14.4.12	近ク決定 17.6.17	近ク決定・検討 17.11.24	都市計画決定 18.8.4
荒川口 29 祖師谷 60 赤塚 41 芝浦 15 枝川 70 鷺宮 30 大泉 278 江北 38	荒川口 29 祖師谷 60 赤塚 41 芝浦 15 枝川 70 鷺宮 30 大泉 277 江北 38 井ノ頭（61） 三鷹台（64） 国府台（50）	荒川口 16 祖師谷 48 赤塚 33 埋立地，協議中 埋立地，協議中 妙正寺 36 ―― 江北 23 井ノ頭 85 ―― 東渕江 29	荒川口 15.20 祖師谷 52.89 赤塚 32.72 ―― 枝川 23.14 妙正寺 35.70 （練馬 83.00） 江北 23.47 井ノ頭 46.94 井ノ頭恩賜 37.68 ―― 東渕江 29.09
すべて公園	江北，井ノ頭以外は緑地 東京緑地協議会	公園，緑地の区別なし 東京緑地協議会 特別委員会	江北，井ノ頭恩賜の2つは公園． 公園の告示は524号 練馬の決定18.2.17

18年8月4日の都市計画決定では，井ノ頭緑地46.94 ha，井ノ頭恩賜公園37.68 haと2つに分けたのである．井ノ頭恩賜公園は池のある現在の井ノ頭恩賜公園にほぼ一致し，井ノ頭緑地は現在の同公園の西園といわれている地続き一帯の47 haであった．

昭和17年6月17日の東京緑地協議会で，「近ク決定セントスル」ものとされた，11カ所のうち，大緑地として都市計画決定したものが大泉で（練馬緑地として），追加した東渕江，井ノ頭緑地をいれると，実に10カ所が都市計画決定されたのである．

その後，敗戦までに都市計画決定された大公園は，亀有（10 ha），羽田（13 ha），砂町（15 ha）と，緑地は堀江（56 ha）であった[注32]．羽田は成案の1つ，他の亀有，砂町，堀江は追加である．成案のうち戦後にもちこされたのは，芝浦，品川，目黒32 ha，小石川16 ha，後楽園28 ha，練馬47 ha，淀橋17 ha，猿江14 ha，二子18 haである[注34]．芝浦，品川は埋立地，淀橋は浄水場，猿江は貯木場でともにオープンスペースであった．

昭和15年から20年の6年間に都市計画決定された大公園羽根木，江北等6カ所119 haと，緑地砧，上板橋等28カ所1421 ha，計34カ所1540 haは現在の東京の公園緑地系統の骨格をなしているのである．成案の大公園は40カ所1681 haであったので，カ所数では85％，面積では約92％が都市計画決定されていたことになる[注33]．

ただ，事業決定になると防空大緑地6カ所はすべて事業決定していたが，防空中緑地は上板橋，駒沢，妙正寺，堀江，穴守ぐらいで，他は未決定で敗戦となった．大公園の羽根木，亀有，砂町，羽田は事業決定されていた．

あとがき

昭和14年4月の東京緑地計画の成案は，防空公園，防空緑地の名で次々と都市計画決定，事業決定されていった．その過程で成案は少しずつ変化していった．このあたりのことを防空緑地計画といわれるが，めざましい成果のために，成案そのものの影をうすくしていったきらいがあった．

しかし，成案は計画の大綱をさし示したことに変わりはなかった．昭和17年6月東京緑地計画協議会の組織がえも，縮小して実務的なものに変わっただけであった．

戦後は終わったといわれた昭和32年12月26日，東京都は公園緑地計画の見直しを決定した．この大公園をみると，戦前の東京緑地計画（緑地28カ所1434 ha，大公園6カ所119 ha，未決定9カ所172 ha＋α）とよく似ているのに驚いてしまう．地についた実現可能な計画だと評価されたと思われるのである．

本論でいう東京緑地計画は，昭和7年から昭和20年までの14年間を扱った．昭和14年4月22日の内務大臣に報告した東京緑地計画は「案」として混同しないように注意した．な

お，保健道路は「東京緑地計画の成立」の章と「東京緑地計画の実現」の両方にかかわっているが，前章でのべた．

注

(注1) 佐藤昌『日本公園緑地発達史』，前島康彦『東京公園史話』，木村英夫『都市防空と緑地・空地』，越沢 明『東京都市計画物語』蓑茂寿太郎「東京緑地計画」『未完の東京計画』所収（本文に引用したものを除く．）

(注2) 東都356号「東京緑地計画協議会ノ件」．添付書類「東京緑地計画協議会要綱」「東京緑地計画協議事項細目案」

(注3) 東京緑地計画協議会議事速記録 第1 (S.8) 長びいたのは，途中で日中戦争がぼっ発し，これに適応（防空）しようとしたためと思う．

(注4) 東京緑地計画区域は約1万方キロメートル（100万 ha）であるので景園地全体でその30％をしめている．

(注5) 東都356号．S.7.10.10

(注6) 環状線2本は，計画当初，軍用としての約束があったと石川栄耀が提案理由で述べている．

(注7) この計画当初は造成中であった．昭和15年完成 22ha

(注8) 現・稲荷山いこいの山．都立稲荷山公園計画地のあたり．

(注9) 『都市公論』23巻8号 S.15.8

(注10) 『東京緑地協議会資料』による．東京府土木部厚生施設課技師，水谷駿一氏が保存されていたもので，現在東京都の緑の図書館に収納．

(注11) 例えば，井下清「公園より緑地へ」『公園緑地』6−2 (S.17.2)，田治六郎「名古屋都市計画緑地事業概況」『公園緑地』6−8 (S.17.9)，関口鉄太郎は昭和に入っての公園緑地の急激な発展は満州事変よりの戦争の影響とされている『公園技術』S.48 P.337.

(注12) 大公園の位置決定には，1) 風致・史蹟 2) 誘致距離 3) 土地獲得の容易が考慮された．

(注13) 『東京緑地計画調査彙報』第2.P.71 (S.8.12)

(注14) S「東京緑地計画協議会決定集録」『公園緑地』3−2・3 P.346. 公園面積には自然公園も埋立地の公園も含めている．誤植に注意．現在の公園面積は東京都『公園調書』H.6.4. なお，旧東京市域人口（原23区）は S40 で889万人，以降は減少している．

(注15) 図1，図2参照．図1は『都市計画の基本問題 上』，図2は『同書 下』の図を写したもの．

(注16) 石田頼房『日本近代都市計画史研究』1987，P.227

(注17) 大東京都市計画・緑地問題座談会『公園緑地』3−2・3 P.47

(注18) この頃，アメリカでは緑地帯都市を建設していた．工場労働者の大部分は自動車で通勤していた．これに基づいた計画だった．関口鉄太郎「緑地帯論」(2)『公園緑地』6巻5号 S.17.6

(注19) 昭和16.3.12の東京緑地計画協議会幹事会記録『東京緑地協議会資料』所収

(注20) 昭和15年の楔状緑地は720万坪，天利新次郎「大東京と公園緑地の将来」『都市公論』23−8 (S.15.8)

(注21) 成案の資料は，『公園緑地』3−2・3 P.62 S.17年の資料は『同誌』6−2 P.47

(注22) 東京防空空地及び空地帯図は，佐藤昌『日本公園緑地発達史 上』P.414

(注23) 『公園緑地』2−9 S.13.9

(注24) 水谷駿一「大緑地誌稿」『公園緑地』4−4 S.15.4

(注25) 昭和15年通常東京府会議事速記録

(注26) 野口道夫「光が丘公園の誕生」『都市公園』77号，『練馬区史』現勢編 S.56 P.119

(注27) 『東京緑地協議会資料』による．原案の委員名に国土局長の名はなかった．

(注28) 高橋登一「財団法人大東京緑地協議会の誕生を見るまで」『公園緑地』6 – 11 S.17
(注29) 太田謙吉「大東京公園緑地の発展史と二十年の回顧」『公園緑地』6 – 2, S.17.2
(注30) 『東京緑地協議会資料』により作成した.「目黒」は現在, 林試の森公園として12ha開園.
(注31) 『東京緑地協議会資料』所収.「井ノ頭185000坪, 北多摩郡武蔵野町地内大公園」「三鷹台193,000坪, 北多摩群三鷹町地内　緑地」とある. 武蔵野町と三鷹町は地つづきである.
(注32) 亀有9.92（9.92）葛飾区青戸町1丁目, 2丁目　S.19.5.4　羽田13.22（11.57）蒲田区羽田御台場地内　S.20.3.24　砂町15.10（9.91）城東区北砂町4.5.6, 7及び9丁目 S.20.3.24 （ ）内は事業決定面積.
(注33) 練馬大緑地83haは廃止されたので含めない. 大公園だけについての達成率. ただし, 都市計画決定のみに限る. 大公園の面積は, 10ha以上をいうとの東京緑地計画成案の基準によった. 都市計画決定の告示では羽根木は小公園としている.
(注34) 中野13haは杉並の名で一部8.26haがS.15.1.18計画決定. S20.3.24には6.28ha事業決定されながら, 会議では出てこない. 大公園（10ha以上）から格下げしたのかもしれない. 戦後に市街化したことについては「大公園の立地条件でのべた.

文化遺産としての名勝

中村 一

はじめに

今日の文化財を巡る状況を論じるには，三つの視点が考えられる．

第一は，「京都の文化財」が世界文化遺産という形で登録され，一段と国際的にも認められてきている状況がある．

第二は，先年起きた阪神大震災のような災害にかかわって，"文化財を守る"という立場がますます大事になってきた状況がある．

第三には，1994年末から準備されていた「歴史公園会議」（飛鳥歴史公園開園二十周年記念事業実行委員会主催・建設省［現国土交通省］等がメンバー）という名称の会議があり，「公園を造る」という立場においても，やはり文化財をますます重視しなければならない，といった考え方に国土管理担当の役所も傾いてきたという状況がある．

今までの公園よりもっと質の高いものを造っていくにはどうすればよいか．そのためには，どうしても歴史的な性質を考慮することや埋蔵文化財，史跡名勝などを重視しなければ，より質の高い公園はできないという認識が段々と高まってきていることは間違いない．こういった状況のもとで，考えておかなければならないのは，名勝というものが，文化遺産の中でどのような役割を果たすのか，という点である．

『古都京都の文化財』の世界文化遺産登録

周知のように世界遺産条約（世界の文化遺産及び自然遺産の保護に関する条約）に基づく世界遺産委員会で，1994年12月15日に『古都京都の文化財』として世界文化遺産に登録された17の社寺・城の中に，10の名勝・庭園が含まれている．これは，世界文化遺産の中でも非常にめずらしいことだと思われる．

このことは，後に詳しく述べるが，世界文化遺産の全体をみてみると，名勝・庭園が少ないのに気づく．それはなぜだろうか．想像するに，恐らくヨーロッパでは名勝・庭園の登録にあたって非常に慎重なのではないか，と私は考える．イタリアなどには立派な庭園が数多くある．私がみた範囲では，世界文化遺産の中にこのイタリアの庭園は入っていない．沢山ありすぎて，選ぶのに慎重になっているのではないかとも考えられる．

一方，『古都京都の文化財』には，10の名勝・庭園が登録されており，いかに日本庭園と

いうものが世界的に認められているか，ということの一つの証拠であろうと思われる．この点に関しては，色々と論議があろうが，私の考えでは，世界遺産に登録された遺産の中に，非常にすばらしい日本庭園が数多くあるということは，世界文化遺産というものの一つの新しい方向を作り上げるのに貢献したと考えてよいのではないかと思う．登録された17社寺・城は，「京都の文化財」の代表という形であって，それ以外にも非常に裾野が広く，極めて厚い文化財の層があり，それが，国際的に認められた一つの重要な条件だったのではないかと考える．

例えば，名勝だけをとりあげてみても，全国的には国指定の名勝が144カ所ほどあるが，その3割に当る40以上が京都に集中している．それに加えて，京都府・京都市指定の名勝・庭園が20以上もある．このように名勝・庭園が集積している都市は，世界をみまわしても非常に少ないことは明らかである．京都は「名勝都市」であるといっても差支えないだろう．こういった名勝・庭園は，京都の文化遺産の中で，非常に特異な，独特の立場にあるということを，私は重要視したいと思う．

名勝の「美しさ」とは何か——その特色

ところで名勝の概念というと，庭園だけでなく，嵐山（京都市右京区）などの優れた自然・風景も名勝に入る．名勝は，大きく庭園と自然・風景の二つに分かれる．庭園は人が造ったもの，自然・風景は人が造り得ないもの，というふうに分ければ話は簡単であるが，しかし，ここのところが少し複雑で，例えば自然・風景というのは，人が造らないにしても，これを美しいと認識するのには，それを画家が描いて芸術的な美しさを引き出した結果，自然・風景が名勝に選ばれていく，というようなことがある．庭園は人が造ったもの，自然・風景は人が造ったものでないもの，といった単純な分類は出来ないと思う．しかし，名勝の中にある「芸術的な美しさ」と「自然的な美しさ」という二つの面が，名勝という文化遺産を非常に重要な役割におし上げていることは間違いないだろう．

『古都京都の文化財』には，もちろん重要な国宝，重要文化財などの建造物がちりばめられており，今回の世界文化遺産の登録に重要な働きを果たしたのは当然である．

図1　嵐山

しかしながら，もしも建造物とともに庭園というものがなければ，そしてもしも建造物の背後に美しい自然・風景というものがなければ，世界文化遺産の評価を獲得することは出来なかったのではないか．やはり名勝というものがあってこそ，建造物やその他多くの文化財が，生き生きと生命をもってくるのではないか，と思われる．

　こういった意味で，名勝という文化財・文化遺産は，人が造った美しさと自然の美しさの両面を持っており，このことに特色がある．私は，この特色こそ名勝というものを文化遺産として非常に重要なものにしていると思う．

　ここのところが哲学的には複雑な部分であり，「自然美」と「芸術美」というものをキッパリと分けてしまうという考え方は，いわばカント風の分類で，非常に明快ですっきりとはしているが，しかし，「自然美」といえども，人間が美しいと認めるからこそ「自然美」であって，どうしてもそこに人間が入り込んでいることは免れない．人間が造ったものではない「美」である，とは言えないという問題がある．

　このことは，少し複雑であって，従来から私が唱えている考え方をここで簡潔に述べてみたい．まず，「芸術美」というものは高級なものであると思う．それに対して，「自然美」を低級なものにおとしめるのが，ドイツの哲学者であるヘーゲルの考え方である．「自然美」とは低級なものだ，というわけだが，私はそれは違うと思う．「自然美」というのは低級ではなく，「初級の美」である，というべきであろう．初等教育がなければ，高等教育もないという関係からいうと，「芸術美」が高等であっても，「初級の美」としての「自然美」がなければ，「芸術美」もその土台から崩されるという関係にある，と私は考える．そういう意味で，「自然美」というものは非常に大事なものなのである．

　例えば，多くの人は，芸術的な絵画や音楽を鑑賞するために美術館や音楽会へ行ったりする．そうした体験は，たびたびは出来ないであろうが，他方「自然美」というものに触れ，これを享受していくという機会が少なければ，この社会というものは，歪んでくるのではないかと思う．特に，自然との触れ合いというものは大人というより子供にとって非常に大事なものであり，「自然美」なしに子供を育てる環境を造り上げるということは，人類の将来にとって危険だと思う．いずれにしても，名勝というものを考える場合，「芸術美」と「自然美」の二つの側面を考えなければならないのはこのためである．

「芸術美」としての名勝の特色

　まず「芸術美」としての側面を考えると，日本庭園が芸術として世界に誇りうる特色をもっているとすれば，「象徴主義的な芸術」であるということが，最も重要なことだと思う．

　簡単に述べると，日本庭園の芸術としての最初の生い立ちにおいては，「島」とよばれたことが重要である．万葉集などにでてくる「島」という言葉の中には，「芸術的な庭」とい

う意味がはっきりと示されている．「島」という言葉は，海に浮かんでいる地形的なものだけでなく，非常に深い意味をもっていたであろう．昔から，この言葉の中には「縄張り」という言葉が含まれていたように，古代の人々の中では，生活する一つの縄張りであり，古代の生活環境を表す言葉であったと思う．

古代の生活環境を表す言葉として，もう一つ重要なものが「庭」という言葉である．「庭」の場合，それを芸術として表現するというのは非常に難しい．今でも「世界」というものを表現するのが大変で

図2　世界文化遺産・天竜寺庭園

あるのと同様に，古い時代にあって「住んでいる世界」を表現するのは困難であった．しかも，「庭」といった生活環境を芸術として表現するのは，非常に難しかったと思う．ただ一つ，賢い仕方として，庭の線をはっきりとみせるという方法が考えられるが，その場合「水面に浮かぶ島」といった形で，非常にはっきりと一線が出てくる．これが，我々の祖先が「島」とよんだ芸術の表現の仕方ではなかったか，と思う．池を海とみなし，海を象徴する島とするわけだが，ここが日本庭園の一であり十であり，全てであると言い切っても差支えがないほど重要なところであると思う．

これは，外国人にはなかなか理解しにくいところであろう．しかし，文化の伝承結果といってもよいであろうが，「池に浮かんでいる島」を「海に浮かんでいる島」として思い浮かべることが我々日本人にとっては割合簡単に出来る．この「島」こそが，日本庭園の最も重要な芸術的な本質である，と私は考える．

また，自然風景式の庭園という意味では，イギリスに生まれた風景式庭園は，日本の象徴的自然風景式とよく似ている．だが日本の象徴的自然風景式とイギリスの自然風景式との違いを一言でいうと，日本の庭園

図3　世界文化遺産・西芳寺（苔寺）庭園

では，池を造る場合，その池は海を表現しているということにある．それは象徴的な芸術であるということだ．一方イギリスの庭園では，やはり池を造るが，自然に存在するものとそっくりな池や川であり，写実的な自然風景式ということになる．このイギリスの近代的な自然風景式庭園と日本の古代の象徴的な自然風景式庭園との間には，非常に大きな開きがある．日本庭園の場合，つくられたのは非常に古いのであるが，その古さが決して廃れてしまったものではなく，今日までも脈々として，その古い良さというものが我々に継承されている．むしろこのことにこそ，名勝として受継がれてきた文化遺産としての日本庭園が，国際的に評価され，国際的に活用されていく可能性があろう．おおづかみにいえば，以上のことが，「芸術美」としての名勝・庭園の一つの特色であろうと私は考える．

「自然美」としての名勝の特色

名勝というと，すでに強調しているように，一つの庭園というものは芸術的な対象でもあり，また芸術を越える対象でもある．と同時に，芸術に届かない対象であるとも言える．先に述べた言葉でいうと，「初級の芸術美」としての「自然美」というものが，どうしても含まれている．ここでいう「芸術美」と「自然美」が，どのような関係にあるかというと，やはり芸術的に高級なものについては，主として目で見ることになる．視覚的な対象が，芸術的な対象になるといっても差支えない関係が存在する．絵画でもこのことは理解しうる．高級な芸術というと，大体視覚的な芸術として造られていると考えてよい．

それに対して，「自然美」という側面は，視覚だけではなく，五感を通じて受けとる美である，と私は考えているわけである．五感によって受けとる美というのは，実はある意味では，すでに述べたように，「芸術美」の土台になる．

こう考える根拠として，例えば具体的には，「味わい」という言葉がある．英語でいうならばテイスト (taste) である．「この『味わい』という言葉が，単に物を食べる時の味わいだけでなく，色々な高級な芸術にも通用するのは，何故か」ということを問うた哲学者がいる．非常に鋭い問いかけだと私は思う．「音楽の味わい」，「絵画の味わい」といっても違和感はない．もちろんこれは比喩的なもので，音楽や絵画を食べるわけではない．私の解釈では，この表現には元々「物を食べる味わい」というものこそ「美の源泉」であるとの認識が存在する．そこでは，食べるという行為を通じて，人間の五感というものが，多少不備であっても統一される．美の第一原理というのは，「多様の統一」というところにある．色々な要素を統一しなければ，「美しい」ということは有り得ない．

このような意味では，物を食べるというところに「初級の美しさ」の第一の出発点がある，といってよかろう．このように考えると，物を食べるという段階では，「味わい」，「味わう」ということ自体の中で，人間の五感が統一されているのである．味わう対象が毒で

あればそれは死に至るもので，口を通ることの中には物の味わいというものが，一個の人間として統一されざるを得ないという普遍性があると考えてよい．このことは，非常に多くの人々が経験している「初級の美しさ」の源泉であろう．こういったものを積み重ねることによって，「多様の統一」というものが美的能力として人間の中に蓄積されて行く．視覚的な目で見るという形で物事を統一してゆく土台には，「味わい」というものがなければならない．その「味わい」のなかでも重要なのが，「自然の味わい」である．「自然美」とは「自然の味わい」である，と私は捉えたい．「自然の味わい」というものが，名勝の一つの重要な側面であり，「自然美」というものがあって，その上に「芸術の味わい」がある．いわば，二重の構造になっているところが，名勝というものの重要な性格ではないだろうか．

「自然美の味わい」ということからいえば，「緑」という言葉は，それに大きく関与してくると思われる．「緑」の元々の意味は，「瑞々しい植物の新芽」というものであろう．古い時代では，春が進むにつれ芽吹いた新芽は眺めるというより，恐らく食物として味わい深いものであったろう．この瑞々しい植物の新芽こそが，「緑」の源泉であり，自然の味わいであった．「緑」というものを一気に視覚的な色というものに結びつけずに，昔は食べる物であったというようなところから今日における「緑」の本質を考えるべきであろう．

こういう意味では，日本文化の根底にある「茶」も同様である．お茶というと，お茶の新芽を粉にして飲む，その自然の味わいというものが，お茶の根底にあるのではないだろうか．恐らくお茶を飲み，一つの共通の味わいをもつことにより，一座建立といった一つの根底が出来るのではないか．このように，自然の味わいに常に立ち返ってくるところに，日本文化の大きな特色がある．

特に名勝は，「自然美」あるいは「自然の味わい」といったものから切り離せない芸術であるというところに，名勝というものの重要性がある．

京都の文化遺産の特色

京都という都市は，このような名勝に包まれ，自然風景にしろ庭園にしろ，名勝としての厚みのある都市であり，これから育っていく子供たちは非常に幸せな環境に恵まれている，と私は考える．また京都という都市は，こういったものを絶対に捨て去ってはいけない．町の中に緑の自然環境を豊かに育て，自然の味わいを子供たちのために準備していくことが非常に大事である．このことは，やはり名勝というものを通じて，可能になっていく面が非常に多いのではないかと思う．

名勝というものの中の「名勝庭園としての芸術美」と「自然の美しさとしての名勝の味わい」の二つの側面が，ずっしりと備わっているところに，京都の文化遺産の特色があるのではないだろうか．

世界遺産としての文化遺産

　次に，世界の名勝としての文化遺産について，考察してみたい．
　まず，世界の文化遺産全体をみると，遺跡が多いことに気づく．例えば，イギリスの「ストーン・ヘンジ巨石遺跡」が世界文化遺産に登録されている．ここでは，周囲の環境というものが非常に大事であり，緑の原野の中に巨石が屹立している姿が非常に印象的である．周囲の緑，自然の味わいというものなしには，この巨石の文化財，文化遺産としての在り方は有り得ないであろう．しかも周囲の緑の在り方も，恐らく相当工夫をして適当な野趣に富んだ緑にしている．こういったことが，遺跡としての，世界文化遺産としての取扱い方の例であり特徴であろう．
　同様なものとして，メキシコのユカタン半島の「テオティワカン古代都市の遺跡」では，周囲の茫貌たる密林が，遺跡に重要な自然の味わいを与えている．また，メキシコの「パレンケ古代都市の遺跡」では，周囲が自然の密林になっており，この熱帯的な密林の力強さとの対比において，この遺跡というものが，印象深く心に迫ってくると考えられる．
　熱帯地域のスリランカでは，「シギリヤの古跡」が世界文化遺産に登録されている．ここにある大きな岩が特徴的で，平坦な密林の間から忽然として現れる巨大な岩があって，その岩を中心として古代都市が展開している．ここでは名勝というものではないが，発掘していくと，かつての宮殿のための庭園が存在していたことが判明した．当時は名勝的なすばらしい庭園であったことがわかってきた．このシギリヤの岩の上には，驚くべきことに貯水池があり，その上に宮殿が建っていたのである．こういった遺跡が，延々と続く周囲の大熱帯密林の中にあるというふうに，周囲の自然の迫力とすばらしい対比をなしているわけである．これは，世界文化遺産として誇るべきもので，この遺跡を支えているのは岩と庭園だけではない．広大な密林があり，その中に庭園などが造られている，というところに遺産としての迫力を感じるのである．

図4　ストーンヘンジ巨石遺跡（イギリス）

ヨーロッパにおける名勝庭園

　次に，ヨーロッパにおける名勝庭園としての世界文化遺産をみていこう．
　古いところでは，スペインの「グラナダのアルハンブラ宮殿（スペイン風にいえばアランブラ）」の庭園がある．このアルハンブラ宮殿は，見掛けの上からは粗野な感じを受けるが，内部に非常に艶やかな庭園が存在することを，外側からはうかがいしれないところが特徴的である．このアルハンブラの庭園は，庭園の歴史の上では「パティオ式」と呼ばれる様式の庭園である．これは，建築物とオープンスペースである庭園というものが交互につながっており，ある部分では建築物になり，ある部分では庭園になる．このように，アルハンブラ庭園の独自性は，建築物から屋外へ，屋外から建築物へといった連続性が素晴らしくうまくデザインされ，また水という自然の美しさを徹底的に引き出したところから生まれるものであろう．ここには，おおげさな噴水は存在しない．けれども，僅かな水のきらめきが，熱いスペイン南部のアンダルシア地方では非常な美しさとなって，我々の心をうつところがあると感じられる．この「パティオ式」の庭園は，キリスト教文化ではなく，イスラム教文化のもとで造られた名勝庭園の一つであろう．
　造園の歴史からいうと，「パティオ式」の次に「イタリア露壇式」があらわれるが，私が調べた範囲では，まだ世界文化遺産に登録された「イタリア露壇式」はない．この様式の庭園は，あまりにも沢山ありすぎて，選ぶのが困難な段階ではないか，と推測される．イタリアの庭園文化は，世界の庭園の歴史の中で，最高峰の一つを作り上げていたのである．そのイタリアの次にはフランスの時代になるといってよいが，ヴェルサイユ宮殿などがまだ生まれていない初期の段階では，どのような庭園が存在したであろうか．その一つである貴族などの居城であるシャトーの代表的なものに，「シャンボールのシャトー」がある．さて，やはりフランスの庭園といえば，「ヴェルサイユ宮殿の庭園」が代表としてあげられるが，この庭園で西洋風の左右対称式庭園が，一応終わりを告げる．しかし，この巨大な庭園は，今日まで残って，絶対主義時代のルイ十四世の権力の大きさやこの時代の代表的な庭園文化遺産を我々にみせてくれるのである．当時は，7,000 ha と

図5　アルハンブラ宮殿の遠望（スペイン）

図6 アルハンブラ宮殿庭園(スペイン)

いった京都市全体を覆うほどの巨大な庭園が造られたとみてよい．人類が成し得た記念すべき仕事の一つとして，ヴェルサイユ宮殿が世界文化遺産に加えられているのは当然であろう．幾何学的な左右対称のヨーロッパの庭園の時代は，ヴェルサイユをもって終わりを告げる．

歴史的な段階からいうと，「ヴェルサイユ宮殿の庭園」の後にイギリス式庭園が現れる．まったく左右の対称性を否定した，日本庭園のような自然風景式の庭園が，近代庭園様式として現れてきた．その一つとして，廃墟「ファウンティンズ修道院跡」とそこを流れ出る川の枝分かれをとりいれた「スタッドリー・ロイヤルの庭園」が，世界文化遺産に登録されている．

本格的なイギリス風景式庭園が確立されていくのは，18世紀中頃になってからである．本格的なイギリス自然風景式庭園はいくつか現存するが，世界文化遺産に登録されているのは，唯一「ブレニム宮殿の庭園」だけである．ここでは左右対称の軸線はなくなって，建物から見渡す限りの自然風景がとりいれられ，新たな自然美として認識されてきたことがうかがえる．これは，近代的な様式を切り開いたモニュメントであるともいえよう．ブレニム宮殿の庭園には，その後噴水など色々な装置が加わってはいるが，特に考慮すべきものではない．

ハハァ(溝)はイギリス風景式庭園の重要な装置であり，その変形の一つとして池を造る場合がみられるが，その池は多くの場合細長い形態となる．このような池の表現は，イギリスの風土の中を流れる川を写実的に捉えるものだといえよう．ここが，私のいう日本の象徴的自然風景式とイギリスの写実的な自然風景式との大きな違いの一つである．つまり池を海と見るか，川と見るかの違

図7 ヴェルサイユ宮殿庭園(フランス)

いなのである．以上，世界文化遺産に登録されている庭園を概観してみた．名勝としての庭園を世界文化遺産に登録するために，非常に微妙な問題に答えられる歴史認識と明確な指針が必要であろう．

おわりに

　今後『古都京都の文化財』は，日本庭園の伝統を世界文化遺産として守り続けていく上で，ただ単にやはり日本人のためだけでなく，国際的な役割を担っていくものだと考える．1994年の登録で，日本庭園は数の上では，多くの世界文化遺産として登録された．それはとりもなおさず世界文化遺産としての重みと責任が日本庭園にかかったことを意味するであろう．

　世界文化遺産に指定された京都の名勝については，一つには，日本文化独特の芸術として世界的な普遍性があること，もう一つには，日本文化に限らず世界のどこにも通用する自然，その自然が持っている力強さ，迫力が名勝を支えていることを認識させるものであること，が重要である．この二つの側面をもっている名勝なるものは，「京都の文化財」全体を支える大きな力になっているのではないだろうか．名勝というとらえ方を通じて文化遺産の意義を考え，また「京都の文化財」を見続けていきたいと思う．

編集後記

　本書は1994年に企画され，当初は岡崎文彬・京都大学名誉教授の米寿の記念論文集として出版される予定であった．しかし論文がすべて集まる前に先生の逝去という事態に直面した．

　「まえがき」にもあるように，岡崎先生は突然の入院中や退院後のリハビリ生活中にも原稿執筆に努められ，いち早く論文を完成されていた．われわれ教え子たちの論文がまだすべて揃ってはいなかったのである．企画をご破算にするのは簡単だが，せっかく完成している先生の遺稿を無駄にするのはじつに惜しい．そこで論文集は岡崎先生の追悼論文集に切り替え，先生の遺稿を含めて出版できないかを養賢堂に打診したところ，ありがたいことに引き受けて頂けることになった．

　ここまでの経緯は伝聞の部分もあり，私が京都造形芸大の尼崎氏の助けを得て編集にあたるのはこれ以降のことである．しかしそれから出版までの道はじつに遠かった．提出された原稿に長短があり，岡崎先生の論文（およそ四百字詰め換算で八十枚程度）に合わせて長いものは削って頂き，短いものは加筆を要請した．執筆者に書き換えまで要請しながらここまで遅延したのは，さまざまな問題が起こったとはいえ，やはり編者の怠慢と云うほかない．岡崎先生，夫人そして執筆者各位にも心よりお詫び申し上げる．

　各論文の配列は，扱われているテーマの時代順，すなわち日本・外国を問わず古代から現代へと並べてみたところ，ちょうど中間に岡崎先生の論文が入り，うまく納まった．編集上でうまく運んだのはこの点くらいだろうか．

2006年9月　白幡洋三郎

JCLS	〈㈱日本著作出版権管理システム委託出版物〉
2006	2006年11月30日　第1版発行

――造園史論集――

編者との申
し合せによ
り検印省略

編　著　者　　白幡 洋三郎（しらはた ようざぶろう）
　　　　　　　尼崎 博正（あまさき ひろまさ）

Ⓒ著作権所有　　発　行　者　　株式会社　養賢堂
　　　　　　　　　　　　　　　代　表　者　　及川　清

定価 4935 円　　印　刷　者　　株式会社　三秀舎
（本体 4700 円）　　　　　　　　責任者　　山岸真純
　税 5％

〒113-0033　東京都文京区本郷5丁目30番15号
発　行　所　　株式会社　養賢堂
　　　　　　　TEL 東京(03) 3814-0911　振替00120
　　　　　　　FAX 東京(03) 3812-2615　7-25700
　　　　　　　URL http://www.yokendo.com/

ISBN4-8425-0389-0　C3061

PRINTED IN JAPAN　　　　製本所　株式会社三水舎

本書の無断複写は、著作権法上での例外を除き、禁じられています。
本書は、㈱日本著作出版権管理システム(JCLS)への委託出版物です。
本書を複写される場合は、そのつど㈱日本著作出版権管理システム
(電話03-3817-5670、FAX03-3815-8199)の許諾を得てください。